COLLECTION
FOLIO / ESSAIS

Mircea Eliade

La nostalgie des origines

Méthodologie et histoire des religions

Gallimard

Dans la même collection

Titre original :
THE QUEST

PRÉFACE

Il est regrettable que nous ne disposions pas d'un mot plus précis que « religion » pour exprimer l'expérience du sacré. Ce terme porte en lui une histoire très longue, bien que quelque peu limitée sur le plan de la culture. On se demande comment il peut être appliqué sans discrimination au Proche-Orient ancien, au judaïsme, au christianisme et à l'islam, ou à l'hindouisme, au bouddhisme et au confucianisme de même qu'aux peuples dits « primitifs ». Mais il est peut-être trop tard pour chercher un autre mot, et « religion » peut encore être un terme utile pourvu qu'on se rappelle qu'il n'implique pas nécessairement une croyance en Dieu, en des dieux ou en des esprits, mais se réfère à l'expérience du sacré et, par conséquent, est lié aux idées d'être, de signification et de vérité.

En effet, il est difficile d'imaginer comment l'esprit humain pourrait fonctionner sans la conviction qu'il y a quelque chose d'irréductiblement réel dans le monde ; et il est impossible d'imaginer comment la conscience pourrait apparaître sans conférer une signification aux impulsions et aux expériences de l'homme. La conscience d'un monde réel et significatif est intimement liée à la découverte du sacré. Par l'expérience du sacré, l'esprit humain a saisi la différence entre ce qui se révèle comme étant réel, puissant, riche et significatif, et ce qui est dépourvu de ces qualités, c'est-à-dire le flux chaotique et dangereux des choses, leurs apparitions et disparitions fortuites et vides de sens.

J'ai discuté la dialectique du sacré et sa morphologie dans des publications antérieures ; il n'est donc pas nécessaire que j'y revienne. Qu'il me suffise de dire que le « sacré » est un élément dans la structure de la conscience, et non un stade dans l'histoire de cette conscience. Un monde significatif — et l'homme ne peut pas vivre dans le « chaos » — est le résultat d'un processus dialectique qu'on peut appeler la manifestation du sacré. C'est par l'imitation des modèles paradigmatiques révélés par des Etres Surnaturels que la vie humaine prend un sens. L'imitation de modèles transhumains constitue une des caractéristiques premières de la vie « religieuse », une caractéristique structurale qui est indifférente à la culture et à l'époque. Depuis les documents religieux les plus archaïques qui nous soient accessibles jusqu'au christianisme et à l'islam, l'imitatio dei comme norme et ligne directrice de l'existence humaine n'a jamais été interrompue ; en fait, il ne pourrait en avoir été autrement. Aux niveaux les plus archaïques de culture, vivre en tant qu'être humain est en soi un acte religieux car l'alimentation, la vie sexuelle et le travail ont une valeur sacramentelle. En d'autres termes, être — ou plutôt devenir — un homme signifie être « religieux ».

Ainsi, dès le tout début, la réflexion philosophique a été confrontée à un monde de significations qui était génétiquement et structurellement « religieux » — et ceci est vrai d'une manière générale, et non pas seulement en ce qui concerne les « primitifs », les Orientaux et les présocratiques. La dialectique du sacré a précédé tous les mouvements dialectiques découverts ensuite par l'esprit,

10

et leur a servi de modèle. En révélant l'être, la signification et la vérité dans un monde inconnu, chaotique et
effrayant, l'expérience du sacré a ouvert la voie à la pensée
systématique.

Ceci pourrait suffire à susciter l'intérêt des philosophes
pour le travail des historiens et phénoménologues de la
religion; mais il y a d'autres aspects de l'expérience
religieuse qui ne sont pas moins intéressants. Les hiéro-
phanies — c'est-à-dire les manifestations du sacré exprimées dans des symboles, des mythes, des Etres Surnaturels, etc. — sont appréhendées en tant que structures et
constituent un langage préréflexif qui nécessite une
herméneutique particulière. Il y a maintenant plus d'un
quart de siècle que les historiens et phénoménologues de
la religion tentent d'élaborer une telle herméneutique. Ce
travail n'a rien de commun avec l'activité de l'antiquaire,
bien qu'il puisse utiliser des documents provenant de
cultures ayant disparu depuis longtemps et de peuples très
éloignés. Lorsqu'on lui applique une herméneutique valable, l'histoire des religions cesse d'être un musée de
fossiles, de ruines et de mirabilia désuètes pour devenir ce
qu'elle aurait dû être dès le début pour tout chercheur :
une série de « messages » attendant d'être déchiffrés et
compris.

L'intérêt qu'on peut porter à de tels « messages » n'est
pas exclusivement historique. Ils ne nous « parlent » pas
seulement d'un passé mort depuis longtemps, mais révèlent des situations existentielles fondamentales qui sont
d'un intérêt immédiat pour l'homme moderne. Comme je
l'ai relevé dans un des chapitres de ce livre, la conscience
est considérablement enrichie par l'effort herméneutique
déployé pour déchiffrer la signification des mythes, des
symboles et autres structures religieuses traditionnelles ;
dans un certain sens, on peut même parler de la transformation intérieure du chercheur et, on peut l'espérer, du

lecteur sympathisant. Ce qu'on nomme phénoménologie et histoire des religions peut être considéré comme faisant partie du petit nombre de disciplines humanistes qui sont tout à la fois des techniques propédeutiques et spirituelles.

Dans une société qui se sécularise progressivement ces études vont probablement revêtir un intérêt encore plus grand. Considérée dans une perspective judéo-chrétienne, la sécularisation peut être mal interprétée, au moins partiellement. On peut y voir, par exemple, la confirmation du processus de démythisation, qui est lui-même une prolongation tardive de la lutte livrée par les prophètes pour vider le cosmos et la vie cosmique du sacré. Mais ce n'est pas là toute la vérité. Dans les sociétés les plus radicalement sécularisées et parmi les mouvements de la jeunesse contemporaine les plus iconoclastes (comme, par exemple, le mouvement « hippie »), on trouve un certain nombre de phénomènes apparemment non religieux dans lesquels on peut déceler des recouvrements nouveaux et originaux du sacré — quoiqu'il faille bien admettre qu'ils ne sont pas reconnaissables comme tels dans une perspective judéo-chrétienne. Je ne fais pas allusion à la « religiosité » qui apparaît avec tant d'évidence dans nombre de mouvements sociaux et politiques tels que le mouvement pour les droits civils, les manifestations et démonstrations contre la guerre, etc. Les structures et les valeurs religieuses (encore inconscientes) de l'art moderne, de certains films importants et à large audience, d'un certain nombre de phénomènes se rapportant à la culture de la jeunesse sont encore beaucoup plus importantes — en particulier le recouvrement des dimensions religieuses d'une existence humaine authentique et significative dans le cosmos (la redécouverte de la nature, les mœurs sexuelles sans inhibitions, la « vie dans le présent », libre de « projets » sociaux et d'ambitions, etc.).

La plupart de ces recouvrements du sacré rappellent un type de religion cosmique qui disparut après le triomphe du christianisme, ne survivant que chez les paysans européens. Redécouvrir le caractère sacré de la vie et de la nature n'implique pas nécessairement un retour au « paganisme » ou à l' « idolâtrie ». Bien que la religion cosmique des paysans du Sud-Est de l'Europe ait pu apparaître comme une forme de paganisme aux yeux d'un puritain, elle n'en était pas moins une « liturgie chrétienne cosmique ». Un processus similaire s'est déroulé dans le judaïsme médiéval. Grâce essentiellement à la tradition incorporée dans la Cabale, une « sacralité cosmique » qui semblait avoir été irrémédiablement perdue après la réforme rabbinique a été heureusement recouvrée.

Le but de ces remarques n'est pas de démontrer le caractère cryptochrétien de certaines des expressions les plus récentes de la culture de la jeunesse. Ce que je tiens à souligner ici c'est qu'en période de crise religieuse, on ne peut pas anticiper les réponses créatrices — et de ce fait probablement méconnaissables — qui seront apportées à cette crise. En outre, on ne peut pas prédire ce que seront les expressions d'une expérience du sacré potentiellement nouvelle. L' « homme total » n'est jamais complètement désacralisé, et on est en droit de douter qu'une désacralisation totale soit possible. La sécularisation remporte un beau succès au niveau de la vie consciente : vieilles conceptions théologiques, dogmes, croyances, rites, institutions, etc., sont progressivement vidés de toute signification. Mais aucun homme normal ne peut être réduit à son activité consciente, rationnelle, car l'homme moderne n'a pas cessé de rêver, de tomber amoureux, d'écouter de la musique, d'aller au théâtre, de voir des films, de lire des livres — bref, il ne vit pas seulement dans un monde historique et naturel, mais aussi dans un monde existentiel, privé, et dans un univers imaginaire. C'est d'abord et avant tout l'historien et phénoménologue des religions qui est à même de reconnaître et de déchiffrer les structures et les significations « religieuses » de ces mondes privés ou univers imaginaires.

Il serait inutile de reprendre ici les arguments développés dans ce livre. On peut les résumer en disant que l'intérêt de l'analyse des religions archaïques et exotiques ne se limite pas à leur importance historique. Le philosophe, le théologien et le critique littéraire peuvent également tirer profit de la découverte de ces mondes de signification oubliés, dénaturés ou négligés. C'est pourquoi j'ai essayé de présenter et de discuter des documents tirés de religions moins familières. Des progrès importants ont été réalisés récemment dans la compréhension des trois religions monothéistes, du bouddhisme et même des philosophies religieuses de l'Inde. Le lecteur qui s'y intéresse n'aura aucune peine à se procurer un certain nombre d'ouvrages très connus consacrés à ces thèmes.

Les essais réunis dans ce livre n'ont pas été écrits pour le « spécialiste » mais essentiellement pour l' « honnête homme » et le lecteur intelligent. C'est ainsi que je n'ai pas hésité à citer des exemples connus de l'historien des religions, de l'anthropologue ou de l'orientaliste (ou tout au moins auxquels ces derniers ont accès), mais qui sont probablement inconnus du lecteur non spécialiste. J'espère cependant que ce qu'on pourrait appeler un « nouvel humanisme » sera engendré par la confrontation de l'Occidental moderne avec des mondes de signification inconnus ou moins familiers. Ces essais, de même que mes précédentes publications, se proposent de souligner le rôle culturel que l'historien des religions pourrait jouer dans une société désacra-

lisée ; ils visent aussi au développement d'une herméneutique systématique du sacré et de ses manifestations historiques.

Mircea ELIADE
Université de Chicago
Juillet 1968

Ce petit livre parut en anglais sous le titre *the Quest. Meaning and History in Religion* (The University of Chicago Press, 1969). Je suis heureux de pouvoir exprimer ici toute ma reconnaissance à mon élève et ami, M. Henry Pernet, qui a traduit de l'anglais la préface et les chapitres I, II et III, et s'est donné la peine de revoir et d'améliorer le texte des chapitres IV et V. Mon cher et dévoué ami, le professeur Jean Gouillard, eut l'amabilité de corriger le reste du manuscrit : qu'il soit assuré de ma très sincère gratitude.

M.E.
Juin 1969

I

UN NOUVEL HUMANISME

Malgré le nombre de manuels, de périodiques et de bibliographies dont on dispose de nos jours, il devient de plus en plus difficile de se tenir au courant des progrès réalisés dans tous les secteurs de l'histoire des religions[1]. Il est par conséquent de plus en plus difficile aussi de devenir historien des religions. L'historien assiste, à son grand regret, à sa transformation en spécialiste d'*une* religion, voire d'une période déterminée ou d'un aspect particulier de cette religion.

Cette situation nous a incité à créer un nouveau périodique[2]. Notre but n'est pas simplement de mettre une revue de plus à la disposition des spécialistes (encore que l'absence d'un tel périodique aux Etats-Unis suffirait déjà à justifier l'entreprise), mais plus

1. Comme *Religionswissenschaft* est difficilement traduisible en français, nous sommes obligés d'utiliser « histoire des religions » dans le sens le plus large du terme, c'est-à-dire en incluant non seulement l'histoire à proprement parler, mais aussi l'étude comparative des religions ainsi que l'étude de la morphologie et de la phénoménologie religieuse.
2. *History of Religions : an International Journal for Comparative Historical Studies* (édité par : Mircea Eliade, Joseph M. Kitagawa et Charles H. Long), Chicago (University of Chicago Press), 1961 sq.

particulièrement de fournir un moyen d'orientation dans un domaine qui va s'agrandissant, et de stimuler les échanges de vues entre des spécialistes qui, d'une manière générale, ne se tiennent pas au courant des progrès accomplis dans les autres disciplines. Cette orientation et ces échanges de vues seront rendus possibles, nous l'espérons, grâce à des résumés des progrès les plus récents enregistrés en ce qui concerne certains problèmes clés de l'histoire des religions, et grâce aussi à des discussions méthodologiques et à des essais visant à améliorer l'herméneutique des données religieuses.

L'herméneutique tient une place prépondérante dans nos recherches car c'est inévitablement l'aspect le moins développé de l'histoire des religions. Préoccupés, et en fait souvent complètement obnubilé par la réunion, la publication et l'analyse des données religieuses — tâches qu'ils considèrent à juste titre comme urgentes et indispensables — les spécialistes ont parfois négligé d'étudier la signification de ces données. Or celles-ci sont l'expression de diverses expériences religieuses. En dernière analyse, elles représentent des positions et des situations assumées par des hommes au cours de l'histoire. Que cela lui plaise ou non, l'historien des religions n'a pas achevé son œuvre lorsqu'il a reconstitué l'histoire d'une forme religieuse ou dégagé son contexte sociologique, économique ou politique. Il doit encore en comprendre la signification, c'est-à-dire qu'il doit identifier et mettre en lumière les situations et les positions qui ont induit ou rendu possible l'apparition ou le triomphe de cette forme religieuse à un moment particulier de l'histoire.

Ce n'est que dans la mesure où elle accomplira cette tâche — en particulier en rendant la signification des documents religieux intelligible à l'esprit de l'homme moderne — que la science des religions remplira sa véritable fonction culturelle. Car quel qu'ait été son rôle dans le passé, l'étude comparative des religions est appelée à jouer un rôle culturel de la plus haute importance dans l'avenir immédiat. Comme je l'ai dit à plusieurs reprises, notre moment historique nous oblige à des confrontations qu'on n'aurait même pas pu imaginer il y a cinquante ans. D'autre part, les peuples de l'Asie ont récemment fait leur rentrée sur la scène de l'histoire et, d'autre part, les peuples dits « primitifs » se préparent à faire leur apparition à l'horizon de la « grande histoire » en ce sens qu'ils cherchent à devenir les *sujets actifs* de l'histoire au lieu de ses *objets passifs*, rôle qu'ils ont tenu jusque-là. Mais, si les peuples de l'Occident ne sont plus les seuls à « faire » l'histoire, leurs valeurs spirituelles et culturelles ne vont plus jouir de la place privilégiée, pour ne rien dire de l'autorité indiscutable, dont elles bénéficiaient il y a quelques générations. Ces valeurs sont maintenant analysées, comparées et jugées par des non-Occidentaux. De leur côté, les Occidentaux sont de plus en plus conduits à étudier, à analyser et à comprendre les spiritualités de l'Asie et du monde archaïque. Ces découvertes et ces contacts doivent se prolonger dans le dialogue. Mais pour être authentique et fertile, ce dialogue ne doit pas se limiter au langage empirique et utilitaire ; le vrai dialogue doit porter sur les valeurs centrales de la culture de chaque participant. Or, pour comprendre correctement ces valeurs, il est nécessaire de connaître leurs sources religieuses car, nous le savons, les cultures non européennes, tant orientales que primitives, sont encore nourries par un sol religieux très riche.

C'est la raison pour laquelle je pense que l'histoire des religions est appelée à jouer un rôle important dans la vie culturelle contemporaine, non seulement parce que la compréhension des religions exotiques et archaïques apportera une aide significative au dialogue avec les représentants de ces religions, mais aussi et plus particulièrement parce qu'en s'efforçant de comprendre les situations existentielles exprimées par les documents qu'il étudie, l'historien des religions accédera inévitablement à une connaissance plus profonde de l'homme. C'est sur la base d'une telle connaissance qu'un nouvel humanisme, à l'échelle mondiale, pourrait se développer. On peut même se demander si l'histoire des religions ne pourrait pas apporter une contribution de première importance à sa formation car, d'une part, l'étude historique et comparative des religions embrasse toutes les formes culturelles connues, tant les cultures ethnologiques que celles qui ont joué un rôle majeur dans l'histoire, et, d'autre part, en étudiant les expressions religieuses d'une culture, l'historien des religions l'aborde de l'intérieur et non pas uniquement dans son contexte sociologique, économique ou politique. En dernière analyse, l'historien des religions est appelé à dégager et à mettre en lumière un grand nombre de situations qui ne sont pas familières à l'homme de l'Ouest ; et c'est par la compréhension de ces situations inhabituelles, « exotiques », que le provincialisme culturel peut être dépassé.

Il ne s'agit donc pas simplement d'élargir notre horizon, d'accroître quantitativement et de manière statique notre « connaissance de l'homme » : c'est la rencontre, la confrontation avec les « autres » — avec des êtres humains appartenant à divers types de sociétés archaïques et exotiques — qui est stimulante et fertile sur le plan culturel ; c'est l'expérience personnelle de cette herméneutique unique qui est créatrice (voir plus bas, p. 102). Il n'est pas impossible que les

20

découvertes et les « rencontres » rendues possibles par le progrès de l'histoire des religions aient des répercussions comparables à celles de certaines découvertes célèbres dans le passé de la culture occidentale. Je pense, par exemple, à la découverte des arts exotiques et primitifs, qui revivifia l'esthétique occidentale. Je pense aussi, en particulier, aux découvertes de la psychanalyse, qui ouvrirent de nouvelles perspectives à notre compréhension de l'homme. Dans les deux cas, il y eut rencontre avec l' « étranger », l'inconnu, avec ce qui ne peut pas être réduit à des catégories familières — bref, avec le « tout autre »[1]. Cependant, ce contact avec l' « autre » n'est certainement pas sans danger. La résistance qui fut tout d'abord opposée aux mouvements artistiques modernes et à la psychologie des profondeurs en est un exemple. Cette réaction est par ailleurs compréhensible car, en définitive, reconnaître l'existence d' « autres » amène inévitablement la « relativisation » ou même la destruction du monde culturel officiel. L'univers esthétique occidental n'a plus été le même dès le moment où les créations artistiques du cubisme et du surréalisme ont été acceptées et assimilées. De même, le « monde » dans lequel vivait l'homme préanalytique est tombé en désuétude après les découvertes de Freud. Mais ces « destructions » ont ouvert de nouveaux horizons au génie créateur de l'Occident.

Tout ceci ne peut que suggérer les possibilités illimitées qui s'ouvrent aux historiens des religions, les confrontations auxquelles ils s'exposent pour com-

---

1. Rudolf Otto a décrit le sacré comme étant « das ganz andere ». Bien qu'elles aient lieu sur un plan non religieux, les confrontations avec le « tout autre » provoquées par la psychologie des profondeurs et par les expériences artistiques modernes peuvent être considérées comme des expériences parareligieuses.

prendre des situations humaines différentes de celles qui leur sont familières. Il est difficile de croire que des expériences aussi « étrangères » que celles du chasseur paléolithique ou du moine bouddhique n'auront aucun effet sur la vie culturelle moderne. Il est évident que de telles « rencontres » ne deviendront culturellement créatrices que lorsque l'historien des religions aura dépassé le stade de l'érudition pure — en d'autres termes, lorsque après avoir réuni, décrit et classé ses documents, il fera aussi l'effort de les comprendre sur leur propre plan de référence. Ceci n'implique aucune dépréciation de l'érudition ; mais il faut bien constater, après tout, que l'érudition à elle seule ne peut pas accomplir toute la tâche de l'historien des religions, de même que la connaissance de l'italien du XIIIᵉ siècle et de la culture florentine de cette époque, l'étude de la théologie et de la philosophie médiévales ainsi que la connaissance de la vie de Dante ne suffisent pas à révéler la valeur artistique de la *Divina Commedia*. On hésite presque à répéter de tels truismes. Cependant, on ne dira jamais assez que l'historien des religions n'a pas achevé son œuvre lorsqu'il a réussi à reconstituer le développement chronologique d'une religion ou lorsqu'il en a dégagé le contexte social, économique ou politique. Comme tout phénomène humain, le phénomène religieux est extrêmement complexe, pour en saisir toutes les valeurs et toutes les significations, on doit l'aborder de plusieurs points de vue.

Il est regrettable que les historiens des religions n'aient pas tiré meilleur profit de l'expérience de leurs collègues historiens de la littérature ou critiques littéraires. Les progrès réalisés dans ces disciplines leur auraient permis d'éviter des malentendus fâcheux. C'est un fait reconnu aujourd'hui qu'il existe une continuité et une solidarité entre l'œuvre de l'historien et du sociologue de la littérature, du critique et de l'esthéticien. S'il est vrai, par exemple, qu'on ne peut que difficilement comprendre l'œuvre de Balzac si l'on ne sait pas ce qu'était la société française du XIXe siècle et si l'on ne connaît pas l'histoire de cette époque (au sens le plus large du terme : histoire politique, économique, sociale, culturelle et religieuse), il n'en est pas moins vrai qu'on ne saurait réduire *La Comédie humaine* à la dimension de document historique pur et simple. Elle est l'œuvre d'un individu exceptionnel, et c'est pour cette raison que la vie et la psychologie de Balzac doivent être connues. Mais l'élaboration de cet œuvre gigantesque demande aussi à être étudiée en elle-même, comme la lutte de l'artiste avec sa matière première, comme la victoire de l'esprit créateur sur les données immédiates de l'expérience. Tout un travail d'exégèse reste à faire après que l'historien de la littérature a terminé sa tâche, et c'est là qu'intervient le critique littéraire. C'est lui qui aborde l'œuvre en tant qu'univers autonome ayant ses lois et ses structures propres. En outre, l'œuvre du critique elle-même n'épuise pas le sujet, tout au moins dans le cas des poètes, car il revient à l'esthéticien de découvrir et d'expliquer les valeurs des univers poétiques. Mais peut-on dire qu'une œuvre littéraire a finalement été « expliquée » lorsque l'esthéticien a dit son dernier mot ? Il y a toujours un message secret dans l'œuvre des grands écrivains, et c'est sur le plan de la philosophie qu'on a le plus de chances de le saisir.

J'ose espérer qu'on me pardonnera ces quelques remarques sur l'herméneutique des œuvres littéraires. Elles sont certainement incomplètes[1], mais je pense

1. Il est nécessaire de considérer aussi, par exemple, les vicissitudes de l'œuvre dans la conscience ou même dans l' « inconscient » du

qu'elles suffiront à montrer que ceux qui étudient les œuvres littéraires sont pleinement conscients de la complexité de celles-ci et, à quelques exceptions près, n'essaient pas de les « expliquer » en les réduisant à telle ou telle origine : traumatisme infantile, accident glandulaire, situation économique, sociale ou politique, etc. Ce n'est pas sans raison que j'ai mentionné ici la situation unique des créations artistiques car, d'un certain point de vue, l'univers esthétique peut être comparé avec l'univers de la religion. Nous avons affaire, dans les deux cas, à des *expériences individuelles* (expérience esthétique du poète et de son lecteur, d'une part, expérience religieuse de l'autre) et à des *réalités transpersonnelles* (une œuvre d'art dans un musée, un poème, une symphonie ; une figure divine, un rite, un mythe, etc.). On peut certes continuer à discuter à perte de vue sur la signification qu'on peut être enclin à attribuer à ces *réalités* artistiques et religieuses. Mais une chose au moins paraît évidente : les œuvres d'art, tout comme les « données religieuses », ont un mode d'être qui leur est propre : *elles existent sur leur propre plan de référence,* dans leur univers particulier. Le fait que cet univers ne soit pas l'univers physique de l'expérience immédiate n'implique pas leur irréalité. Ce problème a été suffisamment discuté pour qu'il ne soit pas nécessaire que j'y revienne ici ; je n'ajouterai qu'une seule observation : l'œuvre d'art ne révèle sa

public. La circulation, l'assimilation et l'évaluation d'une œuvre littéraire présentent des problèmes qu'aucune discipline ne peut résoudre *à elle seule.* C'est le sociologue, mais aussi l'historien, le moraliste et le psychologue qui peuvent nous aider à comprendre le succès de *Werther* et l'échec de *The Way of All Flesh,* le fait qu'une œuvre aussi difficile qu'*Ulysses* soit devenue populaire en moins de vingt ans, alors que *Senilità* et *Coscienza di Zeno* sont encore inconnus, etc.

signification que dans la mesure où elle est considérée en tant que création autonome, c'est-à-dire dans la mesure où nous acceptons son mode d'être — *celui de création artistique* — et ne la réduisons pas à l'un de ses éléments constitutifs (dans le cas d'un poème : le son, le vocabulaire, la structure linguistique, etc.) ou à l'un de ses usages ultérieurs (poème qui porte un message politique, ou qui peut servir de document sociologique, ethnographique, etc.).

Il me semble, de même, qu'une donnée religieuse révèle sa signification profonde lorsqu'elle est considérée sur son propre plan de référence, et non lorsqu'elle est réduite à l'un ou l'autre de ses aspects secondaires ou de ses contextes. Je n'en donnerai que l'exemple suivant : peu de phénomènes religieux sont plus directement et plus évidemment liés aux circonstances socio-politiques que les mouvements messianiques et millénaristes modernes chez les anciens peuples coloniaux (« cargo-cults », etc.). Cependant, l'identification et l'analyse des conditions qui ont préparé et rendu possibles ces mouvements messianiques ne constituent qu'une partie de la tâche de l'historien des religions, car ces mouvements sont également des créations de l'esprit humain, en ce sens qu'ils sont devenus ce qu'ils sont — *des mouvements religieux* et non pas simplement des gestes de protestation et de révolte — par un acte créateur de l'esprit. On peut donc dire, en résumé, qu'il faut étudier un phénomène religieux tel celui du messianisme primitif comme on étudie la *Divina Commedia*, c'est-à-dire en utilisant tous les instruments et moyens de la connaissance et de l'érudition (et non, pour revenir à ce que nous disions plus haut à propos de Dante, en ne se basant que sur le vocabulaire, la syntaxe ou tout simplement les conceptions théologiques et politiques de l'auteur). Car si l'historien des religions désire réellement favoriser la naissance d'un nouvel humanisme, il lui appartient de dégager la valeur autonome — la valeur en tant que *création spirituelle* — de tous ces mouvements religieux primitifs. Les réduire au contexte socio-politique revient, en dernière analyse, à admettre qu'ils ne sont pas suffisamment « élevés », pas assez « nobles » pour être traités comme des créations du génie humain au même titre que la *Divina Commedia* ou que les *Fioretti* de saint François[1]. C'est du reste pourquoi on peut s'attendre que, dans un avenir assez rapproché, l'*intelligentsia* des anciens peuples coloniaux considérera beaucoup de spécialistes des sciences sociales comme des apologètes camouflés de la culture occidentale. En effet, comme ces savants insistent avec tant de persistance sur l'origine et le caractère socio-politiques des mouvements messianiques « primitifs », il se pourrait qu'on les suspecte de souffrir d'un complexe de supériorité occidental, c'est-à-dire d'avoir la conviction que les mouvements religieux de ce genre ne peuvent pas s'élever au même niveau de « liberté par rapport à la conjoncture socio-politique » que, par exemple, un Joachim de Flore ou un saint François.

Ceci ne veut bien entendu pas dire que le phénomène religieux peut être compris en dehors de son « histoire », c'est-à-dire en dehors de son contexte culturel et socio-économique. Il n'existe pas de phénomène religieux « pur », en dehors de l'histoire, car il n'existe aucun phénomène humain qui ne soit en même temps phénomène historique. Toute expérience religieuse est

1. On peut même se demander si, au fond, les divers « réductionnismes » ne trahissent pas le complexe de supériorité des savants occidentaux. Ces derniers ne doutent pas un instant que seule la science — *une création exclusivement occidentale* — résistera à ce processus de démystification de la spiritualité et de la culture.

exprimée et transmise dans un contexte historique particulier. Mais admettre l'historicité des expériences religieuses n'implique pas qu'elles sont réductibles à des formes de comportement non religieuses. Affirmer qu'une donnée religieuse est toujours une donnée historique ne signifie pas qu'elle est réductible à une histoire économique, sociale ou politique. Nous ne devons jamais perdre de vue un des principes fondamentaux de la science moderne : *c'est l'échelle qui crée le phénomène*. Comme je l'ai rappelé ailleurs [1], Henri Poincaré se demandait, non sans ironie, si un naturaliste qui n'aurait jamais étudié l'éléphant qu'au microscope croirait connaître suffisamment cet animal. Le microscope révèle la structure et le mécanisme des cellules, structure et mécanisme identiques dans tous les organismes pluricellulaires. L'éléphant est, certes, un organisme pluricellulaire. Mais n'est-il que cela ? A l'échelle microscopique, on peut comprendre que la réponse soit hésitante. Mais à l'échelle visuelle humaine, qui a au moins le mérite de présenter l'éléphant en tant que phénomène zoologique, il n'y a plus d'hésitation possible.

Je n'ai pas l'intention de développer ici une méthodologie de la science des religions. Le problème est beaucoup trop complexe pour être traité en quelques pages [2]. Mais je pense qu'il est utile de répéter que l'*homo religiosus* représente l'« homme total ». La science des religions doit par conséquent devenir une discipline totale, en ce sens qu'elle doit utiliser, inté-

---

1. *Traité d'histoire des religions* (Paris, 1949), p. 11.
2. On trouvera quelques suggestions préliminaires dans certaines de mes publications précédentes. Voir en particulier *Traité d'histoire des religions*, p. 11 à 46 ; *Images et symboles* (Paris, 1951), p. 33-52, 211-235 ; *Mythes, rêves et mystères* (Paris, 1957), p. 7-15, 133-164 ; *Méphistophélès et l'androgyne* (Paris, 1962), p. 238-268.

grer et articuler les résultats obtenus par les diverses méthodes d'approche du phénomène religieux. Il ne suffit pas de saisir la signification d'un phénomène religieux dans une culture donnée et, par suite, de déchiffrer son « message » (car tout phénomène religieux constitue un « chiffre »); il faut aussi étudier et comprendre son « histoire », c'est-à-dire démêler l'écheveau de ses changements et de ses modifications et, en dernier lieu, dégager sa contribution à la culture dans son ensemble.

Ces dernières années, un certain nombre de savants ont senti le besoin de dépasser l'alternative *phénoménologie religieuse — histoire des religions* [1] et d'atteindre à une perspective plus large dans laquelle ces deux opérations intellectuelles pourraient être appliquées ensemble. Et c'est bien vers la conception intégrale de la science des religions que les efforts des savants semblent s'orienter actuellement. Pour sûr, ces deux approches correspondent dans une certaine mesure à des tempéraments philosophiques différents et il serait naïf de supposer que la tension entre ceux qui essaient de comprendre l'*essence* et les *structures* et ceux dont le seul souci est l'*histoire* des phénomènes religieux, va complètement disparaître un jour. Mais une telle tension est créatrice. C'est grâce à elle que la science des religions échappera au dogmatisme et à la stagnation.

---

1. Ces termes sont utilisés dans leur sens le plus large : la « phénoménologie » inclut donc les savants qui poursuivent l'étude des structures et des significations, et l' « histoire » ceux qui cherchent à comprendre les phénomènes religieux dans leur contexte historique. En fait, les divergences entre ces deux approches sont plus marquées. Il y a, de plus, un certain nombre de différences — parfois très sensibles — à l'intérieur des groupes que, pour simplifier, nous avons dénommés « phénoménologie » et « histoire ».

Les résultats de ces deux opérations intellectuelles sont également valables pour une connaissance plus adéquate de l'*homo religiosus* car, si les « phénoménologues » s'intéressent aux significations des données religieuses, les « historiens », pour leur part, tentent de montrer comment ces significations ont été ressenties et vécues dans les différentes cultures et aux divers moments historiques, comment elles se sont transformées, enrichies ou appauvries au cours de l'histoire. Cependant, si nous voulons éviter de retomber dans un « réductionnisme » dépassé, nous devons toujours considérer cette histoire des significations religieuses comme faisant partie de l'histoire de l'esprit humain [1].

Plus que toute autre discipline humaniste (c'est-à-dire plus que la psychologie, l'anthropologie, la sociologie, etc.), l'histoire des religions peut ouvrir la voie à une anthropologie philosophique car le sacré est une dimension universelle et, comme nous le verrons plus loin (p. 132), les débuts de la culture ont leur origine dans des expériences et des croyances religieuses. De plus, même après leur sécularisation radicale, des

1. Dans une de ses dernières œuvres, le grand historien des religions Raffaele Pettazzoni est arrivé à une conclusion semblable : « La phénoménologie et l'histoire se complètent l'une l'autre. La phénoménologie ne peut se passer de l'ethnologie, de la philologie et d'autres disciplines historiques. La phénoménologie donne, par ailleurs, aux disciplines historiques ce sens du religieux qu'elles sont incapables de saisir. Considérée de ce point de vue, la phénoménologie religieuse est la compréhension (*Verständniss*) religieuse de l'histoire ; c'est l'histoire dans sa dimension religieuse. La phénoménologie et l'histoire religieuses ne sont pas deux sciences mais deux aspects complémentaires de la science intégrale des religions, et la science des religions en tant que telle possède un caractère bien défini qui lui est conféré par son sujet d'étude propre et unique. » (« The Supreme Being : Phenomenological Structure and Historical Development », *in* M. Eliade et J. M. Kitagawa (éditeurs), *The History of Religions : Essays in Methodology* (Chicago, 1959), p. 66.)

créations culturelles comme les institutions sociales, les techniques, les idées morales, les arts, etc., ne peuvent être correctement comprises si on ne connaît pas leur matrice originelle religieuse, matrice qu'elles critiquent tacitement, qu'elles modifient ou qu'elles rejettent en devenant ce qu'elles sont actuellement : des valeurs culturelles séculières. L'historien des religions est ainsi en mesure de saisir la permanence de ce qu'on a appelé la situation existentielle spécifique de l'homme d' « être dans le monde », car l'expérience religieuse est son corrélatif ; en fait, pour l'homme, devenir conscient de son propre mode d'être et assumer sa *présence* dans le monde constitue une expérience « religieuse ».

En dernière analyse, l'historien des religions est obligé par son effort herméneutique de « revivre » une multitude de situations existentielles et de dégager un grand nombre d'ontologies présystématiques. Il ne peut pas dire, par exemple, qu'il a compris les religions australiennes s'il n'a pas compris le *mode d'être dans le monde* des Australiens. Et, comme nous le verrons plus tard, on trouve déjà, même à ce stade de culture, la notion d'une pluralité de modes d'être ainsi que la conscience du fait que le caractère particulier de la condition humaine est le résultat d'une « histoire sacrée » primordiale (voir plus bas, p. 140).

Ces éléments n'ont aucune chance d'être compris si le chercheur ne réalise pas que toute religion a un « centre », une conception centrale qui inspire et anime l'ensemble du corpus des mythes, des rituels et des croyances. C'est là un fait évident dans des religions comme le judaïsme, le christianisme et l'islam, en dépit de ce que les modifications introduites au cours du temps tendent dans certains cas à obscurcir la « forme originale ». Le rôle central de Jésus en tant que

Christ, par exemple, reste transparent, aussi complexes et élaborées que puissent paraître certaines expressions théologiques et ecclésiastiques contemporaines par comparaison avec le « christianisme originel ». Mais le « centre » d'une religion n'est pas toujours si évident. Certains chercheurs n'en soupçonnent parfois même pas l'existence ; ils essaient plutôt d'articuler les valeurs religieuses d'un certain type de société en fonction d'une théorie à la mode. C'est pourquoi, pendant près de trois quarts de siècle, les religions primitives sont apparues comme les illustrations des théories dominantes du moment : animisme, culte des ancêtres, mana, totémisme, etc. L'Australie, par exemple, a presque été considérée comme le territoire par excellence du totémisme, lequel, du fait de l'archaïsme présumé des Australiens, a même été proclamé la forme de vie religieuse la plus ancienne.

Or, quoi qu'on puisse penser des diverses conceptions et croyances religieuses réunies sous le nom de « totémisme », une chose semble évidente aujourd'hui : le totémisme ne constitue pas le centre de la vie religieuse australienne. Au contraire, les expressions totémiques, de même que d'autres conceptions et croyances religieuses, n'apparaissent dans toute leur signification et ne forment un tout cohérent que lorsqu'on cherche le centre de la vie religieuse là où les Australiens ont sans cesse déclaré qu'il se trouvait, c'est-à-dire dans le concept du « temps de rêve », époque primordiale fabuleuse durant laquelle le monde fut formé et l'homme devint ce qu'il est aujourd'hui. — J'ai longuement discuté ce problème ailleurs et il est inutile d'y revenir ici [1].

1. « Australian Religions : An Introduction », in *History of Religions*, volume 6 (1966), p. 108-134, 208-237.

Ce n'est là qu'un exemple parmi beaucoup d'autres, et peut-être pas le plus clair car les religions australiennes ne présentent pas la complexité et la variété de formes que rencontre celui qui étudie les religions de l'Inde, de l'Egypte ou de la Grèce. Mais on comprendra aisément que c'est probablement parce qu'ils ont négligé de chercher le centre véritable de telle ou telle forme religieuse que les historiens des religions ont apporté une contribution inadéquate à l'anthropologie philosophique. Comme nous le verrons plus loin (chap. 4), ce manquement reflète une crise plus profonde et plus complexe. Toutefois, il ne faut pas oublier de relever aussi l'existence de signes indiquant que cette crise est en passe d'être résolue. Nous examinerons quelques aspects de la crise et du renouveau de l'histoire des religions dans les trois chapitres suivants de ce livre.

1959

II

L'HISTOIRE DES RELIGIONS
DE 1912 A NOS JOURS

(En 1962, les éditeurs du *Journal of Bible and Religion* m'invitèrent à présenter, en 7 000 mots au maximum, un aperçu de l'évolution de l'histoire des religions durant les cinquante dernières années. Comme il revenait à d'autres auteurs de discuter les progrès réalisés dans l'étude de l'Ancien et du Nouveau Testament, ces secteurs furent exclus de mon exposé. En préparant le présent volume, j'ai revu et complété le texte, mais je n'ai rien changé au plan original, en dépit du fait que certaines des tendances qui se sont manifestées dans les études bibliques aient été directement liées aux découvertes faites par des historiens des religions travaillant dans d'autres domaines.)

1912 fut une année importante dans l'histoire de l'étude scientifique de la religion. C'est en effet cette année-là qu'Émile Durkheim publia ses *Formes élémentaires de la vie religieuse* et que Wilhelm Schmidt termina le premier volume de son monumental *Der Ursprung der Gottesidee*, lequel ne devait être achevé que quarante ans plus tard, les deux derniers volumes (XI et XII) paraissant en 1954 et en 1955, après la mort de l'auteur. C'est aussi en 1912 que Raffaele Pettazzoni fit paraître son importante monographie sur *La Religione primitiva in Sardegna* et que C. G. Jung publia son

Wandlungen und Symbole der Libido, alors même que Freud corrigeait les épreuves de *Totem und Tabu* qui devait paraître sous forme de livre l'année suivante.

Ces ouvrages illustraient quatre approches différentes de l'étude de la religion, dont aucune n'était véritablement nouvelle, à savoir l'approche sociologique, ethnologique, psychologique et historique. La seule approche potentiellement nouvelle, celle de la phénoménologie, n'allait être tentée que dix ans plus tard. Toutefois, Freud, Jung, Durkheim et Schmidt appliquaient bel et bien des méthodes nouvelles et prétendaient avoir obtenu ainsi des résultats plus durables que ceux de leurs prédécesseurs. Il est significatif de relever qu'à l'exception de Pettazzoni, aucun de ces auteurs n'était historien des religions. Leurs théories devaient néanmoins jouer un rôle considérable dans la vie culturelle des décennies suivantes. Bien que peu d'historiens des religions se soient fondés exclusivement sur leurs travaux, Freud, Jung, Durkheim et Schmidt — et plus particulièrement les deux premiers — ont beaucoup contribué au *Zeitgeist* de la génération passée et leurs interprétations jouissent encore d'un certain prestige auprès des non-spécialistes.

Dans l'élaboration de leurs hypothèses, tous ces auteurs réagissaient, positivement ou négativement, à l'influence de leurs prédécesseurs immédiats ou de leurs contemporains. Aux environs de 1910-1912, les écoles allemandes astromythologique et panbabylonienne étaient à leur déclin. D'une production assez abondante [1], les seuls ouvrages qui allaient conserver

---

1. Plus de cent volumes et articles publiés en quelque quinze ans. Sur ces écoles, cf. Wilhelm Schmidt, *The Origin and Growth of Religion : Facts and Theories* (traduit de l'allemand par H. J. Rose, New York, 1931), p. 91-102.

une certaine valeur pour les générations suivantes étaient *Die allgemeine Mythologie und ihre ethnologische Grundlagen* (1910) de P. Ehrenreich et le *Handbuch der altorientalischen Geisteskultur* (1913); (2e éd., 1929) d'A. Jeremias. Les plus importantes contributions à l'histoire des religions parues en Allemagne entre 1900 et 1912 sont toutes tributaires, directement ou indirectement, de la théorie de l'animisme d'E. B. Tylor[1]. Toutefois, contrairement à ce qui avait été le cas pendant les trente ans précédents, cette théorie n'était plus acceptée universellement. En 1900, R. R. Marett avait publié son « Preanimistic Religion »[2], article qui allait devenir célèbre et dans lequel il tentait de prouver que le premier stade de la religion n'était pas une croyance universelle en des âmes mais un sentiment de *terreur mystérieuse* et d'*étonnement* provoqué par la confrontation avec un pouvoir impersonnel *(mana)*. Un grand nombre de savants avaient accepté et élaboré cette théorie, de sorte que le *mana* (ou *orenda, wakan,* etc.) était presque devenu un cliché. Relevons d'ailleurs que, malgré les critiques formulées par des ethnologues compétents[3], on croit encore dans bien des cercles que le *mana* représente le premier stade de la religion.

---

1. Comme, par exemple, A. Dietrich, *Mutter Erde* (Leipzig, 1905); L. von Schrœder, *Mysterium und Mimus im Rig Veda* (Leipzig, 1908); W. Bousset, *Das Wesen der Religion dargestellt an ihrer Geschichte* (Halle, 1903); et W. Wundt, *Mythus und Religion* (3 vol., Leipzig, 1905-1909).
2. Dans *Folklore*, 1900, p. 162-182; repris dans *The Threshold of Religion* (Londres, 1909), p. 1-32.
3. Cf. P. Radin, « Religion of the North American Indians », *Journal of American Folk-Lore*, 27 (1914): 335-373, en particulier p. 344 sq.; Schmidt, *Origin and Growth of Religion*, p. 160-165; M. Eliade, *Traité d'histoire des religions* (Paris, 1949), p. 30-33.

Quant à lui, J. G. Frazer avait proposé, dans son célèbre *Golden Bough* (2e éd., 1900), une autre hypothèse préanimiste appelée à une grande popularité. Cet érudit partait de l'hypothèse selon laquelle, dans l'histoire de l'espèce humaine, la magie avait précédé la religion. Dans le même ouvrage, Frazer adoptait la conception de W. Mannhardt sur les esprits des blés et développait une riche morphologie des dieux de la végétation mourant et revivant. Avec tous ses défauts, dus principalement au peu de cas que faisait Frazer de la stratification culturelle[1], c'est-à-dire de l'histoire, le *Golden Bough* devait devenir un classique et exercer une influence considérable sur un grand nombre de savants appartenant à une multitude de disciplines. Bien que moins populaire, *Totemism and Exogamy* (4 vol., 1910)[2] est tout aussi important et, sans lui, il est difficile d'imaginer que Freud aurait pu écrire *Totem und Tabu*.

Durkheim, Freud et Jung adoptèrent et réélabo-

1. Pour une critique des théories de Frazer, cf. Robert H. Lowie, *Primitive Religion* (New York, 1924), p. 137-147 ; Lowie, *The History of Ethnological Theory* (New York, 1937), p. 101-104 ; Schmidt, *Origin and Growth of Religion*, p. 123-124 ; Eliade, *Traité d'histoire des religions*, p. 312-313. Theodor H. Gaster a résumé les principaux points sur lesquels les conceptions de Frazer ont été critiquées ou modifiées dans son avant-propos à *The New Golden Bough* (New York, 1959), p. xvi-xx. Voir aussi la discussion entre Edmund Leach et I. C. Jarvie, « Frazer and Malinowski », *Current Anthropology*, 7 (1966) : 560-575.

2. Frazer avait publié sa première contribution dans un petit livre, *Totemism* (Edimbourg, 1887), qui avait été suivi de deux articles importants, « The Origin of Totemism », *Fortnigtly Review* (avril-mai 1899), et « The Beginnings of Religion and Totemism among the Australian Aborigines », *ibid.* (juillet-septembre 1905).

rèrent les hypothèses préanimistes concernant le *mana* et la priorité de la magie en insistant sur l'importance du totémisme qui, pour les deux premiers nommés, représentait la manifestation initiale de la vie religieuse. Le seul à rejeter toutes les théories généralement admises à son époque — tant l'animisme de Tylor que le préanimisme, le totémisme et les dieux de la végétation — fut Wilhelm Schmidt, qui refusa de voir, dans ces formes religieuses, la source de la religion ou l'expérience religieuse la plus primitive. Comme nous le verrons plus loin, Schmidt pensait que la forme de vie religieuse la plus archaïque était la croyance en un Grand Dieu. Il pensait aussi pouvoir prouver sa thèse historiquement grâce à une nouvelle discipline, l'ethnologie historique.

Approches sociologiques.

Pour Durkheim, la religion était la projection de l'expérience sociale. En étudiant les Australiens, il avait remarqué que le totem symbolisait tout à la fois le sacré et le clan. Il en avait conclu que le sacré (ou « Dieu ») et le groupe social n'étaient qu'une seule et même chose. L'explication de la nature et de l'origine de la religion donnée par Durkheim fut violemment critiquée par quelques ethnologues éminents. Ainsi, A. A. Goldenweiser releva que les tribus les plus simples n'avaient ni clans, ni totems. D'où les peuples non totémistes dérivaient-ils donc leur religion ? De plus, Durkheim croyait discerner l'origine du sentiment religieux dans l'enthousiasme collectif dont l'atmosphère du rituel australien était un exemple ; mais alors, demandait Goldenweiser, s'il était vrai que c'était l'assemblée elle-même qui donnait naissance au sentiment religieux, comment se faisait-il que les danses séculières des Indiens d'Amérique du Nord ne se transformaient pas en manifestations religieuses[1] ? Wilhelm Schmidt critiqua, quant à lui, le fait que Durkheim ait limité son information aux peuplades du centre de l'Australie, en particulier aux Aruntas, en ignorant les Australiens du Sud-Est qui représentent cependant un niveau plus ancien et ignorent le totémisme[2]. Des objections non moins sérieuses furent relevées par Robert Lowie[3].

Malgré ces critiques, *Les Formes élémentaires* continuèrent à jouir d'un certain prestige en France, lequel était dû en particulier au fait que Durkheim était le fondateur de l'école française de sociologie et l'éditeur de *L'Année sociologique*. Bien que Durkheim identifiât religion et société, *Les Formes élémentaires* ne représentaient pas à proprement parler une contribution à la sociologie de la religion. Plus tard, cependant, quelques-uns des plus brillants élèves de Durkheim publièrent des ouvrages importants dans ce domaine. Il faut mentionner en particulier l'interprétation de la religion de la Chine ancienne donnée par Marcel Granet[4]

1. A. A. Goldenweiser, « Religion and Society : A Critique of Emile Durkheim's Theory of the Origin and Nature of Religion », *Journal of Philosophy, Psychology and Scientific Method*, 14 (1917) : 113-124 ; *Early Civilization* (New York, 1922), p. 360 sq. ; *History, Psychology and Culture* (New York, 1933), p. 373.

2. Schmidt, *Origin and Growth of Religion*, p. 115 sq.

3. Lowie, *Primitive Religion*, p. 153 sq. ; *The History of Ethnological Theory*, p. 197 sq.

4. *La Religion des Chinois* (Paris, 1922) ; *Danses et légendes de la Chine ancienne* (2 vol., Paris, 1926) ; *La Civilisation chinoise* (Paris, 1929) ; et *La Pensée chinoise* (Paris, 1934).

ainsi que les études de L. Gernet sur les institutions religieuses grecques[1].

Quant à Lucien Lévy-Bruhl, sa position est plus particulière[2]. Philosophe par vocation et par formation, il devint célèbre pour sa notion de « mentalité primitive ». Lévy-Bruhl estimait que le « primitif » était engagé dans une sorte de *participation mystique* avec le monde ambiant et que, pour cette raison, il était incapable de penser correctement. Lévy-Bruhl croyait que la compréhension de ce type de mentalité prélogique aiderait le savant moderne à saisir la signification et la fonction des symboles, des mythes et, en dernière analyse, des religions primitives et archaïques. L'hypothèse de la mentalité prélogique rencontra un grand succès. Bien que jamais acceptée par les ethnologues[3], elle fut l'objet de discussions passionnées par les psychologues et les philosophes. C. G. Jung pensa avoir trouvé dans la participation mystique l'une des preuves de l'existence d'un inconscient collectif. Cependant, dans ses dernières années, Lévy-Bruhl réexamina son hypothèse et, finalement, la rejeta. Il mourut sans avoir eu l'occasion de présenter

1. Cf. L. Gernet et A. Boulanger, *Le Génie grec dans la religion* (Paris, 1932).
2. Lévy-Bruhl présenta son hypothèse de l'existence d'une « mentalité prélogique » dans *Les Fonctions mentales dans les sociétés inférieures* (Paris, 1910) et dans *La Mentalité primitive* (Paris, 1922). Toutefois, certaines de ses œuvres ultérieures ne sont pas moins importantes pour l'historien des religions ; cf. en particulier *L'Ame primitive* (Paris, 1927) ; *Le Surnaturel et la nature dans la mentalité primitive* (Paris, 1931) ; et *La Mythologie primitive* (Paris, 1935).
3. Cf. W. Schmidt, in *Anthropos*, 7 (1912) : 268-269 ; O. Leroy, *La Raison primitive* (Paris, 1927), p. 47 sq. ; Raoul Allier, *Le Non-civilisé et nous* (Paris, 1927) ; R. Thurnwald, in *Deutsche Literaturzeitung* (1928), p. 486-494 ; Goldenweiser, *Early Civilization*, p. 380-389 ; et Lowie, *The History of Ethnological Theory*, p. 216-221. Voir aussi E. E. Evans-Pritchard, *Theory of Primitive Religion* (Oxford, 1965), p. 78-99.

ses nouvelles conceptions sur ce problème (ses *Carnets* furent publiés après sa mort par M. Leenhardt, en 1948). Quoique basées sur une hypothèse erronée, les premières œuvres de Lévy-Bruhl ne furent pas sans mérite car elles contribuèrent à susciter de l'intérêt pour les créations spirituelles des sociétés archaïques.

L'influence de Marcel Mauss, un des savants parmi les plus érudits et les plus modestes de son temps, fut moins évidente mais plus profonde et plus étendue. Ses articles sur le sacrifice, la magie et le don en tant que forme élémentaire d'échange comptent parmi les classiques de l'anthropologie[1]. Il n'acheva malheureusement pas son *opus magnum*, un traité sur l'ethnologie considérée comme la science du *fait social total*, mais son enseignement et son exemple influencèrent un grand nombre d'historiens des religions français. Citons, entre autres, Georges Dumézil et Maurice Leenhardt. *Do Kamo*, publié par ce dernier, représente l'une des plus vivantes et des plus stimulantes contributions à la compréhension du mythe et du rituel chez les primitifs[2].

On ne saurait non plus oublier les œuvres des africanistes français et en particulier celles de Marcel Griaule et de ses disciples[3]. Dans un livre passionnant, *Dieu d'eau* (1948), Griaule présenta la tradition mythologique ésotérique des Dogons. Ce livre eut des consé-

1. La plupart de ces études ont été reprises dans une œuvre posthume, *Sociologie et anthropologie* (Paris, 1950), publiée avec une importante introduction de Claude Lévi-Strauss.
2. Maurice Leenhardt, *Do Kamo. La personne et le mythe dans le monde mélanésien* (Paris, 1947).
3. Voir entre autres M. Griaule, *Dieu d'eau ; entretiens avec Ogotemmêli* (Paris, 1948) ; G. Dieterlen, *Essai sur la religion bambara* (Paris, 1951) ; cf. aussi E. Michael Mendelson, « Some Present Trends of Social Anthropology in France », *The British Journal of Sociology*, 9 (1958) : 251-270.

quences considérables pour la réévaluation des « religions primitives » car il révélait une étonnante aptitude des Dogons pour la spéculation systématique, et non les élucubrations puériles qu'on attendait d'une « mentalité prélogique ». Il révélait aussi l'imperfection de notre information quant à la pensée religieuse *véritable* des primitifs ; les Dogons n'avaient, en effet, communiqué leur doctrine ésotérique à Griaule qu'après que ce dernier eut fait des séjours répétés chez eux, et encore uniquement à la suite de circonstances favorables. On est donc en droit, depuis *Dieu d'eau*, de soupçonner que la plupart des ouvrages traitant des « religions primitives » en présentent et en interprètent presque exclusivement les aspects extérieurs, donc les moins intéressants.

D'autres ethnologues français apportèrent des contributions importantes à la compréhension de la vie religieuse des sociétés illettrées. Citons les études d'Alfred Métraux sur les religions sud-américaines et haïtiennes, les monographies de Georges Balandier sur la sociologie africaine et, plus particulièrement, les travaux de Claude Lévi-Strauss sur le totémisme, la structure du mythe et les opérations de la « pensée sauvage » en général, travaux qui jouissent d'une large et croissante popularité. En fait, Lévi-Strauss est le seul à avoir su reconquérir l'intérêt du public cultivé pour les « primitifs », ce même intérêt que Lévy-Bruhl avait su susciter il y a cinquante ans[1].

L'impact de la sociologie de la religion *stricto sensu* — c'est-à-dire telle que la comprenaient Max Weber et

1. Alfred Métraux, *Le Vaudou haïtien* (Paris, 1958) et *Religions et magies indiennes d'Amérique du Sud* (Paris, 1967) ; G. Balandier, *Sociologie actuelle de l'Afrique noire* (Paris, 1955) ; C. Lévi-Strauss, *Totémisme aujourd'hui* (Paris, 1962) ; *La Pensée sauvage* (Paris, 1962) ; *Le cru et le cuit* (Paris, 1964).

Ernst Troeltsch, par exemple — se fit sentir parallèlement à l'influence de Durkheim; il fut tout d'abord limité à l'Allemagne et n'atteignit les Etats-Unis et l'Amérique du Sud qu'après la Deuxième Guerre mondiale. La sociologie de la religion dans son sens propre ne fit qu'une entrée tardive en France mais connut, dès la fin de la dernière guerre, un développement rapide; il suffit de mentionner ici Gabriel Le Bras et le groupe de jeunes chercheurs qui publient les *Archives de sociologie des religions*[1]. Aux Etats-Unis, Talcott Parsons[2], J. Milton Yinger[3] et Joachim Wach apportèrent d'importantes contributions. Wach publia une *Einführung in die Religionssoziologie* en 1931 et son œuvre maîtresse, *Sociology of Religion*, treize ans plus tard[4]. La position méthodologique adoptée par Wach est d'un intérêt particulier pour notre sujet. Il était essentiellement historien des religions ou, plus précisément, spécialiste de la *Religionswissenschaft* dont la sociolo-

1. Gabriel Le Bras, *Etudes de sociologie religieuse* (2 vol., Paris, 1955-1956); *Archives de sociologie des religions*, 1 (janvier-juin 1956) et 13 (janvier-juin 1962); voir aussi *Sociologie des religions. Tendances actuelles de la recherche et bibliographies* (Paris, UNESCO, 1956); *Current Sociology*, 5 : 1.

2. Talcott Parsons, « The Theoretical Development of the Sociology of Religion », *Journal of the History of Ideas* (1944) : 176-190; *Essays in Sociological Theory Pure and Applied* (Glencoe, Illinois, 1949).

3. J. Milton Yinger, « Present Status of the Sociology of Religion », *Journal of Religion*, 31 (1951) : 194-210; *Religion, Society and the Individual : An Introduction to the Sociology of Religion* (New York, 1957).

4. Sur Joachim Wach, voir Joseph M. Kitagawa, « Joachim Wach et la sociologie de la religion », *Archives de sociologie des religions*, 1 (janvier-juin 1956) : 25-40; Henri Desroche, « Sociologie et théologie dans la typologie religieuse de Joachim Wach », *ibid.*, p. 41-63; l'introduction de J. M. Kitagawa (« Life and Thought of Joachim Wach ») à l'œuvre posthume de Wach, *The Comparative Study of Religions* (New York, 1958), p. XIII-XLVII. Voir aussi une bibliographie de Wach dans *Archives de sociologie des religions*, 1 (1956) : 64-69.

gie de la religion constituait, à ses yeux, l'une des branches (avec l'histoire des religions ainsi que la phénoménologie et la psychologie de la religion). Wach s'acharna toute sa vie à résoudre le problème de l'herméneutique, et son ouvrage en trois volumes intitulé *Das Verstehen* (1926-1933) reste l'œuvre de base sur ce sujet. Wach sentait la nécessité de prendre sérieusement en considération le conditionnement social de la vie religieuse ainsi que le contexte social des diverses expressions religieuses. Il rejetait, cependant, la conception extrémiste selon laquelle la vie religieuse n'était que l'épiphénomène de la structure sociale. Il s'efforça de susciter l'intérêt des sociologues de la religion pour la *Religionswissenschaft*, mais avec peu de succès car la plupart de ces spécialistes, en particulier dans le monde anglo-saxon, avaient tendance à penser que leurs moyens suffisaient à clarifier les structures et les événements religieux. On peut, dans une certaine mesure, comprendre cette attitude car chaque branche de la connaissance tente de couvrir autant de terrain que possible. En outre, le développement considérable des sciences sociales au cours des cinquante dernières années encourage plutôt l'attitude indépendante du sociologue de la religion car la sociologie de la religion semble en quelque sorte plus « scientifique » et plus utile, tout au moins dans le contexte de la civilisation occidentale, que d'autres branches de la *Religionswissenschaft*.

Quoi qu'il en soit, la sociologie de la religion a apporté et continue d'apporter d'importantes contributions à la science générale des religions. Les documents sociologiques aident le savant à comprendre le contexte vivant de ses documents et le protègent contre la tentation de se livrer à des interprétations abstraites de la religion. En effet, il n'y a pas de fait religieux « pur » ; le fait religieux est toujours aussi un fait historique, sociologique, culturel et psychologique, pour ne mentionner que les plus importants de ses autres aspects. Si l'historien des religions n'insiste pas toujours sur cette multiplicité de significations, c'est principalement parce qu'il est censé se concentrer sur la signification religieuse de ses documents. La confusion commence lorsque *seul un* aspect de la vie religieuse est accepté comme étant essentiel et significatif et que les autres aspects ou fonctions sont considérés comme secondaires ou même illusoires. C'est une méthode réductionniste de ce genre qui fut appliquée par Durkheim et d'autres sociologues de la religion. Et Freud fit montre d'un réductionnisme encore plus radical dans son *Totem und Tabu*.

Psychologie des profondeurs et histoire des religions.

Pour Freud, à l'origine de la religion, comme du reste de la société et de la culture humaine en général, se trouvait un meurtre primordial. Freud acceptait la conception d'Atkinson selon laquelle les communautés les plus primitives consistaient en « un mâle adulte et un certain nombre de femelles et de jeunes mâles, ces derniers étant chassés par le chef du groupe lorsqu'ils devenaient assez âgés pour susciter sa jalousie[1] ». Pour finir, selon Freud, les fils chassés tuèrent leur père, le mangèrent et s'approprièrent les femelles. Freud écrit : « Qu'ils aient mangé le cadavre de leur père, — il n'y a à cela rien d'étonnant, étant donné qu'il s'agit de

1. A. L. Kroeber, « Totem and Taboo : An Ethnological Psycho-analysis », *American Anthropologist*, 22 (1920) : 48-55, cité par W. Schmidt dans *Origin and Growth of Religion*, p. 110.

sauvages cannibales... Le repas totémique, qui est peut-être la première fête de l'humanité, serait la reproduction et comme la fête commémorative de cet acte mémorable et criminel qui a servi de point de départ à tant de choses : organisations sociales, restrictions morales, religions[1]. » Comme le relève Wilhelm Schmidt, Freud « prétend que Dieu n'est ni plus ni moins que la sublimation du père physique des êtres humains ; d'où, dans le sacrifice totémique, c'est Dieu lui-même qui est tué et sacrifié. Ce meurtre du père-dieu est l'ancien péché originel de l'humanité. Cette culpabilité par le sang est rachetée par la mort sanglante du Christ »[2].

L'interprétation de la religion donnée par Freud a été critiquée à maintes reprises et entièrement rejetée par les ethnologues, de W. H. Rivers et F. Boas à A. L. Kroeber, B. Malinowski et W. Schmidt[3]. Résumant les plus importantes objections ethnologiques aux reconstitutions extravagantes avancées dans *Totem und Tabu*, Schmidt observe : 1° que le totémisme ne se trouve pas au commencement de la religion ; 2° qu'il n'est pas universel et que tous les peuples n'ont pas passé par une phase totémique ; 3° que Frazer avait déjà prouvé que, sur des centaines de tribus totémistes, *quatre* seulement connaissaient un rite se rapprochant de la cérémonie du meurtre et de la consommation du « totem-dieu » (rite considéré par Freud comme étant un élément invariablement

1. S. Freud, *Totem et tabou* (traduit de l'allemand par S. Jankélévitch, Paris, 1951), p. 195-196.

2. Schmidt, *Origin and Growth of Religion*, p. 112.

3. Voir W. H. Rivers, « The Symbolism of Rebirth », *Folk-Lore*, 33 (1922) : 14-23 ; F. Boas, « The Methods of Ethnology », *American Anthropologist*, 12 (1920) : 311 sq. ; B. Malinowski, *Sex, Repression and Sauvage Society* (Londres, 1927).

présent dans le totémisme) et que, de plus, ce rite n'a rien à voir avec l'origine du sacrifice puisque le totémisme est inexistant dans les plus anciennes cultures ; 4° que « les populations prétotémiques ignorent tout du cannibalisme et [que] le parricide serait, chez elles, une pure impossibilité, psychologiquement, sociologiquement et moralement » ; et 5° que « la forme de la famille prétotémique, et par conséquent de la plus ancienne famille humaine dont nous puissions espérer connaître quoi que ce soit par l'ethnologie, n'est ni la promiscuité générale, ni le mariage de groupe, ni l'un ni l'autre n'ayant jamais existé, si l'on en croit le verdict des plus grands ethnologues »[1].

Freud ne tint pas compte de ces objections mais, de temps en temps, certains de ses disciples tentèrent de réfuter Kroeber et Malinowski, et des psychanalystes possédant une formation d'anthropologues proposèrent de nouveaux arguments ethnologiques[2]. Il n'est pas nécessaire que nous examinions cette discussion. Pour juger valablement la contribution de Freud à la compréhension de la religion, il faut distinguer entre sa principale découverte, c'est-à-dire l'élaboration d'une théorie de l'inconscient et la mise au point de la psychanalyse, et ses conceptions théoriques sur l'origine et la structure de la vie religieuse. A l'exception des psychanalystes et de quelques dilettantes enthousiastes, le monde scientifique n'accepta pas la théorie présentée dans *Totem und Tabu*. Toutefois, l'élabora-

1. Schmidt, *Origin and Growth of Religion*, p. 112-115. E. Volhard a démontré que le cannibalisme est un phénomène assez tardif ; cf. *Der Kannibalismus* (Stuttgart, 1939).
2. Cf. Benjamin Nelson, « Social Science, Utopian Mythos, and the Œdipus Complex », *Psychoanalysis and the Psychoanalytic Review*, 45 (1958) : 120-126 ; Meyer Fortes, « Malinowski and Freud », *ibid*, p. 127-145.

tion, par Freud, d'une théorie de l'inconscient encouragea l'étude des symboles et des mythes; elle est partiellement responsable de l'intérêt moderne pour les religions et les mythologies archaïques et orientales (voir plus bas, p. 89). L'historien des religions doit être particulièrement reconnaissant à Freud d'avoir démontré que les images et les symboles communiquent leur « message » même si l'individu n'en a pas conscience. L'historien est maintenant libre de conduire son œuvre herméneutique sur un symbole sans avoir à se demander combien d'individus dans une société particulière et à un moment historique donné comprenaient toutes les significations et les implications de ce symbole.

Pour l'historien des religions, le réductionnisme de Freud est un défi, une stimulation de plus. Il le force à fouiller les profondeurs de la psyché et à prendre en considération les présuppositions et le contexte psychologiques des manifestations religieuses. On peut même dire que le réductionnisme de Freud a obligé l'historien des religions à faire une distinction encore plus nette entre ce qu'on pourrait appeler l' « embryologie spirituelle » et la « morphologie spirituelle ». Les découvertes de Freud ont eu des répercussions tellement considérables sur le monde moderne que, pendant un certain temps, les convertis enthousiastes ne considérèrent les valeurs spirituelles et les formes culturelles que d'une manière embryologique. Il devint cependant évident que l'état embryonnaire n'expliquait pas le mode d'être de l'adulte; en effet, l'embryon ne prend sa signification que dans la mesure où il est mis en relation et en comparaison avec l'adulte. Ce n'est pas le fœtus qui « explique » l'homme car le mode d'être spécifique de l'homme dans le monde se constitue justement

47

dans la mesure où il ne jouit plus d'une existence fœtale[1].

La publication de *Wandlungen und Symbole der Libido* par C. G. Jung annonça sa séparation d'avec Freud. Au contraire de Freud, Jung était impressionné par la présence de forces transpersonnelles, universelles, dans les profondeurs de la psyché. Ce furent principalement les similitudes frappantes entre les mythes, les symboles et les figures mythologiques de peuples et de civilisations largement séparés qui incitèrent Jung à postuler l'existence d'un inconscient collectif. Il remarqua que les contenus de cet inconscient collectif se manifestaient dans ce qu'il appela des « archétypes ». Jung proposa de nombreuses définitions de l'archétype, l'une des dernières étant celle de « structure du comportement » ou de propension faisant partie de la nature humaine. A ses yeux, l'archétype le plus important était celui du Soi, ce dernier concept recouvrant la notion de totalité de l'homme. Jung pensait que, dans toute culture, l'homme tendait — par ce qu'il appelait le processus d'individuation — à la réalisation du Soi. Selon lui, le symbole du Soi dans la civilisation occidentale était le Christ et la réalisation du Soi, la rédemption. Au contraire de Freud, qui méprisait la religion, Jung était convaincu que l'expérience religieuse avait une signification et un but et qu'on ne devait par conséquent pas s'en débarrasser par le biais d'une explication réductionniste[2]. Il insista aussi sur

---

1. M. Eliade, *Mythes, rêves et mystères* (Paris, 1957), p. 162 sq.
2. Les principaux écrits de Jung sur la religion ont été groupés dans le volume 11 des Œuvres complètes de C. G. Jung : *Zur Psychologie westlicher und östlicher Religion* (Zurich, 1963). Voir aussi *Psychologie und Alchemie* (2ᵉ éd., Zurich, 1952); *Gestaltungen des Unbewussten* (Zurich, 1950); *Symbolik des Geistes* (Zurich, 1953); *Von den Wurzeln des Bewusstseins* (Zurich, 1954); *Aion. Untersuchungen zur Symbolges-*

l'ambivalence des figures religieuses dans l'inconscient (on se rappellera que Rudolf Otto attachait une importance semblable à l'ambivalence dans sa description des phénomènes numineux). En outre, Jung étudia avec soin les religions archaïques et orientales, et ses contributions stimulèrent les recherches de beaucoup d'historiens des religions [1].

Rudolf Otto.

Bien que n'étant pas l'œuvre d'un psychologue, le célèbre *Das Heilige* (1917) de Rudolf Otto pourrait être mentionné dans ce contexte. Avec une grande subtilité psychologique, Otto décrivit et analysa les diverses modalités de l'expérience numineuse. Sa terminologie — *mysterium tremendum, majestas, mysterium fascinans*, etc. — devint partie intégrante du vocabulaire courant. Dans *Das Heilige*, Otto insista presque exclusivement sur le caractère irrationnel de l'expérience religieuse. Du fait de la grande popularité de ce livre, on a parfois tendance à considérer Otto comme un « émotionaliste » — comme un descendant direct de Schleiermacher. Mais les œuvres d'Otto sont plus complexes et il vaudrait mieux le regarder comme un philosophe de la religion travaillant de première main

chichte (Zurich, 1951). Sur l'interprétation de la religion par Jung, cf. Ira Progoff, *Jung's Psychology and its Social Meaning* (New York, 1953); R. Hostie, *Du mythe à la religion. La psychologie analytique de C. G. Jung* (Paris, 1955); et Victor White, *Soul and Psyche* (Londres, 1960).

1. Citons entre autres Heinrich Zimmer, Karl Kerényi, Joseph Campbell et Henry Corbin. Cf. aussi Erich Neumann, *Ursprungsgeschichte des Bewusstseins* (Zurich, 1949) et *Die Grosse Mutter* (Zurich, 1956).

avec des documents de l'histoire des religions et du mysticisme.

Otto eut une influence plus durable sur le public cultivé occidental, en particulier allemand, que sur les historiens des religions proprement dits ou les théologiens. Il n'aborda pas le problème du mythe et de la pensée mythique qui devait susciter un intérêt considérable après la Deuxième Guerre mondiale. C'est peut-être pour cette raison que ses analyses, par ailleurs admirables, des divers « univers religieux » semblent incomplètes. Mais Otto est aussi important pour d'autres raisons : il montra dans quel sens l'histoire des religions pourrait jouer un rôle dans le renouveau de la culture occidentale contemporaine. Il compara la « médiation » entre le rationnel et l'irrationnel réalisée par De Wette dans sa théologie, avec les efforts de Clément d'Alexandrie et d'Origène pour réconcilier la philosophie païenne avec la révélation chrétienne. Il est fort probable qu'Otto s'attribuait tacitement un rôle semblable, celui de médiateur entre la *revelatio generalis* et la *revelatio specialis*, entre les pensées religieuses indo-aryenne et sémitique, entre les types oriental et occidental de mysticisme [1].

De Der Ursprung der Gottesidee
à l'anthropologie sociale.

Quand il fut achevé, en 1955, un an après la mort de son auteur, *Der Ursprung der Gottesidee* de Wilhelm

---

1. L'extraordinaire succès de *Das Heilige* (*Le Sacré*, traduction française d'A. Jundt, Paris, 1949) fit un peu oublier ses deux autres livres importants, *Mystique d'Orient et mystique d'Occident* (traduit de l'allemand par J. Gouillard, Paris, 1951) et *Reich Gottes und Menschensohn* (2e éd., Munich, 1940).

50

Schmidt comptait plus de 11 000 pages ! Il n'est donc pas étonnant que peu d'historiens des religions aient lu cet énorme traité. Malgré ses excès polémiques (essentiellement dans le premier volume) et ses tendances apologétiques, *Der Ursprung der Gottesidee* est une œuvre magistrale. Quoi qu'on puisse penser des théories de Schmidt sur l'origine et le développement de la religion, on se doit d'admirer sa formidable culture et sa prodigieuse énergie. Wilhelm Schmidt a certainement été l'un des plus grands linguistes et ethnologues de ce siècle.

Schmidt fut fortement impressionné par le fait qu'Andrew Lang eût découvert des Grands Dieux parmi les populations les plus primitives, et il fut tout aussi fortement frappé par les inconséquences méthodologiques de ce brillant savant écossais (voir plus bas, p. 85). Schmidt comprit qu'on ne pouvait répondre à une question aussi décisive que celle de l'origine de la notion de dieu sans utiliser tout d'abord une méthode historique solide permettant de distinguer et de clarifier les stratifications culturelles dans les sociétés dites primitives. Schmidt réagit énergiquement contre les approches anhistoriques de Tylor, Frazer, Durkheim et de la majorité des anthropologues. Il fut l'un des premiers à réaliser l'importance de l'ethnologie historique de Graebner et en particulier de la notion d'aire ou de cycle culturel *(Kulturkreis)*. La stratification historique lui permettait de distinguer les traditions archaïques, voire « primordiales », des développements et des influences ultérieurs. Dans le cas de l'Australie, par exemple, Schmidt tenta de prouver que la croyance en un Grand Dieu était attestée aux niveaux les plus anciens, tandis que le totémisme ne caractérisait que les tribus plus jeunes du point de vue culturel. L'ethnologie historique considère les tribus du Sud-Est de l'Australie, les Pygmées, certaines tribus du Nord de l'Asie et de l'Amérique, ainsi que les Fuégiens, comme les vestiges des civilisations les plus anciennes. Schmidt pensait qu'en partant de ces fossiles vivants on pouvait reconstituer la religion primordiale. Pour lui, cette *Urreligion* consistait en la croyance en un Grand Dieu éternel, créateur, omniscient, bienfaisant et censé vivre dans le ciel. La conclusion de Schmidt était qu'au commencement il existait partout une sorte de monothéisme primordial *(Urmonotheismus)*, mais que le développement ultérieur des sociétés humaines avait avili et, dans bien des cas, effacé les croyances originelles.

Robert H. Lowie, Paul Radin et d'autres ethnologues ont, depuis, authentifié l'existence d'une croyance en des êtres suprêmes chez les peuples les plus archaïques [1]. Par contre, ce qui ne peut être accepté dans la reconstitution de Schmidt, c'est son approche exclusivement rationaliste. Schmidt prétendait, en effet, que c'était la recherche logique d'une cause qui avait amené le primitif à découvrir la notion de dieu. Il négligeait le fait évident que la religion est un phénomène très complexe, qu'elle est, avant tout, une expérience *sui generis* suscitée par la recontre de l'homme avec le sacré. Schmidt inclinait à penser que tous les éléments irrationnels étaient dus à la « dégénération de la religion primordiale authentique ». En réalité, nous n'avons aucun moyen d'étudier cette « religion primordiale ». Nos plus anciens documents sont relativement récents ; ils ne nous conduisent pas plus loin

---

1. Cf. R. H. Lowie, *Primitive Religion*, p. VI, 122 sq.; P. Radin, *Monotheism Among Primitive People* (New York, 1924); et A. W. Nieuwenhuis, *Der Mensch in de Werkelijkheid, zijne Kenleer in den heindenschen Godsdienst* (Leyde, 1920).

que le paléolithique, et nous ignorons tout de ce que l'homme prélithique a pu penser pendant les nombreuses centaines de milliers d'années de son existence. Il est vrai que la croyance en des Etres suprêmes semble être caractéristique des plus anciennes cultures, mais nous trouvons aussi d'autres éléments religieux dans ces dernières, ce qui fait que, dans l'état de nos connaissances du passé le plus éloigné, il est plus sûr de partir de l'hypothèse que la vie religieuse a été, dès le début, assez complexe et que des conceptions « élevées » ont coexisté avec des formes « inférieures » de culte et de croyance.

Les conceptions de Schmidt furent corrigées par ses collaborateurs et élèves[1]. Paul Schebesta, Martin Gusinde et M. Vanoverbergh apportèrent d'importantes contributions à la connaissance des religions archaïques[2]. Dans la génération suivante de l'école de Vienne, il faut mentionner Joseph Haekel, Christoph

1. Cf. Wilhelm Koppers, *Primitive Man and his World Picture* (New York, 1952); Josef Haekel, « Prof. Wilhelm Schmidts Bedeutung für die Religionsgeschichte des vorkolumbischen Amerika », *Saeculum*, 7 (1956) : 1-39, « Zum heutigen Forschungsstand der historischen Ethnologie », in *Die Wiener Schule der Völkerkunde Festschrift* (Vienne, 1956), p. 17-90, et « Zur gegenwärtigen Forschungssituation der Wiener Schule der Ethnologie », in *Beiträge Oesterreichs zur Erforschung der Vergangenheit und Kulturgeschichte der Menschheit* (Vienne, 1959), p. 127-147. Voir aussi les remarques critiques de Rudolf Rahmann sur l'appréciation de la « Wiener Schule » formulée par Haekel, dans *Anthropos*, 54 (1959) : 1002-1006, ainsi que la réponse de Haekel et la réplique de Rahmann dans *ibid.*, 56 (1961) : 274-276, 277-278. A propos de l'*Urmonotheismus* de Schmidt, voir les critiques de W. E. Mühlmann, « Das Problem des Urmonotheismus », *Theologische Literaturzeitung*, 78 (1953) : col. 705 sq., et la réplique de Paul Schebesta dans *Anthropos*, 49 (1954) : 689 sq. Voir aussi R. Pettazzoni, « Das Ende des Urmonotheismus », *Numen*, 5 (1958) : 161-163.

2. Cf. en particulier P. Schebesta, *Die Negrito Asiens*, vol. 2, 2e partie : *Religion und Mythologie* (Mödling, 1957); M. Gusinde, *Die Feuerland Indianer* (2 vol., Mödling, 1931 et 1937).

von Fürer-Haimendorf, Alexander Slawik et Karl Jettmar[1].

Nombre d'autres ethnologues d'orientations diverses ont tenté de reconstituer les débuts et le développement de la religion. K. Th. Preuss postula une phase préanimiste d'où tant la magie que l'idée de Grand Dieu avaient dérivé, selon lui[2]. Pour R. Thurnwald, la croyance au caractère sacré des animaux (« thériomisme ») était générale dans les cultures du stade de la cueillette, le totémisme correspondait aux cultures de chasseurs, la personnification des divinités (par l'animisme, le démonisme, etc.) caractérisait les premiers agriculteurs alors que la croyance en un Grand Dieu était spécifique des peuples pastoraux[3]. A. E. Jensen mit les notions de dieu créateur céleste et de maître des animaux en corrélation avec les premières cultures de chasseurs, et l'apparition de divinités du type *dema* et de leurs mythologies dramatiques avec les paléo-cultivateurs. C'est dans les cultures supérieures que, selon lui, les *dema* se transformèrent pour devenir les dieux des divers polythéismes. Ajoutons que les œuvres de Jensen sont de la plus grande valeur, spécialement pour leurs analyses particulièrement éclairantes du monde mythique des premiers cultivateurs[4].

1. Voir les bibliographies dans Haekel, « Zur gegenwärtigen Forschungssituation », p. 141-145.

2. K. Th. Preuss, « Der Ursprung der Religion und Kunst », *Globus*, 86 (1904-1905) ; *Der geistige Kultur der Naturvölker* (Leipzig, 1914) ; et *Glauben und Mystik im Schatten des Höchsten Wesens* (Leipzig, 1926).

3. R. Thurnwald, *Des Menschengeistes Erwachen, Wachsen und Irren* (Berlin, 1951).

4. A. E. Jensen, *Das religiöse Weltbild einer frühen Kultur* (Stuttgart, 1948) et *Mythus und Kult bei Naturvölkern* (Wiesbaden, 1951 ; traduction française de M. Metzger et J. Goffinet : *Mythes et cultes chez les peuples primitifs*, Paris, 1954) ; cf. la discussion dans *Current Anthropo-*

Il existe aussi, sur la vie religieuse de diverses populations archaïques, d'importants livres dus à des ethnologues allemands et autrichiens qui ne prennent pas, toutefois, part au débat sur l'origine et le développement de la religion primitive. Mentionnons ici certains des ouvrages de L. Frobenius et de H. Baumann sur les religions et les mythologies africaines, la monographie de W. E. Mühlmann sur les Arioi polynésiens ainsi que les brillants ouvrages de Werner Müller sur les religions des aborigènes d'Amérique du Nord. A. Friedrich mérite une mention spéciale pour avoir fait œuvre de pionnier avec son étude sur les religions des premiers chasseurs, laquelle ouvrit la voie à une nouvelle ligne de recherche[1].

Parmi les anthropologues de langue anglaise s'intéressant à la religion, il faut tout d'abord nommer Robert H. Lowie et Paul Radin, car chacun d'eux publia un traité général sur la religion primitive[2]. Le livre de Lowie est peut-être le meilleur ouvrage dont on dispose actuellement sur ce sujet. Il est écrit sans dogmatisme et discute tous les aspects importants des religions archaïques, en prenant en considération le contexte psychologique et social de même que les stratifications historiques. L'ouvrage de Radin est

logy, 6 (1965) : 199-214. Voir aussi Kunz Dittmer, _Allgemeine Völkerkunde_ (Braunschweig, 1954), p. 73-120 ; Josef Haekel, dans Leonard Adam et Hermann Trimborn, _Lehrbuch der Völkerkunde_ (Stuttgart, 1958), p. 40-72.

1. H. Baumann, _Schöpfung und Urzit des Menschen im Mythos afrikanischer Völker_ (Berlin, 1936) ; W. E. Mühlmann, _Arioi und Mamaia_ (Wiesbaden, 1955) ; W. Müller, _Die Religionen der Waldindianer Nordamerikas_ (Berlin, 1956) ; A. Friedrich, « Die Forschung über das frühzeitliche Jägertum », _Paideuma_, 2 (1941).

2. R. H. Lowie, _Primitive Religion_ ; P. Radin, _Primitive Religion_ (New York, 1937).

écrit dans un esprit plus personnel, presque polémique. L'auteur y insiste sur les facteurs socio-économiques et aussi sur ce qu'il appelle la constitution névrotico-épileptoïde des chamans et des formulateurs religieux. De l'imposante liste des publications de Franz Boas, il est bon de citer ici ses dernières monographies sur la religion de la mythologie des Kwakiutl. Alfred L. Kroeber, Frank G. Speck, Edwin M. Loeb et d'autres ethnologues américains ont présenté des études fouillées sur la vie religieuse de diverses tribus, mais dont aucune n'est écrite dans une optique comparative ou dans la perspective de l'histoire des religions, exception faite de certains des travaux de Robert Redfield et de Clyde Kluckhohn, ainsi que *Patterns of Culture* de Ruth Benedict [1].

En Angleterre, après la mort de Frazer, aucun anthropologue n'essaya de couvrir tous les secteurs de la religion primitive. B. Malinowski concentra son attention sur les habitants des îles Trobriand et son approche fonctionnaliste du mythe et du rituel se fonde sur des faits observés dans cette région. Dans son *Taboo* (Frazer Lecture, 1939), A. R. Radcliffe-Brown apporta une ingénieuse contribution à la compréhension des croyances primitives. Deux monographies d'E. E. Evans-Pritchard (*Witchcraft, Oracles and Magic among the Azande*, 1937, et *Nuer Religion*, 1956) de même que *The Work of the Gods in Tikopia* de Raymond Firth (1940), *Lugbara Religion* de J. Middleton

1. J. M. Kitagawa donne un aperçu de l'histoire des études historico-religieuses aux Etats-Unis dans son article « The History of Religions in America », in M. Eliade et J. M. Kitagawa (éd.), *The History of Religions : Essays in Methodology* (Chicago, 1959), p. 1-30. Voir aussi Clifford Geertz, « Religion as a Cultural System », in Michael Banton (éd.), *Anthropological Approaches to the Study of Religion* (Londres, 1966), p. 1-46.

(1960) et *The Religion of the Dinka* de G. Lienhardt (1961), illustrent l'orientation actuelle de l'anthropologie sociale britannique vers les problèmes de la religion primitive. L'ère des Tylor, Frazer et Marett semble bien être close ; l'anthropologie n'est plus considérée comme la clé de problèmes aussi vastes et décisifs que l'origine et le développement de la religion. C'est là aussi la conclusion d'un livre récent d'E. E. Evans-Pritchard, *Theories of Primitive Religion* (1965).

Pettazzoni et l'étude intégrale de la religion.

Au début de ce chapitre, j'ai mentionné la monographie de Raffaele Pettazzoni sur la religion primitive en Sardaigne, non pas tant pour la valeur de l'œuvre que pour l'importance prise par la suite par son auteur. Pettazzoni fut l'un des rares historiens des religions à prendre au sérieux les dimensions de sa discipline. En fait, il tenta de couvrir la totalité du domaine de l'*allgemeine Religionswissenschaft*[1]. Il se considérait comme un historien, entendant par là que son approche et sa méthode n'étaient pas celles du sociologue ou du psychologue de la religion. Mais il voulait être historien des *religions* et non le spécialiste d'un seul domaine. C'est là une distinction importante. Nombre d'excellents savants se considèrent de même comme des « historiens des religions » parce qu'ils n'acceptent que des méthodes et des présuppositions historiques. Cependant, ils sont en fait experts en une

1. Mario Gandini a publié une bibliographie des œuvres de R. Pettazzoni dans *Studi e materiali di storia delle religioni*, 31 (1961) : 3-31.

religion seulement, parfois même uniquement en une période ou un aspect de cette religion. Leurs œuvres ont certes une grande valeur ; elles sont, en vérité, indispensables à la constitution d'une « science générale des religions ». Qu'on se rappelle simplement, par exemple, les traités d'O. Kern et de W. Otto sur la religion grecque, de L. Massignon et de H. Corbin sur l'islam, de H. Oldenberg, de H. Zimmer et de H. von Glasenapp sur les religions indiennes, ainsi que le monumental *Barabudur* de Paul Mus, l'également fabuleux *Tibetan Painted Scrolls* de Giuseppe Tucci ou encore les douze volumes du *Jewish Symbols in the Greco-Roman Period* d'Erwin Goodenough. Ces œuvres nous font apprécier l'importance de ce type de recherche historique. L'historien des religions au sens large de l'expression ne peut néanmoins se limiter à un seul domaine. La structure même de sa discipline l'oblige à étudier au minimum quelques autres religions de manière qu'il puisse les comparer et, par suite, comprendre les modalités de conceptions, d'institutions et de comportements religieux comme le mythe, le rite, la prière, la magie, l'initiation, le Grand Dieu, etc.

Heureusement, certains des plus grands spécialistes sont en même temps compétents dans de nombreux autres domaines : N. Soederblom et G. F. Moore, qui publièrent d'importantes contributions dans leurs domaines respectifs (religions iraniennes et judaïsme), devinrent aussi populaires en tant que « généralistes » ; le Nestor des historiens de la religion grecque, M. P. Nilsson, étudiait aussi le folklore et les croyances primitives ; le grand germaniste Jan de Vries était aussi une autorité en ce qui concernait la religion des Celtes, et le folklore et la mythologie en général ; les travaux de Franz Atheim vont de l'histoire des religions romaine et hellénistique aux traditions iraniennes et central-asiatiques ; Georges Dumézil couvre toutes les religions et les mythologies indo-européennes ; W. F. Albright est un spécialiste de la religion israélite mais il a publié d'importantes contributions sur d'autres religions du Proche-Orient ancien ; enfin, Theodor H. Gaster est un expert en ce qui concerne le folklore et le Proche-Orient ancien. Et cette liste pourrait être allongée.

Il est évident que d'autres savants de la génération de Pettazzoni se proposaient aussi de couvrir dans sa totalité le champ de l'*allgemeine Religionswissenschaft*. Mentionnons, par exemple, C. Clemen, E. O. James et G. van der Leeuw. Cependant, tandis que Clemen, bien qu'extrêmement érudit et rigoureux, n'allait généralement pas au-delà de l'exégèse philologique, et que van der Leeuw se contentait parfois d'une approche impressionniste, Pettazzoni tendait toujours à une interprétation historico-religieuse, en ce sens qu'il articulait les résultats des diverses recherches dans une perspective générale. Malgré leur immensité, les questions centrales ne le faisaient pas reculer. Ainsi, il n'hésita pas à s'attaquer à des problèmes comme l'origine du monothéisme, les dieux célestes, les mystères, la confession des péchés, Zarathoustra et la religion iranienne, la religion grecque, etc. Ses connaissances étaient vastes et précises, son style clair, équilibré et élégant.

Elevé sous l'influence pénétrante de l'historicisme de Croce, Pettazzoni considérait la religion comme un phénomène purement historique. Il insistait avec raison sur l'historicité de toute création religieuse. « La civilisation grecque, écrivait-il, n'est pas sortie du néant. Il n'existe pas une grécité " intemporelle " qui se serait révélée dans le temps de l'histoire. Au for de

l'histoire, tout *phainomenon* est un *genomenon*[1]. »
Pettazzoni soulignait à ce propos la nécessité de
comprendre la religion grecque historiquement afin
d'approfondir notre conscience historique. On ne peut
que tomber d'accord sur le besoin urgent qu'il y a de
comprendre historiquement toute religion. Toutefois,
la concentration exclusive sur l' « origine » et le développement d'une forme religieuse — « tout *phainomenon* est un *genomenon* » — pourrait réduire la
recherche *herméneutique* au rang de travail *historiographique*. En fin de compte, cela aurait pour conséquence que la religion grecque, par exemple, deviendrait l'une des nombreuses branches de la philosophie
classique, au même titre que l'histoire, la littérature,
la numismatique, l'épigraphie et l'archéologie grecques. Et, comme la même chose se produirait dans
tous les domaines de la recherche, l'histoire des religions disparaîtrait en tant que discipline autonome.
Pettazzoni était heureusement pleinement conscient
de ce risque et, à la fin de sa carrière, il insista
fortement sur la complémentarité de la « phénoménologie » et de l' « histoire » (voir plus haut, p. 29). Par
ailleurs, comme dans le cas de Freud ou de Frazer,
l'exemple personnel donné par Pettazzoni est plus
important que ses théories. C'est principalement
grâce à lui que l'histoire des religions est de nos jours
comprise d'une manière beaucoup plus vaste et complète en Italie que dans beaucoup d'autres pays européens. Ses collègues et disciples plus jeunes ont réussi
à conserver, tout au moins en partie, ce qu'on peut
appeler la « tradition pettazzonienne », c'est-à-dire
l'intérêt pour les problèmes centraux de l'histoire des

1. R. Pettazzoni, *La Religion dans la Grèce antique* (traduction
française de J. Gouillard, Paris, 1953), p. 18-19.

religions et la volonté de rendre cette discipline significative et actuelle pour la culture moderne[1]. Avec Pettazzoni disparut le dernier des « encyclopédistes », façonneurs d'une magnifique tradition instaurée par Tylor et Lang et continuée par Frazer, Soederblom, Clemen, Mauss, Coomaraswamy et van der Leeuw.

« Myth and Ritual School ».

Un débat méthodologique extrêmement animé se développa à propos de la « Myth and Ritual School » ou « patternism », controverse qui provenait essentiellement de ce que les auteurs ayant contribué à deux volumes édités par S. H. Hooke (*Myth and Ritual*, 1933, et *The Labyrinth*, 1935), de même que les savants scandinaves S. Mowinckel, I. Engnell et G. Widengren, insistaient assez fortement sur les éléments communs aux cultures et aux religions du Proche-Orient ancien. Hooke, par exemple, relevait que le roi, représentant le dieu, était le centre du culte et qu'en tant que tel il était responsable des récoltes et de la prospérité des cités. Dans sa série de six volumes, *King and Saviour* (1945-1955), G. Widengren allait encore plus loin ; pour lui, le roi était responsable de la prospérité du cosmos même. C'est cette conception qui, selon Widengren,

1. Parmi les savants italiens, voir Uberto Pestalozza, *Religione mediterranea. Vecchi e nuovi studi* (Milan, 1951) et *Nuovi saggi di religione mediterranea* (Florence, 1964) ; Momolina Marconi, *Riflessi mediterranei nella più antica religione laziale* (Messine-Milan, 1939) ; Angelo Brelich, *Gli eroi greci. Un problema storico-religioso* (Rome, 1958) ; Ernesto de Martino, *Morte e pianto rituale nel mondo antico* (Turin, 1958) et *La Terra del rimorso* (Milan, 1961) ; V. Lanternari, *La grande festa* (Milan, 1951) ; Alessandro Bausani, *La Persia religiosa* (Milan, 1959) ; Ugo Bianchi, *Il Dualismo religioso* (Rome, 1958).

aurait plus tard donné naissance à l'idéologie iranienne du sauveur et au messianisme juif. Il est bon de relever ici que les publications du savant suédois ne se limitent pas aux problèmes du « patternism ». Widengren est aussi l'auteur d'une phénoménologie de la religion, d'une histoire des religions iraniennes et d'un grand nombre de monographies sur divers aspects de la vie religieuse [1].

Le « patternism » a été attaqué de nombreux côtés et, en particulier, par H. Frankfort [2]. Cet éminent savant a soutenu que les différences entre les formes envisagées étaient plus importantes que les similitudes. Il a par exemple attiré l'attention sur le fait que le pharaon était considéré comme un dieu ou devenait un dieu, alors qu'en Mésopotamie le roi n'était que le représentant d'un dieu. Toutefois, il est évident que les différences et les similitudes sont également importantes, chaque fois que nous avons affaire à des *cultures historiquement apparentées*. Le fait que le portugais soit différent du français et du roumain n'empêche pas les philologues de les considérer tous trois comme des langues romanes ; génétiquement parlant, ces trois langues descendent d'une source commune, le latin. La discussion passionnée qui a eu lieu à propos de la « Myth and Ritual School »

1. *Religionens värld* (2ᵉ éd., Stockholm, 1953) ; *Hochgottglaube im alten Iran* (Uppsala, 1938) ; *Die Religionen Irans* (Stuttgart, 1965 ; traduction française de L. Jospin : *Les Religions de l'Iran*, Paris, 1968) ; etc.
2. Cf. H. Frankfort, *The Problem of Similarity in Ancient Near Eastern Religions* (Frazer Lecture, Oxford, 1951) ; S. H. Hooke, « Myth and Ritual : Past and Present », in S. H. Hooke (éd.), *Myth, Ritual and Kingship* (Oxford, 1958), p. 1-21 ; S. G. F. Brandon, « The Myth and Ritual Position Critically Considered », in *ibid.*, p. 261-291. Voir aussi Theodor H. Gaster, *Thespis : Ritual, Myth and Drama in the Ancient Near East* (New York, 1950 ; nouvelle édition revue, New York, 1961).

révèle une certaine confusion sur le plan méthodologique. Je ne pense ici ni aux exagérations de certains
auteurs scandinaves, ni à leurs imprudences philologiques ou à leurs distorsions historiques, mais au
véritable enjeu de la discussion, qui était de savoir si
on avait le droit de comparer entre eux des phénomènes religieux du Proche-Orient ancien historiquement apparentés et structurellement analogues. Or,
en vérité, s'il y a une région du monde où les compa-
raisons peuvent être légitimement faites, c'est bien le
Proche-Orient ancien car nous savons que l'agriculture, la culture néolithique et, finalement, la civilisation urbaine ont rayonné à partir d'un centre situé au
Proche-Orient.

Georges Dumézil et les religions indo-européennes.

C'est une inquiétude et un malaise méthodologiques
semblables qui expliquent la résistance manifestée à
l'égard des brillantes études de Dumézil sur les institutions religieuses et les mythologies indo-européennes[1].
On a par exemple objecté qu'on ne pouvait comparer
des conceptions socio-religieuses celtiques ou italiques

1. L'introduction la plus commode à l'œuvre de Dumézil est
L'Idéologie tripartie des Indo-Européens (Bruxelles, 1958). Une nouvelle
édition des trois volumes *Jupiter, Mars, Quirinus* (Paris, 1941-1945) est
en préparation. On trouvera une bibliographie des œuvres de Dumézil
dans *Hommages à Georges Dumézil* (Bruxelles, 1960), p. XI-XXIII. Sur
Dumézil, voir M. Eliade, « La Souveraineté et la religion indo-
européenne », *Critique* (1949) : 342-349, et « Pour une histoire générale
des religions indo-européennes », *Annales*, 4 (1949) : 183-191 ;
Huguette Fugier, « Quarante ans de recherches sur l'idéologie indo-
européenne : la méthode de M. Georges Dumézil », *Revue d'histoire et
de philosophie religieuse*, 45 (1965) : 358-374 ; C. Scott Littleton, *The
New Comparative Mythology : An Anthropological Assessment of the
Theories of Georges Dumézil* (Berkeley et Los Angeles, 1966).

avec des conceptions iraniennes ou védiques, en dépit du fait que, dans ce cas également, nous connaissions avec certitude l'existence d'une tradition culturelle indo-européenne commune, encore reconnaissable sous les influences extérieures multiples et diverses.

Cette résistance — heureusement en passe d'être surmontée dans de nombreux pays — à l'approche dumézilienne s'est probablement manifestée pour trois raisons principales : 1° le fait que les études de mythologie indo-européenne comparée aient été irrémédiablement discréditées par les excès de Max Müller et de ceux qui l'ont suivi ; 2° la tendance, générale durant le premier quart de ce siècle, à interpréter la vie spirituelle et culturelle des peuples protohistoriques à la lumière de ce qu'on considérait comme étant caractéristique des « primitifs » ; ainsi, la mythologie bien articulée — et plus particulièrement le système idéologique qu'elle impliquait — que Dumézil attribuait aux premiers Indo-européens semblait trop cohérente et trop « profonde » pour une société protohistorique ; 3° le fait que les spécialistes des diverses philologies indo-européennes étaient convaincus qu'il était impossible à un seul savant de couvrir le champ des études indo-européennes dans sa totalité[1].

Toutes ces objections sont basées sur autant de malentendus : 1° Dumézil n'a pas utilisé la méthode philologique, étymologique, de Max Müller, mais une méthode historique ; il a comparé des phénomènes socio-religieux historiquement apparentés (à savoir les

---

1. Il est probable que le scepticisme a plus été provoqué par les reconstitutions systématiques de Dumézil que par sa prodigieuse érudition. En effet, d'autres spécialistes contemporains au fantastique savoir ont été respectueusement acceptés par les milieux académiques ; mais ces savants n'ont pas tenté de dépasser l'érudition philologique et historiographique.

institutions, les mythologies et théologies d'un certain nombre de peuples descendant de la même matrice ethnique, linguistique et culturelle) et démontré, en fin de compte, que les similitudes laissaient présumer l'existence d'un *système* original et n'étaient pas les survivances fortuites d'éléments hétérogènes ; 2° les recherches modernes ont montré l'erreur de la conception évolutionniste selon laquelle les « primitifs » étaient incapables de penser rationnellement et « systématiquement » ; de plus, loin d'être « primitive », la culture proto-indo-européenne était déjà enrichie par l'influence continue, bien qu'indirecte, des civilisations urbaines plus développées du Proche-Orient ancien ; 3° le postulat selon lequel il est impossible à un seul homme de maîtriser autant de philologies est erroné ; il se fonde sur l'expérience personnelle ou l'information statistique, mais n'en est pas moins sans valeur car le seul argument convaincant serait de montrer que l'interprétation donnée par Dumézil d'un texte sanscrit, celtique ou caucasien, par exemple, trahit une connaissance inadéquate de la langue en question.

Dans une impressionnante série de monographies et de livres publiés entre 1940 et 1960, Georges Dumézil a étudié ce qu'il a appelé la conception indo-européenne tripartie de la société, c'est-à-dire sa division en trois zones superposées, correspondant à trois fonctions : souveraineté, force et fécondité. Selon lui, chaque fonction est placée sous la responsabilité d'une catégorie socio-politique (rois, guerriers, producteurs de nourriture) et se trouve directement liée à un type spécifique de divinité (Jupiter, Mars, Quirinus dans la Rome ancienne, par exemple). La première fonction se divise en deux rôles ou aspects complémentaires, la souveraineté magique et la souveraineté juridique, illustrées par Varuna et Mitra dans l'Inde védique. Cette configuration idéologique fondamentale des proto-indo-européens a été développée et réinterprétée de diverses manières par chacun des peuples indo-européens au cours de l'histoire. Dumézil a par exemple montré de manière convaincante que le génie indien avait élaboré le schéma originel en termes cosmologiques, tandis que les Romains avaient « historicisé » les données mythiques, de sorte que la mythologie romaine la plus archaïque — et la seule qui soit authentique — doit être déchiffrée dans les personnages et les événements « historiques » décrits par Tite-Live dans le premier livre de ses *Histoires*.

Dumézil a parachevé son étude approfondie de l'idéologie tripartie par un certain nombre de monographies sur des rituels indo-européens et sur des déesses védiques et latines ainsi que, plus récemment (1966), par un gros volume sur la religion romaine [1]. Les spécialistes acceptent et utilisent de plus en plus volontiers la méthode et les résultats de Dumézil. En plus de l'importance de son œuvre — qui est, pour le moment, la seule nouvelle contribution importante à la compréhension des religions indo-européennes — l'*exemple* de Dumézil est capital pour l'histoire des religions en tant que discipline. Dumézil a en effet montré comment on pouvait compléter une minutieuse analyse philologique et historique des textes par des connaissances tirées de la sociologie et de la philosophie. Il a aussi démontré que ce n'est qu'en déchiffrant le système idéologique fondamental, servant de base aux institutions sociales et religieuses,

---

1. *Rituels indo-européens à Rome* (Paris, 1954) ; *Aspects de la fonction guerrière chez les Indo-Européens* (Paris, 1955) ; *Déesses latines et mythes védiques* (Bruxelles, 1956) ; *La Religion romaine archaïque* (Paris, 1966).

qu'on peut comprendre correctement une figure divine particulière, un mythe ou un rituel donnés.

Van der Leeuw et la phénoménologie de la religion.

Le nom de Gerardus van der Leeuw est couramment attaché à la phénoménologie de la religion. Cet auteur a effectivement écrit le premier traité important sur ce sujet mais, comme dans le cas de Rudolf Otto, la multilatéralité de son œuvre n'autorise pas de classification trop stricte. Bien qu'il eût, dans sa jeunesse, étudié les langues orientales et obtenu son doctorat avec une thèse sur la religion égyptienne, van der Leeuw publia par la suite deux excellents livres sur la religion primitive et d'innombrables articles et monographies sur diverses autres religions, sur le problème du monothéisme primordial et sur la psychologie de la religion. Il était, de plus, poète, musicien, homme d'Eglise et auteur d'un important ouvrage sur le sacré dans l'art[1]. Toutefois, sa curiosité insatiable et ses intérêts multiples ne devaient pas servir son œuvre en fin de compte. Van der Leeuw était aussi un écrivain extrêmement doué ; il écrivait magnifiquement et toujours avec une clarté cristalline. Ses livres se comprennent aisément et ne demandent pas de commentaires élaborés. Mais il est évident qu'à une époque où le style desséché, difficile et énigmatique est presque devenu une mode dans les cercles philosophiques, la clarté et les qualités artistiques courent le risque d'être confondues avec la superficialité, le dilettantisme ou l'absence d'originalité de la pensée.

1. Publié en traduction anglaise sous le titre de *Sacred and Profane Beauty* (New York, 1963).

Dans *Phänomenologie der Religion* de van der Leeuw (1933) [1], on trouve peu de références à Husserl, mais un nombre assez important à Jaspers, Dilthey et Spranger. Van der Leeuw fut grandement influencé par les résultats de la *Gestaltpsychologie* et de la *Strukturpsychologie* [2]. Il demeura néanmoins phénoménologue dans la mesure où, dans ses descriptions, il respecta les données religieuses et leur intentionnalité propre. Il souligna l'impossibilité de toute réduction des représentations religieuses à des fonctions sociales, psychologiques ou rationnelles et rejeta les préconceptions naturalistes qui cherchent à expliquer la religion par quelque chose d'autre qu'elle-même. Pour lui, la tâche principale de la phénoménologie de la religion était d'éclairer les structures internes des phénomènes religieux. Il pensait, à tort, pouvoir réduire la totalité des phénomènes religieux à trois structures fondamentales (*Grundstrukturen*) : dynamisme, animisme et déisme. Cependant, il ne s'intéressait pas à l'histoire des structures religieuses et c'est là l'imperfection la plus sérieuse de son approche, car même l'expression religieuse la plus élevée (l'extase mystique, par exemple)

1. Paru en édition française refondue et mise à jour par l'auteur avec la collaboration du traducteur J. Marty sous le titre de *La Religion dans son essence et ses manifestations. Phénoménologie de la religion* (Paris, 1955).

2. Voir Fokke Sierksma, *Phaenomenologie der Religie en Complexe Psychologie* (thèse de doctorat présentée à l'Université de Groningue en décembre 1950 ; Assen, 1951). Les ouvrages de Friedrich Heiler ne sont pas moins importants pour la phénoménologie de la religion, en particulier sa monographie, devenue classique, intitulée *Das Gebet* (Munich, 1929 ; traduction française de E. Kruger et J. Marty : *La Prière*, Paris, 1931), ainsi que son livre plus récent, *Erscheinungsformen und Wesen der Religion* (Stuttgart, 1961). D'autres contributions phénoménologiques ont été présentées par G. Mensching, W. Brede Kristensen et C. J. Bleeker. Voir aussi Eva Hirschmann, *Phänomenologie der Religion* (Wurzburg-Anmuhle, 1940).

se présente à travers des structures et des expressions culturelles qui sont historiquement conditionnées (voir plus bas, p. 91-92). En fait, van der Leeuw n'essaya jamais d'élaborer une morphologie ou une phénoménologie génétique de la religion. Toutefois, il faut le répéter, une telle lacune ne diminue en rien l'importance de son œuvre. Quand bien même son génie universel ne lui permit pas d'achever et de systématiser une nouvelle herméneutique religieuse, il fut un pionnier enthousiaste.

« *Phénoménologues* » *et* « *historicistes* ».

L'intérêt croissant pour la phénoménologie de la religion a créé une certaine tension parmi ceux qui se consacrent à la *science des religions*. Les diverses écoles historiques et historicistes ont fortement réagi contre la prétention des phénoménologues, qui affirment pouvoir saisir l'*essence* et la *structure* des phénomènes religieux. Pour les historicistes, la religion est un fait exclusivement historique, sans aucune signification ou valeur transhistorique, et chercher des « essences » équivaut à retomber dans la vieille erreur platonicienne (les historicistes ont évidemment négligé Husserl).

Nous avons déjà fait allusion à l'irréductibilité de cette tension entre « phénoménologues » et historiens ou « historicistes » (p. 28). Néanmoins, il existe aussi des signes indiquant que de nombreux savants sont à la recherche d'une perspective plus vaste dans laquelle les deux attitudes pourraient s'intégrer. Pour le moment, les diverses approches méthodologiques et présuppositions théoriques démontrent essentiellement leur validité ou leur utilité dans les progrès qu'elles contribuent à promouvoir sur le plan de l'herméneutique. On peut accepter ou non la conviction personnelle d'Ananda Coomaraswamy concernant la *philosophia perennis* et la « tradition » primordiale universelle qui inspireraient, selon lui, toutes les cultures prémodernes ; ce qui importe, en fin de compte, c'est la lumière inattendue jetée par cet auteur sur la création religieuse védique et bouddhique. De même, on peut ne pas partager l' « antihistoricisme » d'Henry Corbin, mais on ne peut nier que, grâce à cette conception, ce savant ait réussi à dévoiler une importante dimension de la philosophie mystique islamique, presque ignorée jusque-là par les savants occidentaux.

En dernière analyse, l'œuvre d'un auteur est jugée à ce qu'il apporte à la compréhension d'un type spécifique de création religieuse. De ce fait, ce n'est que dans la mesure où l'historien des religions réussira, par l'herméneutique, à transmuter ses matériaux en messages spirituels qu'il remplira son rôle dans la culture contemporaine. Cela n'est malheureusement pas toujours le cas, pour des raisons et avec des conséquences que nous discuterons plus loin (chap. IV).

1962.

III

LA QUÊTE DES « ORIGINES »
DE LA RELIGION

Une révélation primordiale.

« Il n'y a que les détails qui comptent. » Je ne vais pas prétendre que ce proverbe soit toujours vrai, mais on trouve, dans l'histoire de la culture, des cas pour lesquels les détails sont beaucoup plus révélateurs qu'on ne le croirait de prime abord. Considérons, par exemple, les débuts de l'humanisme italien à Florence. On sait en général que Marsile Ficin fonda l'Académie platonicienne et traduisit en latin les *Dialogues* de Platon ainsi que quelques œuvres et commentaires néo-platoniciens. Il y a toutefois un détail qui échappe habituellement à notre attention : Cosme Médicis avait confié à Ficin la traduction de manuscrits de Platon et de Plotin que l'homme d'Etat avait passé de nombreuses années à réunir. Cependant, aux environs de 1460, Cosme acheta le manuscrit de ce qui allait être appelé plus tard le *Corpus hermeticum* et demanda à Ficin d'en donner immédiatement une version latine. A cette époque, Ficin n'avait pas encore commencé sa traduction de Platon ; il mit néanmoins les *Dialogues* de côté et se consacra en toute hâte à la traduction du *Poimandres* et des autres traités hermétiques, de manière à pouvoir terminer son travail en quelques mois. De fait, en 1463, un an avant la mort de Cosme, ces traductions étaient achevées. Le *Corpus hermeticum* fut ainsi le premier texte grec à être traduit et publié par Marsile Ficin. Ce n'est qu'ensuite que ce dernier commença sa traduction de Platon[1].

Ce détail a son importance. Il éclaire un aspect de la Renaissance italienne ignoré, ou tout au moins négligé, par les historiens de la génération précédente. Cosme et Ficin furent tous deux électrisés par la découverte d'une révélation primordiale, c'est-à-dire de celle que transmettaient les textes hermétiques. Ils n'avaient, bien sûr, aucune raison de mettre en doute l'idée que le *Corpus hermeticum* dévoilait les paroles mêmes d'Hermès l'Egyptien et représentait, par conséquent, la plus ancienne révélation ayant précédé celle de Moïse et inspiré Pythagore et Platon de même que les mages persans.

Quand bien même il exaltait le caractère sacré et véridique des textes hermétiques, Ficin ne se soupçonnait pas — et ne le pouvait pas — de n'être pas bon chrétien. Au deuxième siècle déjà, l'apologiste chrétien Lactance considérait Hermès Trismégiste comme un sage inspiré par Dieu, et il interprétait certaines prophéties hermétiques comme ayant été accomplies dans la naissance de Jésus-Christ. Marsile Ficin réaffirmait cette harmonie entre, d'une part, l'hermétisme et la magie hermétique et, d'autre part, le christianisme. Pic de la Mirandole n'était pas moins sincère lorsqu'il considérait que *Magia* et *Cabbala* confirmaient la divinité du Christ. Et le pape Alexandre VI fit peindre, au Vatican, une fresque foisonnant d'images et de

1. Frances A. Yates, *Giordano Bruno and the Hermetic Tradition* (Chicago, 1964).

symboles égyptiens, c'est-à-dire hermétiques! La raison n'en était ni esthétique ni ornementale, mais tenait plutôt au fait qu'Alexandre VI désirait témoigner de sa volonté de protéger la haute tradition occulte égyptienne.

Un intérêt aussi extravagant pour l'hermétisme est extrêmement significatif. Il révèle l'aspiration de l'homme de la Renaissance à une « révélation primordiale » qui puisse inclure non seulement Moïse et la Cabale, mais aussi Platon et, d'abord et avant tout, les mystérieuses religions d'Egypte et de Perse. Il dévoile aussi l'insatisfaction profonde laissée par la théologie du Moyen Age et les conceptions médiévales de l'homme et de l'univers, une réaction contre ce qu'on pourrait appeler un christianisme « provincial », c'est-à-dire purement *occidental*, ainsi que l'aspiration à une religion universaliste, trans-historique, « mythique ». Pendant près de deux siècles, l'Egypte et l'hermétisme — c'est-à-dire, la magie égyptienne — obsédèrent d'innombrables théologiens et philosophes, tant croyants qu'incroyants ou crypto-athées. Si Giordano Bruno accueillit avec tant d'enthousiasme les découvertes de Copernic, c'est qu'il pensait que l'héliocentrisme avait une profonde signification religieuse et magique. Alors qu'il était en Angleterre, Giordano Bruno prophétisa le retour imminent de la religion magique des anciens Egyptiens telle qu'elle était décrite dans l'*Asclepius*. Bruno se sentait supérieur à Copernic car, tandis que ce dernier ne comprenait sa propre théorie qu'en tant que mathématicien, Bruno, lui, pouvait interpréter le schéma copernicien comme le hiéroglyphe de mystères divins.

On pourrait faire une étude passionnante en retraçant l'histoire du mythe religieux et culturel de la « révélation primordiale hermétique » jusqu'à sa destruction, en 1614, par un helléniste érudit, Isaac Casaubon. Mais l'histoire détaillée de ce mythe prémoderne nous entraînerait trop loin de notre sujet ; qu'il suffise de dire qu'Isaac Casaubon démontra, sur des bases purement philologiques, que, loin de représenter une « révélation primordiale », le *Corpus hermeticum* était une collection de textes assez tardifs — pas antérieurs au deuxième ou au troisième siècle de notre ère — reflétant le syncrétisme hellénistico-chrétien.

L'histoire de cette extraordinaire croyance en une révélation primordiale transmise littéralement en quelques traités est symptomatique. On peut même dire qu'elle anticipe ce qui se produira durant les trois siècles suivants. En fait, la quête d'une révélation prémosaïque préfigura et, plus tard, accompagna la série de crises qui ébranla la chrétienté occidentale et, finalement, fit place aux idéologies naturalistes et positivistes du XIXe siècle. L'intérêt intense et continu qu'on vouait à l' « égyptianisme » et autres « mystères orientaux » n'encouragea pas, pendant la Renaissance, le développement de ce qu'on appelle aujourd'hui l'histoire comparée des religions. Au contraire, l'attention et les efforts que Ficin, Pic, Bruno et Campanella consacraient à la science hermétique eurent pour conséquence directe le développement des diverses philosophies naturalistes et le triomphe des sciences mathématiques et physiques. Pour les sciences et les philosophies nouvelles, le christianisme n'était pas la seule religion révélée — si tant est qu'on le considérait comme une religion « révélée ». Finalement, au XIXe siècle, on en arriva à considérer toutes les religions connues, y compris le christianisme, non seulement comme dénuées de fondement, mais aussi comme dangereuses sur le plan culturel, parce qu'elles entravaient généralement le progrès de la science. L'opinion la plus répandue dans l'*intelligentsia* de l'époque était que les philosophes avaient prouvé qu'il était impossible de démontrer l'existence de Dieu ; on prétendait, en outre, que les sciences prouvaient que l'homme n'était fait que de matière et qu'il ne pouvait donc exister quoi que ce soit de semblable à une « âme », à une entité spirituelle indépendante du corps et lui survivant.

Les débuts de l'histoire comparée des religions.

Il est particulièrement remarquable que les débuts de l'histoire comparée des religions se situent vers le milieu du XIXᵉ siècle, au moment où la propagande matérialiste et positiviste atteignait son sommet. Auguste Comte publia son *Catéchisme positiviste* en 1852 et son *Système de politique positive* entre 1855 et 1858. En 1855, Ludwig Buchner fit paraître son *Kraft und Stoffe*. Il tentait d'y démontrer que la nature était dépourvue de finalité, que la vie était produite par génération spontanée et que l'âme et l'esprit étaient des fonctions organiques. Il affirmait, de plus, que l'esprit était la résultante de toutes les forces réunies dans le cerveau et que ce qu'on appelait « âme » ou « esprit » était fort probablement l'effet de l' « électricité nerveuse ». C'est l'année suivante, en 1856, que Max Müller publia ses *Essays in Comparative Mythology*, qu'on peut considérer comme constituant le premier livre important dans le domaine de l'histoire comparée des religions. L'*Origin of Species* de Darwin parut trois ans plus tard et, en 1862, Herbert Spencer publia ses *First Principles*. Dans cet ouvrage, Spencer tentait d'expliquer l'évolution de l'univers par une transformation mystérieuse de la matière primordiale, d'un état d'homogénéité indéterminée à un état d'hétérogénéité déterminée.

Ces découvertes, hypothèses et théories nouvelles qui passionnaient l'*intelligentsia*, devinrent rapidement très populaires. *Natürliche Schöpfungsgeschichte*, un livre d'Ernst Haeckel, fut l'un des best-sellers de l'époque. Publié en 1868, il bénéficia de plus de vingt éditions avant la fin du siècle et fut traduit en une douzaine de langues. Il faut bien l'avouer, Haeckel n'était ni un philosophe compétent, ni un penseur original. Il s'inspirait de Darwin et pensait que la théorie de l'évolution constituait la voie royale vers une conception mécaniste de la nature. Selon lui, la théorie de l'évolution faisait tomber en désuétude les explications théologiques et téléologiques et, du même coup, permettait de comprendre aisément l'origine des organismes tout en ne se référant qu'à des causes naturelles.

Tandis que le livre de Haeckel était réimprimé, traduit et discuté et que Herbert Spencer élaborait son *System of Synthetic Philosophy* (1860-1896), la nouvelle discipline qu'était l'histoire des religions faisait de rapides progrès. Dans ses *Lectures on the Science of Language* (2e série, 1864), Max Müller présenta sa théorie concernant la mythologie solaire chez les Aryens — théorie basée sur la conception selon laquelle les mythes étaient nés d'une « maladie du langage ». En 1871, Edward Burnett Tylor publia son *Primitive Culture*, brillante tentative de reconstitution de l'origine et de l'évolution des croyances religieuses. Tylor assimilait le premier stade de la religion à ce qu'il appelait « animisme », croyance selon laquelle la nature est animée, c'est-à-dire possède une âme. Selon lui, de l'animisme aurait découlé le polythéisme, lequel aurait finalement cédé la place au monothéisme.

Il serait inutile de rappeler toutes les dates importantes qui ont marqué l'histoire de l'étude scientifique de la religion durant la deuxième moitié du XIXᵉ siècle. Arrêtons-nous un instant, cependant, pour examiner la signification de cette synchronicité entre les idéologies matérialistes, d'une part, et l'intérêt croissant pour les formes orientales et archaïques de religion, d'autre part. On pourrait dire que la recherche anxieuse des origines de la vie et de l'esprit, la fascination exercée par les « mystères de la nature », ce besoin de pénétrer et de déchiffrer les structures internes de la matière — que toutes ces aspirations et ces impulsions dénotent une sorte de nostalgie du primordial, de la matrice originelle universelle. La matière, la substance, représente l'*origine absolue*, le commencement de toutes choses : cosmos, vie, esprit. On constate un désir irrésistible de percer les profondeurs du temps et de l'espace, d'atteindre les limites et le commencement de l'univers visible et, en particulier, de découvrir le fondement ultime de la substance et l'état germinal de la matière vivante [1]. D'un certain point de vue, dire que

---

1. Ajoutons que la préoccupation de l'*origine absolue*, du commencement de toutes choses, est une caractéristique de ce qu'on peut appeler la mentalité archaïque. Comme je l'ai relevé dans certaines publications antérieures, le mythe cosmogonique joue un rôle central dans les religions archaïques, pour la raison essentielle qu'en racontant comment le monde est venu à l'être, il révèle comment la *réalité* (l' « être », lui-même) est venue à l'existence (voir Eliade, *Aspects du mythe*, Paris, 1963 ; cf. aussi plus bas, chap. 5). Les premières cosmogonies et cosmologies systématiques ont été, en un certain sens, des « ontogénies » (cf. *Aspects du mythe*, p. 134 sq). D'un certain point de vue, il n'y a pas de solution de continuité entre la mentalité archaïque et les idéologies scientifiques du XIXᵉ siècle. Freud utilise aussi la notion de « commencement absolu » pour ce qu'il comprend comme étant la spécificité de la condition humaine mais, chez lui, le « primordial » perd sa dimension cosmique et se voit réduit à un « *primordium* personnel », c'est-à-dire à la première enfance (cf. *ibid.*, p. 97 sq. ; voir aussi plus bas, p. 88-89).

l'âme humaine est, en fin de compte, un produit de la matière, n'est pas nécessairement une affirmation humiliante. C'est un fait que, dans cette perspective, l'âme humaine n'est plus considérée comme une création de Dieu ; cependant, si l'on prend en considération l'hypothèse que Dieu n'existe pas, il est assez consolant de découvrir que l'âme est le résultat d'une évolution extraordinairement longue et compliquée et qu'elle a son origine dans la plus ancienne réalité cosmique : la matière physico-chimique. Pour les savants et l'*intelligentsia* de la seconde moitié du XIXe siècle, la matière non seulement résolvait tous les problèmes, elle réduisait aussi l'avenir de l'humanité à un progrès continu, sans histoire et, en somme, fatigant. Grâce à la science, l'homme ne cesserait d'améliorer sa connaissance et sa maîtrise de la matière. Il n'y aurait pas de fin à cette perfectibilité progressive. De cette confiance enthousiaste en la science, en l'éducation scientifique et en l'industrie, on peut dégager une sorte d'optimisme religieux, messianique : l'homme, enfin, serait libre, heureux, riche et puissant.

Matérialisme, spiritisme, théosophie.

L'optimisme, s'accordait parfaitement avec le matérialisme, le positivisme et la croyance en une évolution illimitée. Cela n'est pas seulement évident dans *L'Avenir de la science*, qu'Ernest Renan écrivit au milieu du XIXe siècle, mais aussi dans quelques mouvements parareligieux importants de la seconde moitié du XIXe siècle, comme le spiritisme, par exemple. Ce mouvement débuta en 1848 à Hydesville dans l'Etat de New York. Des membres de la famille Fox entendirent une série de coups mystérieux qui semblaient avoir une cause intelligente. « Une des filles suggéra un code : trois coups pour *oui*, un pour *non*, deux pour *douteux* — et la communication fut établie avec ce qui prétendait être un " esprit ". Les trois sœurs Fox devinrent les premiers " médiums " et l'usage de s'asseoir en " cercles " (de tenir des " séances ") dans le but de communiquer avec des " esprits " répondant par des coups, des oscillations de la table ou d'autres signaux, s'étendit rapidement au monde entier[1]. »

Les phénomènes spirites sont connus depuis des temps reculés et ont été différemment interprétés par les diverses cultures et religions. Cependant, l'important élément nouveau du spiritisme moderne est sa conception matérialiste. En effet, les spirites crurent posséder, dans les coups, les oscillations de la table et, par la suite, les « matérialisations », des « preuves positives » de l'existence de l'âme, ou plutôt de l'existence *post mortem* d'une âme. Le problème de la survivance et de l'immortalité de l'âme obsédait le monde occidental depuis Pythagore, Empédocle et Platon, mais c'était un problème philosophique ou théologique. Par contre, au XIXe siècle, dans une ère scientifique et positiviste, l'immortalité de l'âme était liée au succès d'une expérience : pour la démontrer « scientifiquement », il fallait en apporter des preuves « réelles », c'est-à-dire physiques. On mit au point, par la suite, des appareils et des laboratoires compliqués dans le but d'étudier la preuve de la survivance de l'âme. On retrouve, d'ailleurs, l'optimisme positiviste dans presque toutes les recherches parapsychologiques, dans lesquelles

---

1. F. C. S. Schiller, « Spiritism », in James Hastings, éd. *Encyclopaedia of Religion and Ethics* (New York, 1921), 11, p. 806.

transparaît toujours l'espoir que l'existence ultérieure de l'âme sera, un jour, démontrée scientifiquement.

La Société théosophique — autre grand mouvement parareligieux fondé à New York en novembre 1875 par Helena Petrovna Blavatsky — n'est pas moins optimiste et positiviste. Dans son *Isis Unveiled* (1877) et ses autres volumineux ouvrages, cette visionnaire extravagante offrit au monde moderne une révélation occultiste dans des termes qu'il pouvait comprendre. Le monde moderne croyait en l'évolution et, par conséquent, en un progrès infini. Mme Blavatsky présenta une théorie de l'évolution spirituelle infinie par la métempsycose et l'initiation progressive. Elle affirmait que, durant un prétendu séjour au Tibet, elle avait reçu la révélation primordiale, c'est-à-dire la révélation asiatique et même supraterrestre. (Il importe de remarquer que, si une chose caractérise toutes les traditions orientales, c'est précisément une conception antiévolutionniste de la vie spirituelle.) En outre, Mme Blavatsky croyait en la nécessité d'apporter des « preuves » positives, matérielles, à l'appui de la doctrine théosophique, et elle « matérialisait » régulièrement des messages de ses mystérieux mahatmas tibétains. Bien qu'écrits en anglais et sur du papier ordinaire ces messages n'en revêtirent pas moins le prestige d'un fait solide, matériel, et ils convainquirent un grand nombre de personnes apparemment intelligentes de l'authenticité de la doctrine secrète de Mme Blavatsky. Il s'agissait, bien entendu, d'une doctrine secrète optimiste, révélée de manière fort commode pour une société optimiste sur le plan spirituel : on n'avait qu'à lire les deux volumes d'*Isis Unveiled* et à devenir membre d'un groupe théosophique pour être graduellement initié aux mystères les plus profonds de l'univers et de son âme propre, immortelle et transmigrante. On savait finalement que les possibilités de progrès étaient illimitées et que non seulement soi-même, mais l'humanité tout entière atteindrait un jour à la perfection.

On ne devrait pas sourire devant toutes ces affirmations fantastiques. Le mouvement spirite, tout comme la Société théosophique, exprime le même *Zeitgeist* que les idéologies positivistes. Les lecteurs de l'*Origin of Species*, de *Kraft und Stoffe*, des *Essays in Comparative Mythology* et d'*Isis Unveiled* n'étaient pas les mêmes, mais ils avaient quelque chose en commun : le christianisme les laissait tous insatisfaits, et un certain nombre d'entre eux n'étaient même pas « religieux ». La syncope du christianisme historique avait créé un vide parmi l'*intelligentsia* et c'est ce vide qui poussait les uns à tenter d'atteindre la source de la matière créatrice et les autres à communiquer avec les esprits ou avec d'invisibles mahatmas. La discipline nouvelle qu'était l'histoire des religions se développa rapidement dans ce contexte culturel et, bien entendu, elle suivit un schéma identique : elle adopta une approche positiviste des faits et s'attacha à la recherche des origines, du commencement absolu de la religion.

L'obsession des origines.

A cette époque, toute l'historiographie occidentale était obsédée par la recherche des *origines*. « Origine et développement » de quelque chose devint presque un cliché. De grands savants écrivirent à propos de l'origine du langage, des sociétés humaines, de l'art, des institutions, des races indo-aryennes, etc. Nous touchons ici à un problème passionnant, quoique complexe, mais que nous ne pourrions discuter sans nous éloigner par trop de notre propos. Qu'il suffise de dire que cette quête des origines des institutions humaines et des créations culturelles, prolonge et complète la recherche de l'origine des espèces conduite par le naturaliste, le rêve du biologiste de saisir l'origine de la vie, l'effort du géologue et de l'astronome pour comprendre l'origine de la terre et de l'univers. D'un point de vue psychologique, on peut déchiffrer ici la même nostalgie du « primordial », de l' « originel ».

Max Müller pensait que le Rig Veda reflétait une phase primordiale de la religion aryenne et, par conséquent, l'un des stades les plus archaïques des croyances religieuses et des créations mythologiques. Cependant, aux environs de 1870 déjà, le sanscritiste Abel Bergaigne prouva que les hymnes védiques, loin d'être l'expression spontanée et naïve d'une « religion naturiste », étaient l'œuvre d'une classe de prêtres ritualistes extrêmement cultivés et raffinés. L'assurance exaltante d'avoir appréhendé une forme primordiale de la religion fut donc, une fois de plus, anéantie par une analyse philologique méticuleuse et rigoureuse.

La discussion savante à propos des Vedas ne fut qu'un des épisodes de la longue et dramatique bataille pour l'identification de l' « origine de la religion ». Andrew Lang, écrivain brillant et cultivé, contribua de manière décisive à la démolition des reconstitutions mythologiques de Max Müller. Deux de ses œuvres parmi celles qui eurent le plus de succès, *Custom and Myth* (1883) et *Modern Mythology* (1897), furent tirées d'articles dans lesquels il discréditait les idées de Max Müller en s'appuyant sur les théories d'E. B. Tylor. Cependant, en 1898, soit un an après la parution de *Modern Mythology*, Andrew Lang publia un autre ouvrage, *The Making of Religion*, dans lequel il rejetait la conception de Tylor selon laquelle l'origine de la religion se trouvait dans l'animisme. Lang formait son argumentation sur l'existence d'une croyance en des Grands Dieux chez certains peuples très primitifs, comme les Australiens et les Andamanais. Tylor prétendait qu'il était impossible qu'une telle croyance fût originale ; il soutenait que l'idée de Dieu s'était développée à partir de la croyance en des esprits de la nature ainsi qu'à partir du culte des esprits des ancêtres. Toutefois, Andrew Lang ne trouva ni culte des ancêtres, ni culte de la nature chez les Australiens et les Andamanais.

Cette affirmation inattendue et antiévolutionniste, selon laquelle un Grand Dieu pouvait ne pas se situer à la fin de l'histoire religieuse, mais à son début, n'impressionna pas beaucoup les spécialistes de l'époque. Il est vrai qu'Andrew Lang ne maîtrisait pas complètement sa documentation et que, dans une discussion avec Hartland, il avait été forcé d'abandonner certains éléments de sa thèse primitive. Par ailleurs, il avait le malheur d'être un excellent écrivain, aux talents variés, auteur, entre autres, d'un volume de poésie. Et les dons littéraires provoquent généralement la méfiance des savants.

Toutefois, l'idée qu'Andrew Lang se faisait du Grand Dieu primitif est importante pour d'autres raisons. A la fin du XIXe siècle et au début du XXe, on cessa de considérer l'animisme comme le premier stade de la religion. Deux théories nouvelles furent proclamées durant cette période. On pourrait les qualifier de « préanimistes », car toutes deux prétendaient avoir identifié un stade de religion plus archaïque que celui décrit sous le nom d'animisme. La première de ces théories, celle d'Andrew Lang, prétendait qu'au commencement de la religion se trouvait la croyance en un

Grand Dieu. Bien que presque totalement ignorée en Angleterre, cette hypothèse, corrigée et complétée, fut plus tard acceptée par Graebner et quelques savants européens. Malheureusement, Wilhelm Schmidt, un des ethnologues les plus érudits de notre époque, élabora l'hypothèse de la croyance primitive en un Grand Dieu jusqu'à en faire une théorie rigide postulant un monothéisme primordial (*Urmonotheismus*). Je dis « malheureusement » parce que, tout en étant un savant très capable, Schmidt était aussi un prêtre catholique et que le monde scientifique le soupçonna de nourrir des intentions apologétiques. De plus, comme nous l'avons vu plus haut (p. 51), Schmidt était un rationaliste convaincu et il essaya de démontrer que c'était un raisonnement strictement causal qui avait conduit les primitifs à saisir l'idée de Dieu. Cependant, alors même que Schmidt publiait les monumentaux volumes de son *Der Ursprung der Gottesidee*, l'Occident voyait surgir un nombre important de philosophies et d'idéologies irrationalistes. L'élan vital de Bergson, les découvertes de Freud, les recherches poursuivies par Lévy-Bruhl sur ce qu'il appelait la mentalité prélogique, mystique, *Das Heilige* de Rudolf Otto, les révolutions artistiques du dadaïsme et du surréalisme — sont quelques-uns des événements importants de l'histoire de l'irrationalisme moderne. C'est pourquoi fort peu d'ethnologues et d'historiens des religions purent accepter l'explication rationaliste de la découverte de l'idée de Dieu donnée par Schmidt.

Bien au contraire, puisque cette époque, située approximativement entre 1900 et 1920, fut dominée par la seconde théorie préanimiste, celle du *mana*, c'est-à-dire celle qui prétendait qu'au début de la religion se trouvait la croyance en une force magico-religieuse indistincte et impersonnelle. Ce fut en particulier l'anthropologue britannique Marett qui insista sur le caractère préanimiste de la croyance au *mana* en montrant que cette expérience magico-religieuse ne présupposait pas le concept de l'âme et, par conséquent, représentait un stade plus archaïque que l'animisme décrit par Tylor (voir plus haut p. 37).

Ce qui nous intéresse dans cette vive opposition d'hypothèses sur l'origine de la religion, c'est l'intérêt pour le « primordial ». On note une préoccupation semblable chez les humanistes et les philosophes italiens après la découverte des textes hermétiques. Sur un tout autre plan et avec un but différent, la recherche du « primordial » caractérise aussi l'activité des idéologues scientifiques et des historiens du xixᵉ siècle. Les deux théories préanimistes — celle de la croyance primordiale en un Grand Dieu et celle de l'expérience originelle du sacré en tant que force impersonnelle — affirmaient avoir atteint, dans l'histoire religieuse, un niveau plus profond que celui de l'animisme de Tylor. En fait, les deux théories prétendaient avoir découvert le *commencement absolu* de la religion. En outre, les deux théories rejetaient l'évolution unilinéaire de la vie religieuse, impliquée par l'hypothèse de Tylor. Marett et l'école du *mana* ne s'intéressèrent pas à la construction d'une théorie générale du développement de la religion. Par contre, Schmidt consacra, pour sa part, l'œuvre de toute sa vie à ce problème particulier, pensant, il faut le relever, qu'il s'agissait d'un *problème historique* et non d'une question naturaliste. Au commencement, selon Schmidt, l'homme croyait en un seul dieu, puissant et créateur. Plus tard, à la suite de circonstances historiques, l'homme négligea et oublia même ce dieu unique, et se laissa entraîner dans des croyances de plus en plus compliquées en une multitude de dieux, de déesses, d'esprits, d'ancêtres mythiques, etc. Bien que ce processus de dégénération eût commencé des dizaines de milliers d'années auparavant, Schmidt prétendait qu'on devait le considérer comme un processus historique, parce que l'homme était un être historique. Schmidt introduisit l'ethnologie historique sur une grande échelle dans l'étude des religions primitives. Nous verrons par la suite les conséquences de cet important changement de perspective.

Les Grands Dieux et la Mort de Dieu.

Revenons pour l'instant à Andrew Lang et à sa découverte de l'existence d'une croyance primitive en un Grand Dieu. Je ne sais pas si Lang lut jamais Nietzsche. Il est très probable qu'il n'en fit rien. Mais plus de vingt ans avant la découverte de Lang, Nietzsche avait, par l'entremise de son porte-parole Zarathoustra, proclamé la mort de Dieu. Passée inaperçue durant la vie de son auteur, cette proclamation eut un effet considérable sur les générations suivantes en Europe. Elle annonçait la fin radicale du christianisme — de la religion — et proclamait aussi la nécessité pour l'homme moderne de vivre dès lors dans un monde exclusivement immanent, dénué de tout dieu. Or, il me semble intéressant de noter qu'en découvrant l'existence de Grands Dieux chez les primitifs, Lang constata aussi leur mort, bien qu'il ne saisît pas cet aspect de sa découverte. En effet, Lang remarqua que la croyance en un Grand Dieu n'était pas très fréquente et que le culte rendu à ces dieux était assez pauvre, c'est-à-dire que leur rôle effectif dans la vie religieuse était très modeste. Lang tenta même de trouver une explication à la dégénération et à la disparition finale des Grands Dieux, ainsi qu'à leur remplacement par d'autres figures religieuses. Entre autres causes, il pensait que l'imagination mythologique contribuait de manière radicale à la détérioration de l'idée de Grand Dieu. Il avait tort, mais cela n'a pas d'importance pour notre propos. C'est un fait que le Grand Dieu primitif devient *deus otiosus*, et qu'on le croit retiré au plus haut des cieux et tout à fait indifférent aux affaires des hommes. En fin de compte, il est oublié, en d'autres termes : *il meurt* — non pas qu'il y ait des mythes racontant sa mort, mais il disparaît complètement de la vie religieuse et même, par la suite, des mythes.

Cet oubli du Grand Dieu signifie aussi sa mort. La proclamation de Nietzsche était nouvelle pour le monde occidental judéo-chrétien, mais la mort de Dieu est un phénomène extrêmement ancien dans l'histoire des religions — avec cette différence, évidemment, que la disparition du Grand Dieu donne naissance à un panthéon qui, bien qu'inférieur, est plus vivant et plus dramatique — alors que, dans la conception de Nietzsche, après la mort du dieu judéo-chrétien, l'homme doit vivre dans la solitude — seul dans un monde radicalement désacralisé. Mais ce monde immanent et radicalement désacralisé est le monde de l'histoire. En tant qu'être historique, l'homme a tué Dieu et, après ce meurtre — ce « déicide » — il est obligé de vivre exclusivement dans l'histoire. Il est intéressant de rappeler ici que Schmidt, le promoteur de la théorie de l'*Urmonotheismus*, pensait que l'oubli du Grand Dieu et son remplacement final par d'autres figures religieuses était le résultat, non d'un processus naturaliste, mais d'un processus historique. Par le simple fait qu'il faisait des progrès matériels et culturels, passant du stade de la cueillette à ceux de l'agriculture et du nomadisme — en d'autres termes par le simple fait qu'il « faisait » l'histoire — l'homme primitif perdit sa croyance en un dieu unique et commença à adorer une multitude de dieux inférieurs.

Chez Nietzsche comme chez Lang et chez Schmidt, nous rencontrons une idée nouvelle : celle de la responsabilité de l'histoire dans la dégradation, l'oubli et, finalement, la « mort » de Dieu. Les savants des générations suivantes allaient devoir s'acharner à résoudre le problème posé par cette nouvelle signification de l'histoire. Entre-temps, l'étude comparée des religions faisait des progrès. Les documents publiés augmentaient sans cesse, on écrivait un nombre croissant de livres et on créait de plus en plus de chaires d'histoire des religions dans le monde entier.

A un certain moment, particulièrement durant la seconde moitié du XIXᵉ siècle, on pensa qu'il serait bon qu'une ou deux générations se consacrent exclusivement à la publication et à l'analyse des documents, de manière que les savants suivants soient libres d'élaborer des interprétations synthétiques. Ce n'était, bien sûr, qu'un rêve, quoique même Renan semble avoir cru en lui lorsqu'il écrivit *L'Avenir de la science*. L'histoire des religions, de même que toutes les autres disciplines historiques, suivit l'exemple de l'activité scientifique, c'est-à-dire qu'elle se concentra de plus en plus sur la réunion et la classification des « faits ». Cette modestie ascétique de l'historien des religions à l'égard de son matériel n'est du reste pas sans grandeur et elle revêt presque une signification spirituelle. On peut décrire la situation du savant immergé dans ses documents — et parfois presque enseveli sous leur masse et leur poids — comme une sorte de *descensus ad inferos* ; une descente dans les régions profondes, sombres, souterraines, où il est confronté avec les modes germinaux de la matière vivante. Dans certains cas, cette immersion totale dans les documents équivaut à une mort spirituelle car la créativité du savant peut malheureusement en être stérilisée.

Cette propension au *descensus* reflète une tendance générale de la mentalité occidentale au début de ce siècle. On ne saurait mieux décrire la technique psychanalytique élaborée par Freud qu'en la qualifiant de *descensus ad inferos*, de descente dans les zones les plus profondes et les plus dangereuses de la psyché humaine. Quand Jung émit l'hypothèse de l'existence d'un inconscient collectif, l'exploration des trésors immémoriaux que sont les mythes, les symboles et les images de l'humanité archaïque se mit à ressembler aux techniques de l'océanographie et de la spéléologie. De même que les descentes dans les profondeurs de la mer ou les expéditions au fond des grottes avaient révélé des organismes élémentaires depuis longtemps disparus de la surface de la terre, l'analyse ressuscita des formes de vie psychique profonde auparavant inaccessibles à l'étude. La spéléologie offrit aux biologistes des organismes tertiaires et même mésozoïques, des formes zoomorphiques primitives qui n'étaient pas susceptibles de fossilisation et avaient donc disparu de la surface de la terre sans laisser de trace. En découvrant des « fossiles vivants », la spéléologie fit faire des progrès importants à notre connaissance des modes de vie archaïques. De même, des modes archaïques de vie psychique, des « fossiles vivants » ensevelis dans les ténèbres de l'inconscient, sont maintenant devenus accessibles à l'étude grâce aux techniques développées par Freud et par les autres psychologues des profondeurs.

Il faut évidemment distinguer la grande contribution de Freud à la connaissance — c'est-à-dire l'élaboration d'une théorie de l'inconscient et la mise au point de la psychanalyse — de l'idéologie freudienne qui n'est, elle, qu'une doctrine de plus parmi les innombrables idéologies positivistes. Freud pensait, lui aussi, avoir atteint, avec l'aide de la psychanalyse, la phase « primordiale » de la civilisation et de la religion. Pour lui, nous l'avons vu, l'origine de la religion et de la culture se trouvait dans un meurtre primordial, plus précisément dans le premier parricide. Selon lui, Dieu n'était que la sublimation du père physique, qui avait été tué par ses fils qu'il avait chassés. Cette étonnante explication fut universellement critiquée et rejetée par les ethnologues compétents. Mais Freud n'abandonna et ne modifia pas sa théorie. Il pensait probablement avoir trouvé des preuves du meurtre de Dieu le Père chez ses patients viennois. Cependant, découvrir de telles « preuves » revenait à constater que quelques hommes modernes commençaient à ressentir les conséquences de leur « déicide ». Comme Nietzsche l'avait annoncé trente ans avant la publication de *Totem und Tabu*, Dieu était mort ou, plus exactement, il avait été tué par l'homme. Peut-être Freud projetait-il la névrose de certains de ses patients viennois dans un passé mythique. Car si les primitifs connaissent bien aussi une « mort de Dieu », cette expression désigne, chez eux, l'éclipse et l'éloignement du dieu et non son « meurtre » par la main de l'homme, comme le proclamait Nietzsche.

Deux aspects de la pensée de Freud ont une importance directe pour notre propos : premièrement, le fait que Freud donna un excellent exemple de ce désir bien connu des savants occidentaux de découvrir le « primordial », les « origines », en ce sens qu'il tenta d'aller plus loin dans l'histoire de l'esprit qu'aucun de ses prédécesseurs, ce qui, dans son cas, signifiait pénétrer dans l'inconscient. Et, deuxièmement, le fait que Freud pensait avoir trouvé, au commencement de la civilisation et des institutions humaines, non un *fait biologique*, mais bien plutôt un *événement historique*, le meurtre du père par ses fils aînés. Qu'un tel événement historique primordial ait ou n'ait pas eu lieu en réalité ne présente pas d'intérêt pour notre discussion. Ce qui importe, c'est que Freud — tout *naturaliste* qu'il était incontestablement — croyait fermement que l'origine de la religion était liée à un *événement*, au premier parricide. Et ceci revêt une importance encore plus grande par le fait que, de nos jours, des milliers de psychanalystes et des centaines de milliers d'Occidentaux plus ou moins cultivés sont convaincus que l'explication de Freud était et reste scientifiquement correcte.

Historicité et historicisme.

La nostalgie de l'Occidental pour les « origines » et le « primordial » l'obligea donc, en définitive, à une confrontation avec l'histoire. L'historien des religions sut, dès lors, qu'il était incapable d'atteindre l' « origine » de la religion. Ce qui s'était passé au commencement, *ab origine*, n'était plus un problème pour lui, quoiqu'on pût concevoir que c'en fût un pour le théologien ou le philosophe. Presque sans s'en rendre compte, l'historien des religions se retrouva dans un milieu culturel fort différent de celui de Max Müller et de Tylor, ou même de Frazer et de Marett. C'était une nouvelle ambiance, nourrie par Nietzsche et Marx, Dilthey, Croce et Ortega ; un milieu dans lequel le cliché à la mode n'était plus la *nature* mais l'*histoire*. En elle-même, la découverte de l'irréductibilité de l'histoire, c'est-à-dire du fait que l'homme était tou-

91

jours un être historique, ne fut pas une expérience négative, stérilisante. Ce fait évident fit cependant très tôt place à une série d'idéologies et de philosophies relativistes et historicistes, de Dilthey à Heidegger et à Sartre. A soixante-dix ans, Dilthey lui-même reconnut que « la relativité de tous les concepts humains est le dernier mot de la vision historique du monde ».

Il n'est pas nécessaire que nous discutions ici de la validité de l'historicisme. Toutefois, pour comprendre la véritable situation de l'historien des religions, nous devons prendre en considération la crise grave que provoqua la découverte de l'historicité de l'homme. Cette nouvelle dimension — l'historicité — était susceptible de beaucoup d'interprétations mais il faut bien admettre que, d'un certain point de vue, le fait de considérer l'homme comme étant d'abord et avant tout un être historique, impliquait une profonde humiliation de la conscience européenne. En effet, l'Occidental s'était successivement considéré comme la créature de Dieu et le possesseur d'une révélation unique, comme le maître du monde, l'auteur de la seule civilisation universellement valable, le créateur de la seule science réelle et utile, etc. Et il se découvrait tout à coup au même niveau que tous les autres humains, conditionné par l'inconscient et par l'histoire ; il n'était plus l'unique créateur d'une haute civilisation, ni le maître du monde, mais un être menacé d'extinction sur le plan culturel. Lorsque Valéry s'exclama : « Nous autres, civilisations, nous savons maintenant que nous sommes mortelles », il faisait écho à l'historicisme pessimiste de Dilthey.

Toutefois, la découverte du conditionnement historique universel, et l'humiliation qui s'ensuivit pour l'Occidental, ne restèrent pas sans résultat positif. Son acceptation de l'historicité de l'homme aida avant tout l'Occidental à se débarrasser des derniers vestiges d'angélisme et d'idéalisme. Nous prenons maintenant plus au sérieux le fait que l'homme appartient à *ce* monde, qu'il n'est pas un esprit èmpoisonné dans la matière. Savoir que l'homme est toujours conditionné, c'est découvrir qu'il est également un être créateur, qu'il répond de manière créatrice au défi du conditionnement cosmique, psychologique ou historique. C'est pourquoi on n'accepte plus l'explication naturaliste des cultures et des religions. Pour n'en donner qu'un seul exemple, rappelons que nous savons, maintenant, que l'homme primitif n'avait pas — et, en fait, ne pouvait pas avoir — une religion « naturiste ». A l'époque de Max Müller et de Tylor, les spécialistes parlaient de cultes « naturistes » et de fétichisme, entendant par là que le primitif adorait des objets naturels. Mais la vénération d'objets cosmiques ne peut pas être appelée « fétichisme », car ce n'est pas l'arbre, la source ou la pierre qu'on adore, *mais le sacré qui se manifeste à travers ces objets cosmiques*. Cette nouvelle compréhension de l'expérience religieuse de l'homme archaïque est le résultat de l'élargissement de notre conscience historique. En dernière analyse, on peut dire que, malgré les risques de relativisme qu'elle comporte, la doctrine selon laquelle l'homme est exclusivement un être historique, a ouvert la voie à une nouvelle sorte d'universalisme. Si l'homme *se fait* à travers l'histoire, tout ce que l'homme *a fait* dans le passé est important pour chacun d'entre nous. Cela revient à dire que la conscience occidentale ne reconnaît qu'une seule histoire, l'histoire universelle, et que l'histoire ethnocentrique est dépassée parce que provinciale. Pour l'historien des religions, cela signifie qu'il ne peut ignorer aucune forme religieuse importante bien qu'on ne puisse évidemment attendre de lui qu'il soit expert en ce qui les concerne toutes.

Ainsi, après plus d'un siècle de travail infatigable, les savants furent obligés de renoncer au vieux rêve de saisir l'origine de la religion par des moyens historiques, et ils se consacrèrent à l'étude des diverses phases et des différents aspects de la vie religieuse. Nous pouvons, cependant, nous demander si c'est bien là toute la contribution que peut apporter l'histoire des religions. Sommes-nous condamnés à travailler indéfiniment avec nos matériaux religieux en les considérant uniquement comme des *documents historiques*, c'est-à-dire l'expression, au cours des temps, de diverses situations existentielles ? Le fait que nous ne puissions atteindre l'*origine* de la religion signifie-t-il aussi que nous ne pouvons pas saisir l'*essence* des phénomènes religieux ? La religion est-elle un phénomène exclusivement historique comme, par exemple, la chute de Jérusalem ou de Constantinople ?

Pour celui qui étudie la religion, l' « histoire » implique principalement que tous les phénomènes religieux sont conditionnés. Il n'existe pas de phénomène religieux *pur*. Le phénomène religieux est toujours aussi un phénomène social, économique, psychologique et, bien entendu, historique, parce qu'il se produit dans le temps historique et qu'il est conditionné par tout ce qui a eu lieu auparavant. On est cependant en droit de se demander si les multiples systèmes de conditionnement constituent une explication suffisante du phénomène religieux. En effet, lorsqu'une grande découverte ouvre de nouveaux horizons à l'esprit humain, il se développe toujours une certaine tendance à tout expliquer à la lumière de cette découverte et sur son plan de référence. Ainsi, les acquisitions scientifiques du XIXᵉ siècle obligèrent les gens et les savants à tout expliquer par la matière — et non seulement la vie, mais aussi l'esprit et ses œuvres. De même, la découverte, au début de notre siècle, de l'importance de l'histoire poussa beaucoup de nos contemporains à réduire l'homme à sa dimension historique, c'est-à-dire au système de conditionnement dans lequel tout être humain est inéluctablement « situé ». Mais il ne faut pas confondre les circonstances historiques qui font d'une existence humaine ce qu'elle est, avec le fait même qu'il y ait une existence humaine. Pour l'historien des religions, le fait qu'un mythe ou un rituel soit toujours historiquement conditionné n'explique pas l'existence même de ce mythe ou de ce rituel. En d'autres termes, l'historicité de l'expérience religieuse ne nous dit pas ce qu'*est*, en dernière analyse, une expérience religieuse. Nous savons que nous ne pouvons saisir le sacré qu'à travers des manifestations qui sont toujours historiquement conditionnées. Mais l'étude de ces manifestations ne nous dit ni ce qu'est le sacré, ni ce que signifie vraiment une expérience religieuse.

En conclusion, l'historien des religions qui n'accepte pas l'empirisme ou le relativisme de certaines écoles sociologiques et historiques à la mode, se sent assez frustré. Il sait qu'il est condamné à travailler exclusivement avec des documents historiques, mais il a en même temps le sentiment que ces documents lui disent quelque chose de plus que le simple fait qu'ils reflètent des situations historiques. Il sent confusément qu'ils lui révèlent des vérités importantes sur l'homme et la relation de l'homme avec le sacré, mais il ne sait comment saisir ces vérités. C'est là un problème qui obsède beaucoup d'historiens des religions contemporains. Quelques réponses ont déjà été proposées. Toutefois, le fait même que des historiens des religions se posent *cette* question est plus important que les réponses qu'ils ont pu apporter. Comme souvent dans le passé, une question judicieuse peut insuffler une vie nouvelle à une science épuisée.

1964.

IV

CRISE ET RENOUVEAU
DE L'HISTOIRE
DES RELIGIONS

Reconnaissons-le franchement, l'histoire des religions, ou *Comparative Religion*[1], joue un rôle assez modeste dans la culture moderne. Lorsqu'on se rappelle l'intérêt passionné avec lequel le public suivait, durant la deuxième moitié du XIXe siècle, les spéculations de Max Müller sur l'origine des mythes et l'évolution des religions, de même que ses polémiques avec Andrew Lang ; lorsqu'on se souvient aussi du succès considérable du *Golden Bough*, de la vogue du *mana* ou de la « mentalité prélogique » et de la « participation mystique » ; lorsqu'on se rappelle, enfin, que *Les Origines du christianisme*, les *Prolegomena to the Study of Greek Religion* ou *Les Formes élémentaires de la vie religieuse* étaient les livres

---

1. Ces termes sont fâcheusement vagues mais, comme ils appartiennent au langage courant, je me résigne à les employer. Par « histoire des religions » ou « Comparative Religion », on entend en général l'*étude intégrale des réalités religieuses*, qu'il s'agisse des *manifestations historiques* de n'importe quel type de « religion » (tribale, ethnique, supranationale) ou des *structures spécifiques* de la vie religieuse (formes divines, conceptions de l'âme, mythes, rituels, etc. ; institutions, etc. ; typologie des expériences religieuses, etc.). Ces précisions préliminaires ne prétendent pas circonscrire le champ ni définir les méthodes de l'histoire des religions.

de chevet de nos pères et de nos grands-pères, on ne peut contempler la situation actuelle sans mélancolie.

On pourrait certes répondre que, de nos jours, il n'y a plus de Max Müller, d'Andrew Lang ou de Frazer, ce qui est peut-être vrai, non pas en ce sens que les historiens des religions d'aujourd'hui seraient inférieurs à leurs célèbres devanciers, mais simplement parce qu'ils sont plus modestes, plus effacés, voire plus timorés. Or c'est bien là le problème qui m'intrigue : pourquoi les historiens des religions ont-ils accepté de devenir ce qu'ils sont aujourd'hui ? On peut être tenté de répondre, de prime abord, que c'est parce qu'ils ont appris la leçon de leurs illustres prédécesseurs, parce qu'ils se sont rendu compte, autrement dit, de la caducité de toute hypothèse prématurée, de la précarité de toute généralisation trop ambitieuse. Mais je doute que, dans n'importe quelle autre discipline, un esprit créateur ait jamais renoncé à accomplir son œuvre à cause de la fragilité des résultats obtenus par ses devanciers. L'inhibition dont souffrent actuellement les historiens des religions a certainement des causes plus complexes.

La « Deuxième Renaissance ».

Avant de discuter ces causes, je voudrais rappeler un exemple analogue dans l'histoire de la culture moderne. La « découverte » des Upanishads et du bouddhisme au début du XIXe siècle avait été acclamée comme un événement culturel auquel on prévoyait des conséquences considérables. Schopenhauer comparait la découverte du sanscrit et des Upanishads à la redécouverte de la « vraie » culture grécolatine pendant la Renaissance italienne. On s'attendait donc que la confrontation avec la philosophie indienne ait pour conséquence un renouvellement radical de la pensée occidentale. Toutefois, on le sait, non seulement ce miracle de la « deuxième Renaissance » n'eut-il pas lieu mais, mis à part la vogue mythologisante lancée par Max Müller, la découverte de la spiritualité indienne ne suscita aucune création culturelle d'envergure en Occident. On invoque aujourd'hui deux raisons principales pour expliquer cet échec : d'une part, l'éclipse de la métaphysique et le triomphe des idéologies matérialistes et positivistes durant la deuxième moitié du XIXᵉ siècle et, d'autre part, le fait que les efforts des premières générations d'indianistes se soient concentrés sur l'édition des textes, les vocabulaires et les études philologiques et historiques parce que, pour qu'on puisse avancer dans la compréhension de la pensée indienne, il fallait à tout prix établir une philologie.

Et pourtant, les grandes et audacieuses synthèses ne manquèrent pas dès les débuts de l'indianisme. Eugène Burnouf publiait son *Introduction à l'histoire du bouddhisme indien* en 1844 ; Albert Weber, Max Müller, Abel Bergaigne ne fléchissaient pas devant des projets qui, de nos jours, après un siècle de philologie rigoureuse, nous semblent gigantesques ; vers la fin du XIXᵉ siècle, Paul Deussen écrivait l'histoire de la philosophie indienne ; Sylvain Lévi faisait ses débuts avec des ouvrages qu'un indianiste d'aujourd'hui n'oserait entreprendre qu'au sommet de sa carrière (*La doctrine du sacrifice dans les Brahmanas*, 1898 ; *Le Théâtre indien*, 2 vol., 1890) et, jeune encore, il publiait sa somptueuse monographie en trois volumes sur *Le Népal* (1905-1908); un Hermann Oldenberg n'hésitait pas à présenter des vues d'ensemble grandioses aussi bien sur les religions du Veda (1894) que sur le Bouddha et le bouddhisme ancien (1881).

La carence de cette « deuxième Renaissance », qui devait résulter de la découverte du sanscrit et de la philosophie indienne, n'est donc pas due à une concentration excessive des orientalistes sur la philologie. La « Renaissance » ne s'est pas produite pour la simple raison que l'étude du sanscrit et des autres langues orientales n'a pas réussi à dépasser le cercle des philologues et des historiens tandis que, pendant la Renaissance italienne, le grec et le latin classique étaient étudiés non seulement par les grammairiens et les humanistes, mais aussi par les poètes, les artistes, les philosophes, les théologiens et les hommes de science. Paul Deussen a certes écrit des livres sur les Upanishads et le Vedānta dans lesquels il s'efforce de rendre la pensée indienne « honorable » en l'interprétant à la lumière de l'idéalisme allemand et en montrant, par exemple, que certaines idées de Kant ou de Hegel se trouvaient en germe dans les Upanishads. Il pensait servir la cause de l'indianisme en insistant sur les analogies existant entre la pensée indienne et la métaphysique occidentale; il espérait susciter ainsi l'intérêt pour la philosophie indienne. Deussen était un savant éminent, mais non un penseur original. Il suffit d'imaginer son collègue, Friedrich Nietzsche, se consacrant à l'étude du sanscrit et de la philosophie indienne, pour avoir une idée de ce qu'aurait pu produire une véritable rencontre entre l'Inde et un esprit créateur occidental. Pour prendre un exemple concret, on mesure les résultats d'une confrontation créatrice avec la philosophie et la mystique musulmanes lorsqu'on voit ce qu'un esprit profondément religieux comme Louis Massignon a appris de Al Hallaj, et comment un philosophe doublé d'un théologien, comme Henry Corbin, interprète la pensée de Sohrawardi, d'ibn Arabi et d'Avicenne.

Il y a longtemps que l'indianisme, tout comme l'orientalisme en général, est devenu une discipline « honorable » et utile, une branche de plus parmi les nombreuses autres disciplines qui constituent ce qu'on appelle les humanités — mais l'avenir prestigieux que lui avait prédit Schopenhauer ne s'est pas réalisé. Si une rencontre stimulante doit encore se produire avec la pensée de l'Inde et de l'Asie, elle sera le résultat de l'histoire, du fait que l'Asie est maintenant présente dans l'actualité historique ; elle ne sera pas l'œuvre de l'orientalisme occidental [1].

Et pourtant, l'Europe a plusieurs fois montré qu'elle était avide de dialogue et d'échange avec les spiritualités et les cultures extra-européennes. Rappelons l'effet produit par la première exposition de peinture japonaise sur les impressionnistes français, l'influence de la sculpture africaine sur Picasso, ou les conséquences de la découverte de l' « art primitif » pour les surréalistes de la première génération. Cependant, dans tous ces exemples, il est question d'artistes et non de savants.

---

1. La vogue contemporaine du zen est en grande partie le résultat de l'activité ininterrompue et intelligente de D. T. Suzuki.

Une herméneutique totale.

L'histoire des religions s'est constituée en tant que discipline autonome peu de temps après les débuts de l'orientalisme (en s'appuyant, en quelque sorte, sur les recherches des orientalistes) et elle a énormément profité des progrès de l'anthropologie. Autrement dit, les deux principales sources documentaires de l'histoire des religions ont été — et sont encore — les cultures de l'Asie et des peuples qu'on appelle « primitifs » faute d'un terme plus adéquat. Dans un cas comme dans l'autre il s'agit de peuples et de nations qui, depuis un demi-siècle, mais surtout durant ces dix ou quinze dernières années, se sont délivrés de la tutelle européenne et ont assumé leurs responsabilités dans l'histoire. On imagine difficilement une discipline humaniste mieux placée que l'histoire des religions pour contribuer à la fois à l'élargissement de l'horizon culturel occidental et au rapprochement avec les représentants des cultures orientales et archaïques ; car, en définitive, aussi exceptionnels que soient leurs dons, le plus grand indianiste et l'anthropologue le plus éminent se trouvent forcément cantonnés dans leur domaine (immense, d'ailleurs), alors que, s'il est fidèle aux buts de sa discipline, l'historien des religions doit connaître les aspects essentiels des religions d'Asie ainsi que de celles du vaste monde « primitif », tout en étant aussi capable de comprendre les conceptions fondamentales des religions du Proche-Orient ancien et du monde méditerranéen, du judaïsme, du christianisme et de l'islam. (Il n'est évidemment pas question de maîtriser tous ces domaines en *philologue et en historien*, mais d'assimiler tout simplement les recherches des spécialistes et de les intégrer dans la perspective spécifique de l'histoire des religions. Les Frazer, Clemen, Pettazzoni, van der Leeuw se sont efforcés de suivre les progrès effectués dans une multitude de secteurs ; leur exemple n'a pas été dépassé, même si l'on n'est plus d'accord avec leurs interprétations [1].)

J'ai rappelé ces faits pour déplorer le peu de profit que les historiens des religions ont tiré de leur situation privilégiée. Certes, je n'oublie pas les contributions qu'ils ont apportées depuis trois quarts de siècle dans tous les secteurs de la recherche. C'est grâce à ces contributions qu'on peut parler aujourd'hui de l'histoire des religions comme d'une discipline indépendante. Mais il faut regretter que la majorité des historiens des religions n'aient précisément fait que cela : travailler avec dévotion et acharnement afin de constituer des assises solides pour leur discipline. En effet, l'histoire des religions n'est pas uniquement une discipline historique comme, par exemple, l'archéologie ou la numismatique. Elle est également une *herméneutique totale*, puisqu'elle est appelée à déchiffrer et à expliciter toutes les rencontres de l'homme avec le sacré, de la préhistoire à nos jours. Or, par modestie ou, peut-être, par trop grande timidité (provoquée essentiellement par les excès de leurs éminents prédécesseurs), les historiens des religions ont hésité à valoriser *culturellement* les résultats de leurs recherches. On constate une baisse progressive de la *créativité* et, en même temps, de l'*actualité culturelle* de l'histoire des religions, de Max Müller et Andrew Lang à Frazer et Marett, de Marett à Lévy-Bruhl et de Lévy-

---

1. Je cite ces auteurs parce qu'ils envisagent tous l'histoire des religions comme une « science totale ». Cela n'implique pas que je partage leurs présuppositions méthodologiques ou leur valorisation personnelle de l'histoire des religions.

Bruhl à nos jours [1]. Si l'on parle encore de tabou et de totémisme, c'est surtout grâce à la popularité de Freud ; et si l'on s'intéresse aux religions des « primitifs », c'est grâce à Malinowski et à quelques autres anthropologues ; de même, si la « Myth and Ritual School » attire encore l'attention du public, c'est aux théologiens et à quelques critiques littéraires qu'elle le doit.

Or, répétons-le, cette attitude défaitiste des historiens des religions (sanctionnée d'ailleurs par le désintéressement progressif du public pour leurs travaux) se cristallisa au moment précis où la connaissance de l'homme augmentait considérablement grâce à la psychanalyse, à la phénoménologie, aux expériences artistiques révolutionnaires et, surtout, à l'époque où commençait la confrontation avec l'Asie et le monde « primitif ». Personnellement, je considère ce fait comme paradoxal et tragique à la fois, car cette timidité spirituelle s'est généralisée au moment même où l'histoire des religions aurait dû constituer la discipline exemplaire pour déchiffrer et interpréter les « univers inconnus » que découvrait l'Occidental [2].

Et pourtant, il n'est pas impossible de rétablir l'histoire des religions dans la situation centrale qu'elle mérite. Il importe, avant tout, que les historiens des religions prennent conscience de leurs possibilités illimitées. Il ne faut pas se laisser paralyser par l'immensité de la tâche, il faut surtout renoncer à

1. Il est vrai qu'un Rudolf Otto ou un Gerardus van der Leeuw ont réussi à réveiller l'intérêt du public cultivé pour les problèmes religieux. Mais leur cas est plus complexe, en ce sens qu'ils n'ont pas exercé leur influence en tant qu'historiens des religions, mais surtout par leur prestige de théologiens et de philosophes de la religion.
2. J'ai à maintes reprises insisté sur ce problème ; cf. en particulier l'avant-propos à *Méphistophélès et l'androgyne* (Paris, 1962).

l'excuse facile disant que tous les documents ne sont pas encore recueillis et interprétés convenablement. Toutes les autres disciplines humanistes, pour ne rien dire des sciences naturelles, se trouvent dans une situation analogue. Mais aucun homme de science n'a attendu que *tous* les faits soient rassemblés avant d'essayer de comprendre les faits déjà connus. En outre, il faut se délivrer de la superstition selon laquelle l' « analyse » représente le *véritable* travail scientifique, ainsi que de la croyance selon laquelle on ne devrait proposer une « synthèse » ou une « généralisation » qu'assez tard dans sa vie. On ne connaît aucun exemple de science ou de discipline humaniste, dont les représentants se soient consacrés exclusivement à l' « analyse » sans oser avancer une hypothèse de travail ou esquisser une « généralisation ». L'esprit humain n'arrive à travailler de cette manière compartimentée qu'au prix de sa propre créativité. Il existe, peut-être, dans les diverses disciplines scientifiques des savants qui n'ont jamais dépassé le stade de l' « analyse » — mais ils sont les victimes de l'organisation moderne de la recherche. Ils ne doivent en tout cas pas être pris comme exemples. La science ne leur doit aucune découverte significative.

« *Initiation* » *ou auto-aliénation.*

Pour l'histoire des religions, comme pour tant d'autres disciplines humanistes, l' « analyse », c'est la *philologie*. Il ne saurait y avoir de savant compétent sans maîtrise d'une philologie (ce terme désignant ici la connaissance de la langue, de l'histoire, de la culture des sociétés dont on étudie la religion). Nietzsche parlait à juste titre de la philologie (dans son cas, la philologie classique) comme d'une « initiation » ; selon lui, on ne pouvait participer aux « Mystères » (c'est-à-dire aux sources de la spiritualité hellénique) sans être préalablement initié ou, en d'autres termes, sans maîtriser la philologie classique. Mais aucun des grands classicistes du XIXᵉ siècle, de Friedrich Welckey à Erwin Rohde et à Willamowitz-Moelendorff, ne se cantonna dans la philologie *stricto sensu*. Chacun, selon sa propre voie, édifia de magnifiques œuvres de synthèse qui continuèrent à nourrir la culture occidentale alors même qu'elles étaient dépassées du point de vue strictement philologique. Certes, un nombre considérable de savants appartenant aux diverses disciplines humanistes n'osent pas sortir de la « philologie ». Toutefois, leur exemple ne doit pas nous préoccuper, car la concentration exclusive sur les *aspects extérieurs* d'un univers spirituel équivaut, en fin de compte, à un processus d'auto-aliénation.

Pour l'histoire des religions, comme pour toute autre discipline humaniste, le chemin vers la synthèse passe par l'herméneutique. Cependant, dans le cas de l'histoire des religions, l'herméneutique se révèle être une opération plus complexe car il ne s'agit pas uniquement de comprendre et d'interpréter les « faits religieux ». Par leur nature même, ces faits religieux constituent une matière sur laquelle on peut — ou même *on doit* — penser, et penser d'une *manière créatrice*, tout comme le firent un Montesquieu, un Voltaire, un Herder, un Hegel, lorsqu'ils s'appliquèrent à penser sur les institutions humaines et leur histoire.

Une telle herméneutique créatrice ne semble pas toujours guider le travail des historiens des religions, du fait, peut-être, de l'inhibition provoquée par le triomphe du « scientisme » » dans certaines disciplines humanistes. Dans la mesure où les sciences sociales et une certaine anthropologie se sont efforcées de devenir plus « scientifiques », les historiens des religions sont devenus plus prudents, voire plus timorés. Mais il s'agit là d'un malentendu. Ni l'histoire des religions, ni aucune autre discipline humaniste, ne doit se conformer — comme cela a déjà été le cas trop longtemps — aux modèles empruntés aux sciences naturelles, d'autant plus que ces modèles sont périmés (en particulier ceux qui sont empruntés à la physique).

De par son propre mode d'être, l'histoire des religions est forcée de produire des *œuvres* et non pas seulement des monographies érudites. A la différence des sciences naturelles et d'une sociologie qui s'efforce de suivre leur modèle, l'herméneutique se range parmi les sources vivantes d'une culture car, en définitive, toute culture est constituée par une série d'interprétations et de revalorisations de ses « mythes » ou de ses idéologies spécifiques. Ce ne sont pas seulement les créateurs proprement dits qui revalorisent les visions primordiales et réinterprètent les idées fondamentales d'une culture, mais aussi les « herméneutes ». En Grèce, à côté d'Homère, des poètes tragiques, des philosophes — des présocratiques à Plotin — on trouve la catégorie vaste et complexe des mythographes, des historiens, des critiques — d'Hérodote à Lucien et à Plutarque. L'humanisme italien est plus important dans l'histoire de la pensée par ses « herméneutes » que par ses écrivains. Par ses éditions critiques, son érudition philologique, ses commentaires, sa correspondance, Erasme a renouvelé la culture occidentale. D'un certain point de vue, on pourrait dire que la Réforme et la Contre-Réforme constituent de vastes herméneutiques, des efforts acharnés et soutenus pour revaloriser, par une réinterprétation audacieuse, la tradition judéo-chrétienne.

Inutile de multiplier les exemples. Rappelons seulement les répercussions considérables de la *Kultur der Renaissance in Italien* (1860) de Jakob Burckhardt. Le cas de Burckhardt illustre admirablement ce que nous entendons par « herméneutique créatrice ». En effet, son ouvrage est plus qu'un travail honorable, qu'un volume parmi d'autres dans la vaste littérature historiographique du XIXe siècle. Il a enrichi la culture occidentale d'une nouvelle « valeur » en révélant une dimension de la Renaissance italienne qui n'était pas évidente avant Burckhardt.

L'herméneutique et la transformation de l'homme.

Le fait qu'une herméneutique aboutisse à la création de nouvelles valeurs culturelles n'implique pas qu'elle n'est pas « objective ». D'un certain point de vue, on peut comparer l'herméneutique à une « découverte » scientifique ou technique. Avant la découverte, la réalité qu'on vient de découvrir était là, seulement on ne la voyait ou on ne la comprenait pas, ou encore on ne savait pas l'utiliser. De même, une herméneutique créatrice dévoile des significations qu'on ne saisissait pas auparavant, ou les met en relief avec une telle vigueur qu'après avoir assimilé cette nouvelle interprétation la conscience n'est plus la même.

En fin de compte, l'herméneutique créatrice *change* l'homme ; elle est plus qu'une instruction, elle est aussi une technique spirituelle susceptible de modifier la qualité même de l'existence. Ceci est surtout vrai pour l'herméneutique historico-religieuse. Un bon livre d'histoire des religions doit avoir un effet de *réveil* sur le lecteur — comme c'est le cas, par exemple, de *Das Heilige* ou de *Die Götter Griechlands*. Cependant, *toute* herméneutique historico-religieuse devrait, en principe, avoir un résultat semblable car, en présentant et en analysant les mythes et les rituels australiens, africains ou océaniens, en commentant les hymnes de Zarathoustra, les textes taoïstes ou les mythologies et les techniques chamaniques, l'historien des religions dévoile des situations existentielles inconnues ou difficilement imaginables pour un lecteur moderne ; et la rencontre avec ces mondes spirituels « étrangers » ne peut rester sans conséquences.

Il est évident que l'historien des religions doit d'abord subir lui-même les conséquences de son propre travail herméneutique. Si ces conséquences n'apparaissent pas toujours clairement, c'est que la majorité des historiens des religions se défendent contre les messages dont sont chargés leurs documents. Cette défiance est compréhensible : on ne vit pas impunément au contact quotidien des formes religieuses « étrangères », parfois extravagantes, souvent terribles. Mais nombre d'historiens des religions finissent par ne plus prendre au sérieux les mondes spirituels qu'ils étudient ; ils se retranchent dans leur foi religieuse personnelle ou se réfugient dans un matérialisme ou un béhaviorisme imperméables à tout choc spirituel. Par ailleurs, la spécialisation excessive permet à un grand nombre d'entre eux de se cantonner pour le reste de leurs jours dans le secteur qu'ils ont appris à fréquenter depuis leur jeunesse. Et toute « spécialisation » finit par banaliser les formes religieuses et par en effacer les significations.

Malgré toutes ces défaillances, je ne doute pas que l' « herméneutique créatrice » finira par être reconnue comme la voie royale de l'histoire des religions. C'est alors seulement que le rôle de cette discipline dans la culture commencera à se révéler important, non seulement du fait des nouvelles valeurs qui se dégageront par suite de l'effort fourni pour comprendre telle religion primitive ou exotique, ou tel mode d'être étranger aux traditions occidentales — valeurs susceptibles d'enrichir une culture au même titre que *La cité antique* ou la *Kultur der Renaissance in Italien* — mais surtout parce que l'histoire des religions pourra ouvrir de nouvelles perspectives à la pensée occidentale, aussi bien à la philosophie proprement dite qu'à la création artistique.

J'ai maintes fois répété qu'au risque de se provincialiser, la philosophie occidentale ne peut se cantonner indéfiniment dans sa propre tradition. Or l'histoire des religions est en mesure d'examiner, d'analyser et d'élucider un nombre considérable de « situations significatives » et de modes d'être dans le monde autrement inaccessibles. Il ne s'agit pas seulement de présenter des « matériaux bruts », car les philosophes ne sauraient que faire de documents reflétant des comportements et des idées trop différents de ceux qui leur sont familiers[1]. L'œuvre herméneutique doit être accomplie par l'historien des religions lui-même, puisque lui seul est en mesure de comprendre et d'apprécier la complexité sémantique de ses documents.

Toutefois, il existe de graves malentendus sur ce point précis. Les rares historiens des religions qui ont voulu intégrer les résultats de leurs recherches et de

1. Il suffit d'examiner ce que les rares philosophes contemporains qui se sont intéressés aux problèmes du mythe et du symbolisme religieux ont fait des « matériaux » qu'ils ont empruntés aux ethnologues ou aux historiens des religions, pour renoncer à cette (illusoire) division du travail.

leurs méditations dans un contexte philosophique, se sont contentés d'imiter certains philosophes à la mode. Autrement dit, ils se sont forcés à penser d'après le modèle des philosophes professionnels. C'est une erreur. Ni les philosophes, ni les hommes de culture ne s'intéressent aux répliques de deuxième ordre de la pensée ou de l'œuvre de leurs collègues ou de leurs auteurs favoris. De plus, en décidant de « penser comme X » telle pensée archaïque ou orientale, l'historien des religions la mutile ou la fausse. Ce qu'on attend de lui, c'est qu'il décrypte et élucide les comportements et les situations énigmatiques, bref qu'il fasse avancer la connaissance de l'homme en récupérant ou en rétablissant des significations oubliées, méconnues ou abolies. L'originalité et l'importance de contributions de ce genre tiennent précisément au fait que ces dernières explorent et éclairent des univers spirituels submergés ou difficilement accessibles. Il serait non seulement illégitime mais aussi inefficace de déguiser les symboles, les mythes, les idées archaïques et exotiques dans des formes déjà familières aux philosophes contemporains.

Histoire des religions et renouveau culturel.

L'exemple de Nietzsche devrait tout à la fois encourager et guider les historiens des religions ; car, si Nietzsche réussit à renouveler la philosophie occidentale, c'est précisément parce qu'il osa formuler sa pensée avec les moyens qui lui semblaient adéquats. Ceci ne veut certes pas dire qu'il faut imiter le style ou les maniérismes de Nietzsche. C'est l'exemple de sa liberté d'expression qu'il importe de souligner. Lorsqu'on veut analyser les mondes mythiques des « primi-

111

tifs », les techniques des néo-taoïstes, les initiations chamaniques, etc., on n'est nullement obligé d'emprunter la démarche d'un philosophe contemporain, la perspective ou le langage de la psychologie, de l'anthropologie culturelle ou de la sociologie.

C'est la raison pour laquelle je disais plus haut qu'une herméneutique historico-religieuse créatrice pourrait stimuler, nourrir ou renouveler la pensée philosophique. On pourrait en quelque sorte élaborer une nouvelle *Phénoménologie de l'esprit* en tenant compte de tout ce que l'histoire des religions est capable de nous révéler. Il y aurait des livres importants à écrire sur les modes d'être dans le monde ou sur les problèmes du temps, de la mort, du rêve, à partir des documents dont dispose l'historien des religions[1]. Ces problèmes passionnent les philosophes, les poètes et les critiques d'art; certains d'entre eux lisent d'ailleurs les historiens des religions et utilisent leurs documents et leurs interprétations. Ce n'est pas leur faute s'ils ne tirent pas, de ces lectures, tout le profit qu'ils en attendent.

1. Il y aurait surtout des rectifications urgentes à apporter aux nombreux clichés qui encombrent encore la culture contemporaine comme, par exemple, la célèbre interprétation de la religion en tant qu'aliénation de Feuerbach et Marx. On le sait, Feuerbach et Marx proclamaient que la religion éloignait l'homme de la terre, l'empêchait de devenir complètement humain, etc. Toutefois, même si elle était correcte, une telle critique de la religion ne pourrait s'appliquer qu'aux formes tardives de religiosité, comme celles de l'Inde post-védique ou du judéo-christianisme, c'est-à-dire à des religions où l'élément « autre monde » joue un rôle important. L'aliénation, l'éloignement de l'homme de la terre, sont inconnus — et d'ailleurs inconcevables — dans toutes les religions de type cosmique, tant « primitives » qu'orientales car, dans ces dernières (c'est-à-dire dans l'écrasante majorité des religions connues par l'histoire), la vie religieuse consiste précisément à exalter la solidarité de l'homme avec la vie et la nature.

J'ai fait allusion plus haut à l'intérêt que présente l'histoire des religions pour les artistes, les écrivains et les critiques littéraires. Il faut malheureusement constater que, tout comme la majorité des savants et des érudits, les historiens des religions ne s'intéressent que sporadiquement et, en quelque sorte, de manière clandestine aux expériences artistiques modernes. Ils ont tendance à considérer que les arts ne sont pas « sérieux » puisqu'ils ne constituent pas des instruments de connaissance. On lit les poètes, les romanciers, on fréquente les musées et les expositions pour se distraire ou se reposer. Ce préjugé, heureusement en voie de disparition, a provoqué une sorte d'inhibition dont le résultat principal est la gêne, l'ignorance ou la méfiance des érudits et des scientifiques vis-à-vis des expériences artistiques modernes. On croit naïvement que six mois de travail sur le terrain auprès d'une peuplade dont on balbutie à peine la langue, constitue un travail « sérieux », capable de faire avancer la connaissance de l'homme — et on ignore tout ce que le surréalisme, James Joyce, Henri Michaux ou Picasso ont apporté à la connaissance de l'homme.

Les expériences artistiques contemporaines sont susceptibles d'aider les historiens des religions dans leurs propres recherches et, inversement, toute exégèse historico-religieuse véritable est appelée à stimuler les artistes, les écrivains, les critiques ; non parce qu'on retrouve « la même chose » de part et d'autre, mais parce qu'on rencontre des situations qui peuvent s'éclairer mutuellement. Il n'est pas sans intérêt de noter, par exemple, que, dans leur révolte contre les formes traditionnelles de l'art et leurs attaques contre la société et la morale bourgeoises, les surréalistes avaient élaboré non seulement une esthétique révolutionnaire, mais aussi une technique à l'aide de laquelle ils espéraient *changer* la condition humaine. Or, nombre de ces « exercices » (comme, par exemple, l'effort d'obtenir un « mode d'être » participant à la fois de l'état de veille et de celui de sommeil, ou de réaliser la « coexistence de la conscience et de l'inconscient ») rappellent certaines pratiques yogiques ou zen. En outre, dans l'élan premier du surréalisme et notamment dans les poèmes et les manifestes théoriques d'André Breton, on déchiffre la nostalgie de la « totalité primordiale », le désir d'effectuer *in concreto* la coïncidence des contraires, l'espoir de pouvoir annuler l'histoire afin de la recommencer avec la force et la pureté originelles — nostalgies et espérances assez familières aux historiens des religions.

D'ailleurs, tous les mouvements artistiques modernes poursuivent, consciemment ou non, la destruction des univers esthétiques traditionnels, la réduction des « formes » à des états élémentaires, germinaux, larvaires, dans l'espoir de recréer des « mondes frais », autrement dit d'abolir l'histoire de l'art et de réintégrer le moment auroral où l'homme voyait le monde « pour la première fois ». Inutile de rappeler combien tout ceci doit intéresser l'historien des religions, lequel n'est pas sans connaître le système mythologique impliquant la destruction et la recréation symboliques de l'univers pour permettre le recommencement périodique d'une existence « pure » dans un monde frais, fort et fertile.

Il n'est pas question de développer ici de telles symétries entre les expériences artistiques modernes et certaines croyances ou certains comportements et symbolismes familiers aux historiens des religions. Il y a déjà une génération que les critiques, principalement aux Etats-Unis, utilisent les documents historico-religieux dans l'interprétation des œuvres littéraires. J'ai insisté dans un autre chapitre (cf. p. 200) sur l'intérêt témoigné par les critiques littéraires pour les symbolismes et les rituels de l'initiation. Ces auteurs ont en effet saisi l'importance de ce complexe religieux pour l'élucidation du message secret de certaines œuvres. Certes, il ne s'agit pas de phénomènes homologables : la structure de l'initiation survit dans la littérature en tant que structure d'un univers imaginaire, tandis que l'historien des religions a affaire à des expériences vécues et à des institutions traditionnelles. Mais le fait que la structure de l'initiation persiste dans les univers imaginaires de l'homme moderne (dans la littérature, les rêves et les rêves éveillés), invite l'historien des religions à méditer avec plus d'attention sur la valeur de ses propres documents.

Résistances.

En bref, l'histoire des religions se révèle être à la fois une « pédagogie » dans le sens fort du terme, puisqu'elle est susceptible de changer l'homme, et une source pour la création de « valeurs culturelles », quelle que soit l'expression de ces valeurs (historiographique, philosophique ou artistique). Il faut s'attendre que cette fonction assumée par l'histoire des religions soit considérée avec suspicion, sinon franchement contestée, tant par les théologiens que par les scientifiques. Ces derniers se méfient de tout effort de « revalorisation de la religion ». Satisfaits de la sécularisation vertigineuse des sociétés occidentales, les scientifiques sont enclins à soupçonner d'obscurantisme ou de nostalgie passéiste les auteurs qui voient, dans les différentes formes de religion, autre chose que superstition et ignorance ou qui les considèrent comme étant plus que des comportements psychologiques, des institutions sociales ou des idéologies rudimentaires rendues heureusement périmées par le progrès de la pensée scientifique et le triomphe de la technique. Cette méfiance n'est pas le fait exclusif des scientifiques au sens strict du terme ; elle est également partagée par un grand nombre de sociologues, d'anthropologues, de spécialistes des sciences sociales qui se comportent non en humanistes, mais en naturalistes à l'égard de l'objet de leur étude. Il faut cependant accepter ces résistances de bonne grâce ; elles sont inévitables dans une culture qui peut encore se développer en toute liberté.

Quant aux théologiens, leurs hésitations s'expliquent par de multiples raisons. D'une part, ils sont assez méfiants face aux herméneutiques historico-religieuses susceptibles d'encourager le syncrétisme, le dilettantisme religieux ou, pis encore, la mise en doute de l'unicité de la révélation judéo-chrétienne. D'autre part, l'histoire des religions vise, en fin de compte, à la *création* culturelle et à la *modification* de l'homme. Or, la culture humaniste pose un problème embarrassant aux théologiens et aux chrétiens en général : qu'y a-t-il de commun entre Athènes et Jérusalem ? Je n'ai pas l'intention de discuter ici ce problème qui obsède encore certaines théologies. Mais il serait vain d'ignorer que presque toutes les philosophies et les idéologies contemporaines reconnaissent que le mode d'être spécifique de l'homme dans l'univers le force à être un créateur de culture. Quel que soit le point de départ d'une analyse visant à définir l'homme, qu'on utilise l'approche psychologique, sociologique, existentialiste ou n'importe quel autre critère emprunté aux philosophies classiques, on aboutit explicitement ou implicitement à caractériser l'homme comme créateur de culture (c'est-à-dire de langage, d'institutions, de techniques, d'arts, etc.). Et toutes les méthodes (économiques, politiques, psychologiques) de libération de l'homme se justifient par leur but final : délivrer l'homme de ses chaînes ou de ses complexes afin de l'ouvrir vers le monde de l'esprit et le rendre *culturellement créateur*. D'ailleurs, tout ce que le théologien, voire le chrétien tout court, considère comme extérieur à la sphère de la culture — c'est-à-dire, en premier lieu, le mystère de la foi, la vie sacramentale, etc. — s'inscrit, pour l'incroyant ou l'irréligieux, dans la sphère des « créations culturelles ». Et on ne saurait nier que, dans ses *expressions historiques* tout au moins, l'expérience religieuse chrétienne ait le caractère d'un « fait culturel ». Nombre de théologiens contemporains ont déjà accepté les présuppositions de la sociologie de la religion et s'apprêtent à reconnaître l'inéluctabilité de l'avènement de la technique. Le fait qu'il existe des théologies de la culture indique d'ailleurs la direction dans laquelle se dirige la pensée théologique contemporaine[1].

Toutefois, pour l'historien des religions, le problème se pose autrement, quoique pas nécessairement en contradiction avec les théologies de la culture. L'historien des religions sait que ce qu'on appelle la « culture profane » est une apparition comparativement récente dans l'histoire de l'esprit. A l'origine, toute création culturelle (outil, institution, art, idéologie, etc.) était une expression religieuse ou possédait une justification ou une origine religieuses. Ce n'est pas toujours évident pour le non-spécialiste, principalement parce

---

1. Les récentes crises « anticulturelles » ne doivent pas trop nous impressionner. Le mépris et le rejet de la culture constituent des moments dialectiques de l'histoire de l'esprit.

qu'il est habitué à concevoir la « religion » sous la forme que les sociétés occidentales ou les grandes religions d'Asie lui ont rendue familière. On concède que la danse, la poésie ou la sagesse aient, au commencement, été « religieuses » ; on s'imagine mal, par contre, que l'alimentation, la sexualité, l'habitation ou un travail essentiel (chasse, pêche, agriculture) et les outils qui lui sont liés, participent également au sacré. Pourtant, l'une des difficultés qui embarrassent l'historien des religions est le fait que plus on approche des « origines », plus le nombre des « faits religieux » augmente. A tel point que, dans certains cas — dans les sociétés archaïques ou préhistoriques, par exemple — on se demande ce qui *n'est pas* ou *n'a pas été* « sacré » ou dépendant du sacré.

L'illusion de la démystification.

Il serait inutile, parce que inefficace, de faire appel à un principe réductionniste quelconque et de démystifier les comportements ou les idéologies de l'*homo religiosus* en montrant, par exemple, qu'il s'agit de projections de l'inconscient ou d'écrans élevés pour des raisons sociales, économiques, politiques, etc. Nous touchons ici à un problème assez épineux qui réapparaît avec une force nouvelle à chaque génération. Il n'est pas question de le discuter en quelques lignes, d'autant plus que je l'ai déjà fait dans plusieurs publications antérieures[1]. J'aimerais toutefois rappeler un exemple : on sait que, dans nombre de cultures

1. Cf. par exemple *Images et symboles* (Paris, 1952), p. 13 sq. ; *Mythes, rêves et mystères* (Paris, 1957), p. 10 sq., 156 sq. ; *Méphistophélès et l'androgyne*, p. 194 sq., etc.

archaïques traditionnelles, le village, le temple ou la maison sont censés se trouver au « centre du monde ». Cela n'aurait aucun sens de « démystifier » cette croyance en attirant l'attention du lecteur sur le fait qu'il n'existe pas de centre du monde et que, de toute manière, la multiplicité de ces centres est une notion absurde, puisque contradictoire. Ce n'est au contraire qu'en prenant cette croyance au sérieux, qu'en s'efforçant d'éclairer toutes ses implications cosmologiques, rituelles et sociales, qu'on arrive à comprendre la situation existentielle d'un homme qui se croit situé au centre du monde. Tout son comportement, toute sa compréhension du monde, toutes les valeurs qu'il accorde à la vie et à sa propre existence, surgissent et s'articulent en « système » à partir de cette croyance selon laquelle sa maison ou son village se trouvent près de l'*axis mundi*.

J'ai cité cet exemple pour rappeler que la démystification ne sert pas l'herméneutique. Par conséquent, quelle que soit la raison pour laquelle, dans les temps les plus reculés, les activités humaines ont été chargées d'une valeur religieuse, l'important, pour l'historien des religions, reste le fait que ces activités *aient eu* des valeurs religieuses. Cela revient à dire que l'historien des religions retrouve une unité spirituelle sous-jacente à l'histoire de l'humanité ou, en d'autres termes, qu'en étudiant les Australiens, les Indiens védiques ou n'importe quel autre groupe ethnique ou système culturel, l'historien des religions n'a pas le sentiment qu'il se meut dans un monde qui lui est radicalement « étranger ». L'unité de l'espèce humaine est certes acceptée *de facto* par d'autres disciplines comme, par exemple, la linguistique, l'anthropologie et la sociologie ; mais l'historien des religions a le privilège de saisir cette unité à des niveaux plus élevés

— ou plus profonds — et une telle expérience est susceptible de l'enrichir et de le changer. Or, aujourd'hui, l'histoire devient pour la première fois *véritablement* universelle et la culture se planétise. L'histoire de l'homme, du paléolithique à nos jours, est appelée à se situer au centre de l'éducation humaniste, quelles qu'en soient les interprétations locales ou nationales. Dans cet effort vers une planétisation de la culture, l'histoire des religions peut jouer un rôle essentiel ; elle peut contribuer à l'élaboration d'une culture de type universel.

Tout ceci n'est certes pas pour demain et l'histoire des religions ne pourra jouer ce rôle que si ses représentants prennent conscience de leurs responsabilités, que s'ils parviennent, en d'autres termes, à surmonter leurs complexes d'infériorité, leur timidité et leur immobilisme de ces cinquante dernières années. Rappeler aux historiens des religions qu'ils sont censés contribuer de façon créatrice à la culture, qu'ils n'ont pas le droit de produire uniquement des *Beiträge*, mais aussi des *valeurs culturelles*, ne veut pas dire qu'on les invite à des « synthèses » faciles et à des généralisations hâtives. C'est l'exemple de Rohde, de Pettazzoni, de van der Leeuw qu'il faut méditer et non celui de tel ou tel journaliste à succès. C'est surtout l'attitude de l'historien des religions vis-à-vis de sa propre discipline qui doit changer si l'on veut pouvoir espérer un renouvellement prochain de cette discipline. Tant que les historiens des religions n'oseront pas intégrer leurs recherches dans le courant vivant de la culture contemporaine, les « généralisations » et les « synthèses » seront effectuées par des dilettantes, des amateurs et des journalistes. Ou alors, ce qui n'est guère plus heureux, au lieu d'une herméneutique créatrice dans la perspective de l'histoire des religions, nous

120

continuerons à subir les audacieuses interprétations des réalités religieuses données par des psychologues, des sociologues ou des fervents de diverses idéologies réductionnistes et, pendant une ou deux générations encore, nous lirons des livres dans lesquels les réalités religieuses seront expliquées par des traumatismes infantiles, par l'organisation sociale, la lutte des classes, etc. Les livres de ce genre — tant ceux produits par des dilettantes que ceux écrits par des réductionnistes de toutes sortes — continueront certes de paraître, et probablement avec le même succès. Cependant, le milieu culturel ne sera pas le même si, à côté de cette production, on trouve des livres « sérieux » signés par des historiens des religions (à condition, bien entendu, que ces livres de synthèse ne soient pas improvisés à la demande d'un éditeur, comme cela arrive parfois même avec des savants très honorables, car il est évident que, tout comme l'analyse, la synthèse ne s'improvise pas).

Il me semble difficile de croire que, vivant un moment historique comme le nôtre, les historiens des religions ne se rendront pas compte des possibilités créatrices de leur discipline. Comment *assimiler culturellement* les univers spirituels que nous ouvrent l'Afrique, l'Océanie et le Sud-Est asiatique ? Tous ces univers spirituels ont une origine et une structure religieuses ; si on ne les approche pas dans la perspective de l'histoire des religions, ils disparaîtront en tant qu'univers spirituels et seront réduits à des *informations* concernant les organisations sociales, les régimes économiques, les époques de l'histoire précoloniale et coloniale, etc. En d'autres termes, ils ne seront pas saisis en tant que créations spirituelles et n'enrichiront pas la culture occidentale et mondiale ; ils iront augmenter le nombre déjà terrifiant des *documents* classés dans des archives, en attendant que des ordinateurs électroniques les prennent en charge...

Il est bien entendu possible que, cette fois encore, les historiens des religions pèchent par excès de timidité et laissent aux autres disciplines la tâche d'interpréter ces univers spirituels (en train de changer vertigineusement, peut-être même de disparaître, hélas!). Il se peut aussi que, pour des raisons diverses, les historiens des religions préfèrent se maintenir dans la situation subalterne qu'ils ont acceptée ces derniers temps. Dans ce cas, il faudra nous attendre à un lent mais irrévocable processus de décomposition qui aboutira à la disparition de l'histoire des religions en tant que discipline autonome. Ainsi, dans une ou deux générations, nous aurons des latinistes « spécialistes » en histoire de la religion romaine, des indianistes « experts » en une des religions indiennes, et ainsi de suite. En d'autres termes, l'histoire des religions sera fragmentée à l'infini et ses fragments se résorberont dans les différentes « philologies » qui, de nos jours, lui servent encore de sources documentaires et alimentent sa propre herméneutique.

Quant aux problèmes d'intérêt plus général comme, par exemple, le mythe, le rituel, le symbolisme religieux, les conceptions de la mort, l'initiation, etc., ils seront traités (comme cela a du reste été le cas dès les débuts de notre discipline, bien que jamais *exclusivement*) par des sociologues, des anthropologues, des psychologues et des philosophes. Cela revient à dire que les problèmes qui préoccupent aujourd'hui les historiens des religions *ne disparaîtront pas en tant que tels*; ils seront seulement étudiés dans d'autres perspectives, avec des méthodes différentes poursuivant d'autres objectifs.

Le vide laissé par la disparition de l'histoire des religions en tant que discipline autonome ne sera pas rempli.

Mais la gravité de notre responsabilité restera la même...

1965.

V

MYTHE COSMOGONIQUE
ET « HISTOIRE SAINTE »

Le « mythe vivant » et l'historien des religions.

L'historien des religions n'aborde pas le problème du mythe sans appréhension. D'abord, parce qu'une question délicate l'attend au premier pas : que faut-il entendre par mythe ? Ensuite et surtout, parce que les réponses données à cette question fondamentale dépendent beaucoup des documents choisis et analysés par le chercheur. De Platon et Fontenelle à Schelling et Bultmann, les philosophes et les théologiens ont proposé de nombreuses définitions du mythe. Mais toutes ont ceci de commun, qu'elles se fondent sur la mythologie grecque. Or, pour un historien des religions, ce choix n'est pas des plus heureux. Il est vrai qu'en Grèce le mythe a inspiré aussi bien la poésie épique et le théâtre, que les arts plastiques ; mais aussi ce n'est que dans la culture grecque que le mythe a été soumis à une longue et pénétrante analyse, de laquelle il est sorti radicalement « démythisé ». Si dans toutes les langues européennes le vocable « mythe » dénote une « fiction », c'est que les Grecs le proclamaient déjà il y a vingt-cinq siècles.

Tare encore plus grave au regard de l'histoire des

religions : nous ne connaissons pas un seul mythe grec dans son contexte rituel — contrairement à toutes les religions paléo-orientales et asiatiques, et surtout aux religions dites « primitives ». On sait, en effet, que le *mythe vivant* est toujours rattaché à un culte, inspire et justifie un comportement religieux. Non certes que la mythologie grecque soit à proscrire de l'analyse du phénomène mythique. Mais il serait imprudent de commencer par elle et, surtout de limiter cette analyse à ses documents. La mythologie dont nous entretiennent Homère, Hésiode et les poètes tragiques est déjà l'aboutissement d'une sélection et représente une interprétation d'une matière archaïque devenue parfois inintelligible. Or, notre meilleure chance de comprendre la structure de la pensée mythique est d'étudier les cultures où le mythe est « chose vivante », où il constitue le support même de la vie religieuse ; bref, où, loin de désigner une *fiction*, il exprime la *vérité* par excellence, puisqu'il ne parle que des réalités.

C'est ainsi qu'ont procédé, depuis plus d'un demi-siècle, les anthropologues, en se concentrant sur les sociétés « primitives ». Inutile de rappeler ici les interprétations de Lang, Frazer, Lévy-Bruhl, Malinowski, Leenhardt ou Lévi-Strauss. Certains résultats de la recherche ethnologique nous retiendront plus tard. Avouons pourtant que l'historien des religions n'est pas toujours satisfait de la démarche des anthropologues ni de leurs conclusions. Par réaction contre un comparatisme abusif, la plupart des auteurs ont négligé de compléter leurs recherches anthropologiques par l'étude rigoureuse d'autres mythologies ; celles notamment du Proche-Orient antique, en premier lieu de la Mésopotamie et de l'Egypte, celles des Indo-Européens, surtout la grandiose, exubérante mythologie de l'Inde antique et médiévale, celle, enfin, des Turco-Mongols, des Tibétains, des peuples hindouisés ou bouddhisés du Sud-Est asiatique. En limitant la recherche aux mythologies primitives, on risque de donner l'impression qu'il existe une solution de continuité entre la pensée archaïque et celle des peuples dits « de l'histoire ». Cette solution de continuité n'existe pas; mieux, en restreignant l'enquête aux sociétés primitives, on se prive du moyen de mesurer le rôle du mythe dans les religions complexes, comme celles du Proche-Orient antique et de l'Inde. Un exemple : il est impossible de comprendre la religion et, en général, le style de la culture mésopotamienne si on laisse de côté les mythes cosmogoniques et de l'origine conservés dans l'*Enuma elish* ou dans l'épopée de Gilgamesh. En effet, au début de chaque nouvelle année les événements fabuleux racontés par l'*Enuma elish* étaient rituellement réactualisés ; chaque Nouvel An, le Monde devait être recréé — et cette exigence nous révèle une dimension profonde de la pensée mésopotamienne. En outre, le mythe de l'origine de l'homme nous explique, du moins en partie, la vision tragique et le pessimisme caractéristiques de la culture mésopotamienne : l'homme a été tiré par Marduk de la terre, c'est-à-dire de la chair du monstre primordial Tiamat, et du sang de l'archidémon Kingu. Et le texte précise que l'homme a été créé par Marduk afin de labourer le sol et de pourvoir à la subsistance des dieux. L'épopée de Gilgamesh nous présente une vision également pessimiste en nous expliquant pourquoi l'homme n'a pas, et ne doit pas avoir, accès à l'immortalité.

Aussi les historiens des religions préfèrent-ils l'approche de leurs collègues — un Pettazzoni ou un Van der Leeuw — ou même celle de certains anthropologues historiens ou comparatistes, tels Ad. E. Jensen ou

H. Baumann, qui travaillent sur *toutes les catégories* de créations mythologiques, aussi bien celles des « primitifs » que celles des peuples de l'histoire. On peut ne pas être d'accord avec leurs conclusions, on est du moins sûr que leur documentation est suffisamment ample pour fonder des généralisations valables.

Les divergences résultant d'une documentation trop étroite ne constituent pas le seul obstacle au dialogue entre l'historien des religions et ses collègues d'autres disciplines. C'est la démarche même qui le sépare, par exemple, des anthropologues et des psychologues. L'historien des religions est trop conscient de la différence axiologique de ses documents pour les mettre tous sur le même plan. Attentif aux nuances et aux distinctions, il ne peut ignorer qu'il existe des grands mythes et des mythes de moindre importance, des mythes qui dominent une religion et la caractérisent, et des mythes secondaires, répétitifs ou parasitaires. *Enuma elish*, par exemple, ne saurait figurer sur le même plan que la mythologie du démon femelle Lamashtu; le mythe cosmogonique polynésien a un tout autre poids que le mythe de l'origine d'une plante, puisqu'il le précède et lui sert de modèle. De telles différences de valeurs ne s'imposent pas nécessairement à l'anthropologue ou au psychologue. En effet, une étude sociologique du roman français du XIXe siècle ou une psychologie de l'imagination littéraire peuvent utiliser indifféremment Balzac et Eugène Sue, Stendhal et Jules Sandeau. Au contraire, pour l'historien du roman français ou le critique littéraire un tel confusionnisme est impensable, puisqu'il anéantit leurs propres principes herméneutiques.

Dans une ou deux générations, peut-être avant, lorsque nous aurons des historiens des religions issus des sociétés tribales australiennes, africaines ou mélanésiennes, je ne doute point que, entre autres critiques, ils ne manqueront pas de reprocher aux chercheurs occidentaux leur indifférence aux échelles de valeurs *indigènes*. Imaginons une histoire de la culture grecque dans laquelle Homère, les poètes tragiques et Platon seraient passés sous silence, tandis que le Livre des Songes d'Artémidore d'Ephèse et le roman d'Héliodore d'Emèse seraient laborieusement analysés, sous prétexte qu'ils expliciteraient mieux les caractères spécifiques du génie grec ou qu'ils nous aideraient à comprendre sa destinée. Pour revenir à notre propos, nous ne croyons pas que l'on puisse comprendre la structure et la fonction de la pensée mythique dans une société où le mythe sert encore de fondation, si l'on ne tient compte à la fois de l'*ensemble de la mythologie* de cette culture et de l'*échelle des valeurs* qu'elle implique ou proclame.

Or, dans tous les cas où nous avons accès à une tradition encore vivante, qui n'est ni fortement acculturée ni en voie de disparition, une chose nous frappe dès l'abord : non seulement la mythologie constitue comme l' « histoire sainte » de la tribu en question, non seulement elle explique la totalité du réel et justifie ses contradictions, mais elle révèle également une hiérarchie dans la succession des événements fabuleux qu'elle rapporte. D'une manière générale, on peut dire que tout mythe raconte comment quelque chose est venu à l'existence : le Monde, l'homme, telle espèce animale, telle institution sociale, etc. Mais du fait que la création du Monde précède toutes les autres, la cosmogonie jouit d'un prestige spécial. Comme nous avons essayé de le montrer ailleurs [1], le mythe cosmo-

1. Voir, par exemple, *Le Mythe de l'Eternel Retour* (Paris, 1949); *Aspects du Mythe* (Paris, 1963).

gonique sert de modèle à tous les mythes d'origine. La création des animaux, des plantes ou de l'homme présuppose l'existence d'un Monde.

Certes, le mythe de l'origine du Monde n'est pas toujours un mythe cosmogonique dans l'acception rigoureuse du terme, comme les mythes indiens, polynésiens, ou celui rapporté dans l'*Enuma elish*. Dans une grande partie de l'Australie, par exemple, le mythe cosmogonique au sens strict est inconnu. Mais il existe toujours un mythe central, qui raconte les commencements du Monde, ce qui s'est passé avant que le Monde soit devenu tel qu'il est aujourd'hui. On trouve donc toujours une *histoire primordiale*, et cette histoire a un *commencement* : le mythe cosmogonique proprement dit ou un mythe qui nous présente le premier état, larvaire ou germinal, du Monde. Ce commencement est toujours implicite dans la série des mythes qui racontent les événements fabuleux ayant eu lieu après la création ou l'apparition du Monde, les mythes de l'origine des plantes, des animaux et de l'homme, ou de la mort, du mariage et de la famille. Ensemble, ces mythes d'origine constituent une histoire cohérente, puisqu'ils révèlent comment le Monde a été transformé, comment l'homme est devenu ce qu'il est aujourd'hui, mortel, sexué et obligé de travailler pour se nourrir ; ils révèlent également ce qu'ont fait les Etres Surnaturels, les Héros civilisateurs, les Ancêtres mythiques, et comment et pourquoi ils se sont éloignés de la Terre ou ont disparu. On peut aussi dire que toute mythologie qui nous est accessible dans un état de conservation suffisant comprend non seulement un commencement, mais aussi une fin, circonscrite par les dernières manifestations des Etres Surnaturels, des Héros ou des Ancêtres.

Or, cette histoire sainte primordiale, constituée par

l'ensemble des mythes significatifs, est fondamentale parce qu'elle explique et à la fois justifie l'existence du Monde, de l'homme et de la société. C'est pourquoi le mythe est considéré à la fois comme une *histoire vraie* — puisqu'il raconte comment les choses réelles sont venues à l'être — et comme le modèle exemplaire et la justification des activités de l'homme. On comprend ce qu'on est — mortel et sexué — et on assume cette condition, parce que les mythes racontent comment la mort et la sexualité ont fait leur apparition dans le Monde. On pratique un certain type de chasse ou d'agriculture, parce que les mythes rapportent comment les Héros civilisateurs ont révélé ces techniques aux ancêtres. Nous avons insisté sur cette fonction paradigmatique du mythe dans plusieurs travaux antérieurs, il est superflu d'y revenir ici.

Nous aimerions pourtant prolonger et compléter nos observations, en nous arrêtant en premier lieu sur ce que nous avons appelé l'« histoire sainte » conservée dans les grands mythes. Mais, comment faire ? La première difficulté qui nous attend est matérielle. Pour analyser et interpréter convenablement une mythologie ou un thème mythologique, il faut tenir compte de tous les documents accessibles, ce qui n'est pas dans les moyens d'une conférence, ni même d'un petit livre. Claude Lévi-Strauss a consacré plus de trois cents pages à l'analyse d'un groupe de mythes sud-américains, et il a dû laisser de côté les mythologies des Fuégiens et d'autres peuples, pour se concentrer sur les mythes d'origine des Amazoniens.

Force nous est donc de nous limiter à un ou deux exemples caractéristiques. Au moins tâcherons-nous de retenir ce qui se révèle essentiel aux yeux des aborigènes. Ces résumés même sembleront peut-être longs mais, s'agissant de mythologies assez peu familières aux non-spécialistes, on ne saurait se contenter d'allusions, comme on pourrait le faire à propos d'*Enuma elish*, ou des mythes grecs et même indiens. D'autre part, toute exégèse se fonde sur une philologie. Il serait déplacé de proposer une interprétation du mythe sans présenter au moins un minimum de documentation.

Fonction du mythe cosmogonique.

Notre premier exemple sera la mythologie des Ngadju Dayak de Bornéo. Nous l'avons choisie parce que nous disposons, à ce sujet, d'un ouvrage qui mérite de devenir classique : *Die Gottesidee der Ngadju Dayak in Süd-Borneo* (Leiden, 1946) du regretté Hans Schärer [1]. L'auteur a étudié cette population pendant de longues années, et les documents mythologiques qu'il a recueillis représentent la matière de douze mille pages imprimées. Il connaissait les langues et les coutumes indigènes, mais il avait, en outre, percé la structure de la mythologie et son rôle dans la vie des Dayaks. Comme chez tant d'autres populations archaïques, le mythe cosmogonique dayak révèle à la fois le drame de la création du monde et de l'homme, et les principes qui régissent le processus cosmique et l'existence humaine. Il faut lire ce livre pour se rendre compte à quel point *tout se tient* dans la vie d'une population traditionnelle, et comment les mythes se succèdent et s'articulent dans une « histoire sainte », continuellement reprise aussi bien dans la vie de la société que dans celle de chaque individu. A travers la

1. J'utilise la traduction anglaise, *Ngaju Religion. The Conception of God among a South Borneo People* (The Hague 1963).

mythe cosmogonique et sa suite, le Dayak découvre les structures de la réalité et celle de son propre mode d'être. Ce qui s'est passé au commencement définit à la fois la perfection originelle et la destinée de chaque individu.

Au commencement, raconte le mythe, la totalité cosmique se trouvait, à l'état virtuel, dans la gueule du Serpent aquatique. La création a fait éclater cette unité primordiale. Deux Montagnes sont apparues, et de leurs chocs répétés les réalités cosmiques sont venues progressivement à l'existence. Les Montagnes sont les sièges de deux divinités suprêmes, et sont aussi ces divinités; mais elles ne dévoilent leur figure humaine qu'à la fin de la première phase de la création. Sous leur aspect anthropomorphique, les deux divinités suprêmes, Mahatala et son épouse Putir, continuent l'œuvre cosmogonique et créent le Monde supérieur et le Monde inférieur. Mais il manque encore le Monde intermédiaire, qui sera habité par l'homme. Ce sont deux oiseaux calao, mâle et femelle, qui président la troisième phase de la création; ils sont d'ailleurs identiques aux deux divinités suprêmes. Mahatala fait surgir l'Arbre de Vie au « Centre », les deux oiseaux s'en approchent et, se rencontrant sur ses branches, commencent à se battre. Des fragments de l'Arbre de Vie naissent un jeune homme et une fille, qui deviennent les ancêtres des Dayaks. Finalement, l'Arbre de Vie est détruit et les deux oiseaux s'entre-tuent.

En somme, pendant la Création, les deux divinités se manifestent sous trois formes différentes : cosmique (les deux montagnes), anthropomorphique (Mahatala et Putir), thériomorphique (les deux oiseaux). Mais ces manifestations polaires ne représentent qu'un aspect de la divinité. Non moins importantes sont les manifestations en tant que totalité : le Serpent primordial, par exemple, ou l'Arbre de Vie. Cette totalité — que Schärer appelle « totalité divine ambivalente » — constitue la base même de la religion des Dayaks. Elle est proclamée continuellement et dans d'innombrables contextes. En fin de compte, on peut dire que, pour les Dayaks, toute forme divine contient également son opposé : Mahatala se révèle être également sa propre épouse, et le Serpent est aussi l'Oiseau.

Le mythe cosmogonique nous permet de comprendre la vie religieuse des Dayaks de même que leur culture et leur organisation sociale. Le Monde est le résultat d'un heurt entre deux principes polaires et, durant ce conflit, l'Arbre de Vie — qui représente leur incarnation — est détruit. Mais de la destruction et de la mort émergent le Cosmos et la nouvelle vie. Cette création nouvelle tire son origine de la mort même de la « divinité totale [1] ». Dans les cérémonies religieuses les plus importantes, impliquant un rite de passage — naissance, initiation, mariage, mort — ce conflit créateur est continuellement réactualisé. Tout n'est, d'ailleurs, qu'imitation des modèles exemplaires et répétition des événements narrés dans le mythe cosmogonique. Le village aussi bien que la maison représentent l'Univers et sont censés se trouver au Centre du Monde. La maison exemplaire est une *imago mundi* : elle est bâtie sur l'échine du Serpent aquatique, son toit escarpé symbolise la Montagne, siège de Mahatala, et une ombrelle représente l'Arbre de Vie, dans les branches duquel on aperçoit les deux oiseaux mythiques.

Dans la cérémonie du mariage, par exemple, le couple retourne aux temps originels. Ce retour est

1. Hans Schärer, *Ngaju Religion*, p. 34.

signifié par une réplique de l'Arbre de Vie que les jeunes époux embrassent. Selon les informateurs de Schärer, embrasser l'Arbre de Vie indique qu'on se fond en lui. « Le mariage, écrit Schärer, est la réitération de la cosmogonie et la répétition de la naissance du premier couple de l'Arbre de Vie[1]. » Toute naissance est également rapportée aux temps primordiaux. La chambre de l'accouchement est symboliquement située dans les eaux originelles. De même, la chambre où l'on confine les jeunes filles pendant la cérémonie de l'initiation est censée se trouver dans l'Océan primordial. La jeune fille descend dans le Monde inférieur et assume la forme du Serpent aquatique. Elle revient sur la Terre comme une autre personne, et commence une nouvelle vie aussi bien du point de vue religieux que social[2]. La mort aussi est conçue comme le passage à une vie nouvelle, plus riche et plus *vraie*. Le trépassé rebrousse chemin vers le temps mythique originel, et ce voyage mystique est indiqué par la forme et la décoration du cercueil : celui-ci est une barque qui représente le Serpent aquatique mais aussi l'Arbre de Vie, la Montagne primordiale et la divinité totale. Autrement dit, le mort remonte vers la totalité divine qui seule existait au commencement.

A l'occasion de chaque crise décisive et à chaque rite de passage, l'homme reprend le drame du Monde *ab initio*. L'opération est effectuée en deux temps : le retour à la totalité divine, indistincte et primordiale, et la répétition de la cosmogonie, c'est-à-dire de l'éclatement de l'unité primitive. La même opération se répète pendant la fête collective annuelle. Schärer souligne que la fin de l'année représente la fin d'une ère et d'un

1. *Ibid.*, p. 85.
2. *Ibid.*, p. 87.

monde [1], et que les cérémonies qui l'accompagnent traduisent nettement leur finalité : le retour au temps d'avant la Création, celui de la totalité vivante et sacrée, figurée par le Serpent aquatique ou par l'Arbre de Vie. En effet, pendant cette période sacrée entre toutes qu'on appelle *helat myelo*, « le temps entre les années », une réplique de l'Arbre de Vie est dressée au milieu du village, et la population retourne à l'époque précosmogonique. C'est pour cette raison que les lois et les interdits sont suspendus, car le Monde a cessé d'être et, en attendant qu'il soit créé de nouveau, la communauté vit auprès de la divinité, plus exactement *dans* la totalité divine originelle. Le caractère orgiastique de cet intervalle « entre les années » ne doit pas nous dissimuler sa sacralité. Ainsi que s'exprime Schärer, il ne s'agit pas « de désordre mais d'un autre ordre [2] ». Pendant cette période sacrée on revient à une unité et à une totalité à la fois cosmiques, divines, sociales et sexuelles. L'orgie ne fait qu'obéir au commandement divin, et ceux qui y participent retrouvent en eux-mêmes la divinité. On sait que dans nombre d'autres religions, primitives aussi bien qu'historiques, l'orgie périodique est considérée comme le moyen par excellence d'accomplir la parfaite totalité. Et cette totalité sera le point de départ d'une nouvelle création — chez les Dayaks comme chez les Mésopotamiens.

1. *Ibid.*, p. 94 sq.
2. *Ibid.*, p. 97.

Primordialité et totalité.

Ce résumé, si bref qu'il soit, nous a fait toucher le rôle central du mythe cosmogonique dans une société archaïque encore non acculturée. Le mythe révèle la pensée religieuse des Dayaks dans toute sa profondeur et sa complexité. Comme on vient de le voir, la vie individuelle et collective a une structure cosmologique : toute vie constitue un cycle, dont le modèle est la création, destruction et re-création perpétuelle du Monde. Une telle conception n'est pas limitée aux Dayaks et aux autres peuples du même type de culture : ce que nous révèle le mythe dayak dépasse considérablement ses frontières ethnographiques. Or, on est frappé par l'extrême importance accordée à la *totalité primordiale*. On pourrait presque dire que les Dayaks sont obsédés par ces deux aspects du sacré : la *primordialité* et la *totalité*. Cela n'implique nullement qu'ils dévalorisent l'œuvre de la création. Il n'y a rien du pessimisme indien ou gnostique dans la conception dayake du Cosmos et de la Vie. Le monde est bon et significatif, puisqu'il est sacré, puisqu'il est né de l'Arbre de Vie, donc de la divinité elle-même. Mais seule la totalité divine primordiale est parfaite. Si le Cosmos doit être périodiquement aboli et recréé, ce n'est pas parce que la première création a échoué, c'est parce que l'état d'avant la Création représente une plénitude et une béatitude inaccessibles dans le monde créé. D'autre part, le mythe souligne la nécessité de la création : de l'éclatement de l'unité primitive. La perfection originelle s'en trouve périodiquement réintégrée, mais elle est toujours provisoire. Le mythe dayak proclame qu'on ne peut plus abolir *définitivement* la Création et tout ce qu'elle a rendu possible :

existence humaine, société, culture. En d'autres termes, il y a eu une « histoire sacrée », et celle-ci doit être perpétuée par répétition périodique. Impossible de figer le réel dans sa modalité germinale, tel qu'il se trouvait dans la totalité divine primordiale.

C'est cette valorisation positive de l' « histoire sacrée », base et modèle de toute histoire humaine, qui est significative. On la retrouve d'ailleurs dans nombre d'autres mythologies du Proche-Orient antique et de l'Asie. En examinant une mythologie dans sa totalité, on découvre du même coup le jugement de la population en question sur sa propre « histoire sacrée ». Il y a toujours une succession cohérente d'événements primordiaux, mais chaque peuple « juge » ces événements, en soulignant l'importance de certains d'entre eux, et en en rejetant d'autres à l'arrière-plan, ou même, en les négligeant. Si l'on examine le contexte de ce qu'on pourrait appeler le mythe de l'éloignement du Dieu créateur, et sa transformation progressive en un *deus otiosus*, on observe toujours le même processus, impliquant un jugement analogue : parmi les événements créateurs primordiaux, on choisit ceux qui sont essentiels à la vie humaine, et on néglige les autres. En d'autres termes, on accepte l'*histoire sacrée*, qui représente néanmoins une *histoire*, une suite cohérente d'événements, et on se contente de garder une certaine nostalgie de ce qui existait *avant* cette histoire : de la présence majestueuse et solitaire du Dieu créateur. Lorsqu'on se rappelle encore ce Dieu, on sait qu'il a créé le Monde et l'homme, c'est à peu près tout. Ce Dieu suprême semble avoir épuisé son rôle en achevant l'œuvre de la Création. Il ne reçoit presque pas de culte, ses mythes sont peu nombreux et dépourvus d'éléments dramatiques, et lorsque ce Dieu n'est pas complètement oublié, on ne l'invoque que dans la détresse extrême, après que les autres figures divines se sont révélées impuissantes.

Le « Grand Père » et les Ancêtres mythiques.

Cette leçon des mythes primitifs est particulièrement instructive : elle nous montre que l'homme s'est « incarné » de plus en plus, en se tournant vers les divinités de la vie et la fécondité. Elle nous montre d'autre part que l'homme archaïque assume déjà, à sa manière, une « histoire » dont il est à la fois le centre et la victime. Ce qui s'est passé à l'époque de ses ancêtres mythiques a pris, pour lui, plus d'importance que ce qui est arrivé avant leur apparition. On pourrait illustrer ce processus par d'innombrables exemples, et nous-même l'avons fait dans plusieurs travaux[1]. Mais nous voudrions nous arrêter aujourd'hui sur une population qui jouit d'une vogue immense depuis plus d'un demi-siècle parmi les anthropologues, les sociologues et les psychologues. Il s'agit, on l'a deviné, des tribus Aranda de l'Australie centrale. Nous puisons principalement dans les informations de T.G.H. Strehlow[2], le fils du célèbre missionnaire Carl Strehlow dont les écrits donnèrent lieu à tant de controverses au temps de Durkheim. Nous estimons avoir choisi la meilleure

1. Cf. *Aspects du Mythe*, chap. VI.
2. En premier lieu, *Aranda Traditions* (Melbourne, 1947) et son article récent « Personal Monototemism in a Polytotemic Community » (*Festschrift für Ad. E. Jensen, München*, 1964, p. 723-754) ; cf. aussi « La gémellité de l'âme humaine » (*La Tour Saint-Jacques*, Paris, 1957, nᵒˢ 11-12, p. 14-23). Voir M. Eliade, « Australian Religions », Part II (*History of Religions*, VI, 196, p. 208-235), spécialement p. 209 sq.

autorité en vie, puisque l'aranda a été la première langue parlée par T.G.H. Strehlow, et que, depuis quarante ans, il n'a pas cessé d'étudier ces populations.

Selon les Aranda, le Ciel et la Terre ont toujours existé et ont toujours été habités par des Etres Surnaturels. Au Ciel se trouve un personnage à pied d'émeu, ayant femme et enfants à pied d'émeu : c'est le Grand Père appelé également l'Eternel Jeune (*altjira nditja*). Ces Etres vivent dans un pays perpétuellement vert, plein de fleurs et de fruits, traversé par la Voie Lactée. Ils sont tous éternellement jeunes, le Grand Père ne se distinguant pas de ses enfants, et ils sont immortels comme les étoiles, car la mort n'a pas réussi à pénétrer chez eux.

Strehlow estime à juste titre qu'il est impossible de considérer ce Grand Père à pied d'émeu comme un Etre Suprême comparable à certains dieux célestes de l'Australie du Sud-Est. En effet, il n'a créé ou formé ni le Ciel et la Terre, ni les plantes, les animaux et les ancêtres totémiques, et il n'a inspiré ou contrôlé aucune des activités de ces ancêtres. Le Grand Père et les autres habitants du Ciel ne se sont jamais intéressés à ce qui se passait sur la Terre. Les malfaiteurs ne craignent pas le Grand Père céleste, mais bien la colère des ancêtres totémiques et les punitions des autorités tribales. Car, nous le verrons dans un instant, tous les actes créateurs et significatifs ont été accomplis par les ancêtres totémiques issus de la terre. Il s'agit, en somme, de la transformation presque totale d'un Etre céleste en un *deus otiosus*. L'étape suivante ne pourrait être que son oubli définitif ; ce qui s'est passé probablement chez les voisins des Aranda occidentaux, où Strehlow n'a pas trouvé de croyances comparables.

Et pourtant, certains traits caractéristiques permettent de ranger parmi les Etres Suprêmes même ce

Grand Père éternellement jeune, indifférent, oisif et « transcendant ». Il y a, avant tout, son immortalité, sa jeunesse et son existence béatifique ; il y a ensuite son antériorité chronologique par rapport aux ancêtres totémiques, car il existait dans le Ciel longtemps avant que ces derniers n'aient émergé hors de la terre. Enfin, la valeur religieuse du Ciel est fréquemment proclamée dans les mythes ; par exemple, dans les mythes de certains héros qui ont conquis l'immortalité en montant au Ciel ; ou dans les traditions mythiques des arbres ou des escaliers qui, au commencement, reliaient la Terre au Ciel ; et surtout dans les croyances aranda selon lesquelles la mort est apparue parce que les communications entre la Terre et le Ciel avaient été brutalement interrompues. Strehlow rappelle les nombreuses traditions parlant d'une échelle qui reliait le Ciel à la Terre, et il décrit les sites où, d'après la légende, se dressaient des arbres géants grâce auxquels certains ancêtres réussirent à monter au Ciel. On retrouve des croyances similaires dans beaucoup de religions archaïques : les mythes racontent qu'après la rupture des communications entre la Terre et le Ciel, les dieux se sont retirés et sont devenus plus ou moins des *dii otiosi*. Depuis lors, seuls, quelques êtres privilégiés — héros, chamans, magiciens — arrivent encore à monter au Ciel. Nous ignorons si un mythe similaire existait chez les Aranda. Mais il est significatif que, en dépit de l'indifférence réciproque entre les Aranda et les Etres célestes, le prestige religieux du Ciel survit encore, et le souvenir de l'immortalité conquise par l'ascension au Ciel hante toujours les mémoires. On est tenté de lire dans ces fragments de mythes une certaine nostalgie d'une situation primordiale irrémédiablement perdue.

Quoi qu'il en soit, le *primordium* représenté par le

Grand Père céleste n'a plus de signification immédiate pour les Aranda. Au contraire, ces derniers semblent s'intéresser exclusivement à ce qui s'est passé de significatif *sur la Terre*. De significatif, c'est-à-dire de créateur ou, en notre terminologie, de « religieux ». Car les événements qui ont eu lieu dans les temps mythiques, dans le Temps du rêve, sont religieux en ce sens qu'ils constituent l'histoire paradigmatique que l'homme doit suivre et réitérer, afin d'assurer la permanence du Monde, de la vie et de la société.

Pendant qu'au Ciel le Grand Père et sa famille vivaient une sorte d'existence paradisiaque et sans responsabilités, il existait depuis toujours sur la surface de la Terre des masses amorphes, semi-embryonnaires, d'enfants non parvenus à maturité. Ils ne pouvaient se développer, mais ils ne vieillissaient ou ne mouraient pas non plus, car ni la vie ni la mort n'étaient encore connues. Ce n'est que *sous* la Terre que la vie existait déjà dans sa plénitude, sous la forme de milliers d'Etres Surnaturels, eux aussi incréés . (On les appelle, d'ailleurs, « nés de leur propre éternité ».) Ils se réveillèrent finalement de leur sommeil et percèrent la surface de la Terre. Les endroits où ils ont émergé restent imprégnés de vie et de puissance. Le Soleil est l'un de ces Etres ; lorsqu'il est apparu, la Terre a été baignée de lumière. Ces Etres Surnaturels revêtent des formes variées : quelques-uns sont apparus sous forme animale, d'autres sous la forme d'hommes et de femmes. Mais tous avaient un comportement commun : les thériomorphes se comportaient et pensaient comme des êtres humains ; les anthropomorphes pouvaient se changer à leur gré en une espèce particulière d'animal. Ces Etres Surnaturels, désignés habituellement par le terme « ancêtres totémiques », ont alors commencé à errer sur la Terre et à modifier le paysage, donnant à l'Australie centrale ses traits actuels. Ces travaux constituent à proprement parler une cosmogonie : les Ancêtres n'ont pas créé la Terre, mais ils ont donné une forme à une *materia prima*. Et l'anthropogonie répète la cosmogonie. Certains de ces Ancêtres totémiques ont assumé la fonction de Héros civilisateurs : ils ont coupé en tranches la masse proto-humaine et, par la suite, ils ont formé les hommes en tranchant les membranes qui unissaient doigts et orteils, en perçant les oreilles, les yeux et la bouche. Ils leur ont ensuite enseigné l'art de faire le feu, de chasser et de se nourrir, et leur ont révélé les institutions religieuses et sociales.

A la suite de tous ces travaux, une extrême fatigue les a accablés, et ils ont disparu sous la terre ou se sont métamorphosés en rochers, en arbres ou en objets rituels. Les places où ils ont trouvé le repos, tout comme celles où ils étaient apparus, sont devenues des centres sacrés et sont connues sous le même nom. Cependant la disparition des Ancêtres, qui achève la période primordiale, n'est pas définitive : d'une part, bien que replongés dans leur sommeil initial sous la Terre, les Ancêtres veillent sur la conduite des humains ; d'autre part, ils se réincarnent perpétuelle-ment ; en effet, ce que Strehlow appelle l' « âme immortelle [1] » de chaque individu représente une par-ticule de la vie d'un Ancêtre.

Cette période fabuleuse où les Ancêtres vagabon-daient sur la Terre équivaut, pour les Aranda, à une époque paradisiaque. Non seulement ils s'imaginent la Terre, immédiatement après sa « formation », comme un Paradis, où le gibier se laissait facilement prendre,

1. Cf. « Personal Monototemism in a Polytotemic Community », p. 730.

où l'eau et les fruits abondaient, mais les Ancêtres vivaient une existence qui ignorait les inhibitions et les frustrations qui dominent toute communauté humaine organisée[1]. Le bien et le mal n'existaient pas encore, ni, par conséquent, les lois et les interdits qui règlent la vie des humains. Ce Paradis primordial hante encore les Aranda ; en un certain sens, on peut interpréter les brefs intervalles d'orgie rituelle, lorsque tous les interdits sont suspendus, comme un retour fulgurant à la liberté et à la béatitude des Ancêtres.

C'est donc cette primordialité terrestre et paradisiaque — qui constitue à la fois une histoire et une propédeutique — qui intéresse les Aranda. C'est dans ce temps mythique que l'homme est devenu ce qu'il est aujourd'hui, non seulement parce qu'il a été « formé » et instruit par les Ancêtres, mais surtout parce qu'il doit répéter tout ce que ces derniers ont fait *in illo tempore*. Les mythes révèlent cette histoire sacrée et créatrice. Plus encore : à travers l'initiation, chaque jeune Aranda apprend non seulement ce qui s'est passé *in principio*, mais découvre finalement qu'il était déjà là, qu'en quelque sorte il a participé à ces événements décisifs. En effet, son « âme éternelle » est une particule de la « Vie » de l'Ancêtre. L'initiation effectue une *anamnesis*. A la fin de la cérémonie, on fait savoir au novice que le héros des mythes qu'il vient d'apprendre était lui-même. On lui montre un objet sacré et bien gardé, et on lui dit : c'est ton propre corps ! — car cet objet représente le corps de l'Ancêtre. Cette dramatique mise à jour de l'identité entre l'Ancêtre éternel et l'individu qui l'incarne, peut être comparée au *tat tvam asi* des Upanishads. Il ne s'agit pas d'une croyance

1. *Ibid.*, p. 709. Cf. aussi *Aranda Traditions*, p. 36 sq. sur « L'Age d'Or » des Ancêtres totémiques.

exclusivement aranda : dans le Nord-Est de l'Australie, par exemple, lorsqu'un Unambal se dirige vers les cavernes où se trouvent les peintures des *wondjina* (ces Etres mythiques qui correspondent aux Ancêtres totémiques), il déclare : « Je vais maintenant me rafraîchir et me fortifier ; je vais me peindre de nouveau, afin que la pluie vienne [1] ! »

A la mort résultant de la rupture des communications entre Terre et Ciel, les Aranda ont répondu par une théorie de la transmigration, selon laquelle les Ancêtres — c'est-à-dire eux-mêmes — retournent perpétuellement à la vie. On distingue, donc, deux sortes de *primordialités* auxquelles correspondent deux nostalgies de type différent : 1. le *primordium* représenté par le Grand Père céleste et par l'immortalité sidérale inaccessible à l'humanité ordinaire ; et 2. l'époque fabuleuse des Ancêtres pendant laquelle la Vie en général et la vie humaine en particulier sont apparues. Et la nostalgie des Aranda évoque surtout le paradis terrestre représenté par ce deuxième *primordium*.

Deux types de primordialités.

Un processus similaire se retrouve dans d'autres religions, même les plus complexes ; qu'on se rappelle, par exemple, dans *Enuma elish*, la primordialité de Tiamat et le passage à l'époque, toujours primordiale, mais créatrice par excellence, représentée par la victoire de Marduk : la cosmogonie, l'anthropogonie et la fondation d'une nouvelle hiérarchie divine. Nous pouvons aussi comparer la primordialité d'Ouranos à

1. Cf. Mircea Eliade, « Australiaɩ Religions », Part. II, p. 227.

145

l'établissement de la suprématie de Zeus ; ou le passage du dieu céleste védique Dyaus, presque totalement oublié, à Varuna et, plus tard, à Indra, Shiva, Vishnu. Dans tous ces cas, il s'agit de la création d'un nouveau Monde, même lorsqu'il n'est pas question d'une « cosmogonie » proprement dite. Mais on trouve toujours l'émergence d'un nouveau monde religieux, en relation plus directe avec la condition humaine.

Ce qui est significatif dans cette substitution d'une primordialité « existentielle » à une primordialité plutôt « spéculative » est le fait que ce processus représente une incorporation plus radicale du *sacré* dans la *vie* et dans l'*existence humaine* en tant que telle. Il s'agit, d'ailleurs, d'un processus assez connu dans l'histoire des religions, et qui n'est pas complètement étranger à la tradition judéo-chrétienne. Nous avons peut-être en Boenhoeffer le dernier exemple de l'incorporation du sacré dans l'existence profane de l'homme historique, tout comme on pourrait reconnaître dans la plus récente théologie américaine dite de la « mort de Dieu » une autre variante, sécularisée, du mythe du *deus otiosus*.

On peut donc distinguer deux types de *primordialités* : 1. l'une précosmique, ahistorique, et 2. l'autre, cosmologique ou « historique ». Le mythe cosmogonique ouvre l'*histoire sainte* ; il est un *mythe historique*, bien que non pas dans le sens judéo-chrétien du terme, puisque ce « mythe historique » non seulement sert de modèle exemplaire, mais est périodiquement réactualisé. On distingue également deux sortes de *nostalgies religieuses* : 1. le désir de réintégrer la totalité primordiale d'avant la Création (type Dayak) et 2. le désir de récupérer l'époque primordiale qui commence immédiatement après la Création (type Aranda). Dans ce dernier cas, on pourrait dire qu'il s'agit d'une *nostalgie de l'histoire sainte* de la tribu. C'est avec ce *mythe de l'histoire sainte* — qui est encore vivant dans nombre de sociétés traditionnelles — que doit se confronter l'idée judéo-chrétienne de l'histoire.

1966.

VI

PARADIS ET UTOPIE :
GÉOGRAPHIE MYTHIQUE
ET ESCHATOLOGIE

La « vogue » du messianisme.

Depuis une dizaine d'années les ouvrages sur les divers millénarismes et les différentes formes d'Utopies ont considérablement augmenté. Il ne s'agit pas uniquement d'études sur les mouvements prophétiques et messianiques primitifs, dont les plus connus sont les « cargo-cults », — mais aussi de recherches sur les messianismes d'origine judéo-chrétienne, du début de notre ère à la Renaissance et à la Réforme, d'ouvrages sur les implications religieuses des découvertes géographiques et de la colonisation, principalement de la colonisation des deux Amériques ; enfin, ces toutes dernières années ont vu l'apparition de quelques livres de synthèse : des historiens, des sociologues, des philosophes ont essayé de comparer les différentes formes d'Utopies et de millénarismes, et de les articuler en vue d'une synthèse finale.

Il n'est pas question de présenter ici cette énorme biographie récente. Il nous suffit de rappeler les quelques livres de synthèse : celui de Norman Cohn sur la poursuite du millénium, les ouvrages de Lanternari, Guariglia et Mühlmann sur les millénarismes primitifs, les recherches d'Alphonse Dupront sur l'esprit des Croisades, les monographies de quelques érudits américains sur les implications eschatologiques de la colonisation[1].

L'intérêt des savants occidentaux pour les mouvements millénaristes et les Utopies est significatif ; on pourrait même dire qu'il constitue un des traits caractéristiques de la culture occidentale contemporaine. Les raisons de cet intérêt sont multiples. Il y a, tout d'abord, la curiosité suscitée par les cultes messianiques qui ont secoué les sociétés « primitives » dans les dernières décennies de l'époque coloniale. Il y a, ensuite, les recherches récentes sur l'importance des mouvements prophétiques dans l'Europe médiévale, en premier lieu du mouvement de Joachim de Flore et des Joachimistes dans l'Europe transalpine. Il y a, surtout, l'analyse rigoureuse des implications religieuses de la colonisation de l'Amérique ; car, comme nous le verrons plus loin, la découverte et la colonisation du Nouveau Monde ont eu lieu sous le signe de l'eschatologie.

Or, poursuivre des recherches pareilles, poser de tels problèmes, trahit une orientation de pensée qui nous en dit long sur la situation spirituelle de l'homme

1. Cf. Norman Cohn, *The Pursuit of the Millenium* (second edition, New York, 1961) ; Vittorio Lanternari, *Movimenti religiosi di libertà e di salvezza dei popoli oppressi* (Milano, 1960) ; Guglielmo Guariglia, *Prophetismus und Heilserwartungsbewegungen als völkerkundliches und religionsgeschichtliches Problem* (Horn, 1959, publié 1960) ; Wilhelm E. Mühlmann, *Chiliasmus und Nativismus* (Berlin, 1961) ; cf. aussi *Millenial Dreams in Action*, edited by Sylvia L. Thrupp (The Hague, 1962) ; Alphonse Dupront, « Croisade et eschatologie » (*Umanesimo e Esoterismo, a cura di Enrico Castelli*, Padova, 1960, p. 175-198). Sur les implications eschatologiques de la colonisation de l'Amérique, cf. les ouvrages de H. Richard Niebuhr, Charles L. Sanford et George H. Williams cités plus loin.

occidental contemporain. Remarquons tout d'abord que, à la différence des systèmes d'explication déterministe de l'histoire, on reconnaît maintenant l'importance du facteur religieux, surtout l'importance des mouvements de tension et de frénésie, les mouvements prophétiques, eschatologiques, millénaristes. Mais il y a quelque chose de plus et, à mon avis, d'encore plus significatif : l'intérêt pour les *origines* du monde occidental *récent* — c'est-à-dire pour les origines des Etats-Unis et des nations de l'Amérique latine — trahit, chez les intellectuels de ce continent, le désir de revenir en arrière et de retrouver leur *histoire primordiale*, leurs « commencements absolus ». Or, ce désir d'un retour aux origines, d'un recouvrement d'une situation primordiale, dénote également le désir de recommencer l'histoire, la nostalgie de revivre la béatitude et l'exaltation créatrice des « commencements » ; bref, la nostalgie du Paradis terrestre, à la recherche duquel les ancêtres des nations américaines avaient traversé l'Atlantique. (En effet, on n'a jamais publié, sur la colonisation des Amériques, autant de livres portant des titres contenant le mot « paradis ». Je relève parmi les ouvrages publiés durant ces dernières années : *Visão do Paraíso : os motivos edênicos no descobrimento e colonização do Brasil*, Rio de Janeiro, 1959, par Sergio Buarque de Hollanda ; *The Quest for Paradise*, 1961, par Charles L. Sanford ; *Wilderness and Paradise in Christian Thought*, 1962, par George H. Williams, avec ce sous-titre : « From the Garden of Eden and the Sinai desert to the American frontier ».)

Tout ceci trahit le désir de recouvrer les origines religieuses, donc une histoire primordiale, des Etats transatlantiques récents. Mais la signification de ce phénomène est encore plus complexe. On peut déceler aussi le désir d'un renouvellement des structures et des

151

valeurs anciennes, l'attente d'une *renovatio* radicale — tout comme on peut déchiffrer dans les dernières expériences artistiques non seulement la volonté de détruire tout langage déjà usé par l'histoire, mais aussi l'espoir de recommencer l'expérience artistique *ab initio*.

Pour revenir à notre thème — Paradis et Utopie —, j'ai choisi, pour l'illustrer, deux séries d'exemples. Je me propose d'abord de montrer les éléments à la fois eschatologiques et paradisiaques de la colonisation de l'Amérique du Nord par les pionniers, et la transformation progressive du « Paradis américain », donnant naissance au mythe du progrès indéfini, à l'optimisme américain et au culte de la jeunesse et de la nouveauté. Je m'occuperai ensuite d'une tribu brésilienne, les Tupi-Guaranis, qui, au moment de la découverte de l'Amérique du Sud, était déjà partie à la recherche du paradis au-delà de l'océan Atlantique — et dont certains groupes continuent à le chercher de nos jours.

La quête du Paradis terrestre.

Christophe Colomb ne doutait pas qu'il s'était approché du Paradis terrestre. Il croyait que les courants d'eau fraîche rencontrés dans le golfe de Paria avaient leur source dans les quatre rivières qui arrosaient le jardin d'Eden. Pour Colomb, la recherche du Paradis terrestre n'était pas une chimère. Le grand navigateur accordait une signification eschatologique à ses découvertes géographiques. Le Nouveau Monde représentait plus qu'un nouveau continent ouvert à la propagation de l'Evangile. Le fait même de sa découverte avait une portée eschatologique.

En effet, Colomb était persuadé que la prophétie

concernant la diffusion de l'Evangile sur toute la terre devait être réalisée avant la fin du monde. Or, celle-ci n'était pas lointaine. Dans son *Livre des Prophéties*, Colomb affirmait que cet événement — c'est-à-dire la fin du monde — serait précédé par la conquête du nouveau continent, la conversion des païens et la destruction de l'Antéchrist. Et il assumait un rôle capital dans ce drame grandiose à la fois historique et cosmique. En s'adressant au Prince Jean il s'écrie : « Dieu m'a fait le messager d'un nouveau ciel et d'une nouvelle terre, dont Il avait parlé dans l'Apocalypse de saint Jean, après avoir parlé par la bouche d'Esaïe, et Il m'a montré le lieu où le trouver[1]. »

C'est dans cette atmosphère messianique et apocalyptique que se sont effectuées les expéditions transocéaniques et les découvertes géographiques qui ont bouleversé et transformé radicalement l'Europe occidentale. Partout en Europe on croyait à une régénération imminente du monde, bien que les causes et les raisons de cette régénération aient été multiples et parfois contradictoires.

La colonisation des deux Amériques a débuté sous un signe eschatologique : on croyait que les temps étaient venus de renouveler le monde chrétien, et le vrai renouveau était le retour au Paradis terrestre ou, tout au moins, le recommencement de l'Histoire sacrée, la réitération des événements prodigieux dont parlait la Bible. C'est pour cette raison que la littérature de l'époque, aussi bien que les sermons, les mémoires, les correspondances, abondent en allusions paradisiaques et eschatologiques. Aux yeux des Anglais, par exemple, la colonisation de l'Amérique ne faisait que prolonger et parfaire une Histoire sacrée

1. Charles L. Sanford, *The Quest for Paradise* (Urbana, 1961), p. 40.

commencée aux premiers temps de la Réforme. En effet, la poussée des pionniers vers l'ouest continuait la marche triomphale de la Sagesse et de la vraie Religion de l'orient à l'occident. Depuis quelque temps déjà, les théologiens protestants étaient enclins à assimiler l'Ouest au progrès moral et spirituel. Certains théologiens avaient transféré l'Arche d'Alliance d'Abraham aux Anglais. Comme l'écrivait le théologien anglican William Crashaw, « le Dieu d'Israël est... le Dieu d'Angleterre ». En 1583, Sir Humphrey Gilbert assure que si l'Angleterre a pris possession « des territoires vastes et plaisants », c'est sans doute grâce au fait que la parole de Dieu, c'est-à-dire la religion, qui était partie de l'Est, s'est graduellement avancée vers l'Ouest, où, ajoute-t-il, « il est très probable qu'elle s'arrêtera ».

Symbolisme solaire.

Il s'agit d'un motif assez fréquent dans la littérature anglaise de l'époque. Le théologien Thomas Burnet, dans son *Archaeologiae* (1692), écrivait : « Tout comme le soleil, la science prend son cours à l'Est, et ensuite tourne vers l'Ouest, où nous nous réjouissons déjà depuis longtemps dans sa lumière. » Et l'évêque Berkeley, dans son fameux poème qui s'ouvre par ces lignes : « Westward the course of empire takes its way... », reprend l'analogie solaire pour exalter le rôle spirituel de l'Angleterre [1].

D'ailleurs, Berkeley ne faisait que se conformer à une

1. Voir les textes cités par Sanford, *op. cit.*, p. 52 sq. Cf. aussi George H. Williams, *Wilderness and Paradise in Christian Thought* (New York, 1962), p. 65 sq.

tradition européenne vieille déjà de plus de deux siècles. En effet, l'hermétisme égyptien et le symbolisme solaire, remis en vedette par Marsile Ficin et les humanistes italiens, avaient connu une vogue extraordinaire après les découvertes de Copernic et de Galilée ; découvertes qui, pour les contemporains, illustraient en premier lieu le triomphe du soleil et de l'héliocentrisme. Des recherches récentes ont dégagé les implications religieuses, la plupart du temps cachées ou camouflées, de l'astronomie et de la cosmographie de la Renaissance. Pour les contemporains de Copernic et de Galilée, l'héliocentrisme était plus qu'une théorie scientifique : il marquait la victoire du symbolisme solaire contre la science du Moyen Age, c'est-à-dire, la revanche de la tradition hermétique — que l'on considérait comme vénérable et primordiale, précédant Moïse, Orphée, Zoroastre, Pythagore et Platon — contre le provincialisme de l'Eglise médiévale.

Le thème du symbolisme solaire dans la Renaissance est trop complexe pour que je puisse l'aborder ici. Mais il nous a fallu cette brève allusion pour comprendre l'insistance avec laquelle les analogies solaires reviennent sous la plume des auteurs qui exaltent la signification religieuse de la colonisation du Nouveau Monde. Les premiers Anglais installés en Amérique se considéraient comme choisis par la Providence pour établir une « Cité sur la Colline » qui servirait d'exemple de la vraie Réforme pour toute l'Europe. Ils avaient suivi la route du soleil vers l'Extrême-Occident, en continuant et en prolongeant d'une manière prodigieuse le passage traditionnel de la religion et de la culture de l'Orient à l'Occident. Ils voyaient un signe de la Providence divine dans le fait que l'Amérique avait été cachée aux Européens jusqu'aux temps de la Réforme. Les premiers pionniers ne doutaient pas que le drame final de la régénérescence morale et du salut universel commencerait avec eux, puisque c'était eux qui, les premiers, avaient suivi le soleil dans sa course vers les jardins paradisiaques de l'Ouest. Comme l'écrivait le poète anglican George Herbert dans son *Church Militant* :

> *Religion stands tip-toe in our land,*
> *Ready to pass to the American strand*[1].

(La religion se tient sur la pointe des pieds dans notre
   pays,
Prête à passer sur le rivage américain.)

Et ce rivage américain, nous l'avons déjà vu et le verrons continuellement par la suite, était chargé de traits paradisiaques. Ulrich Hugwald avait prophétisé que, à la suite de la découverte de l'Amérique, l'humanité retournerait « au Christ, à la Nature, au Paradis ».

Plus que toute autre nation moderne, les Etats-Unis ont été le produit de la Réforme protestante cherchant un Paradis terrestre dans lequel on espérait parfaire la réforme de l'Eglise[2]. Les rapports entre la Réforme et le recouvrement du Paradis terrestre ont été sentis par un très grand nombre d'auteurs, depuis Heinrich Bullinger jusqu'à Charles Dumoulin. Pour ces théologiens, la Réforme hâtait l'avènement du grand jour de la béatitude paradisiaque. Il est significatif que ce thème millénariste ait connu sa plus grande popularité juste avant la colonisation de l'Amérique et la révolu-

---

1. Cité par Sanford, *op. cit.*, p. 53.
2. Sanford, *ibid.*, p. 74. Cf. aussi George H. Williams, *Wilderness and Paradise*, p. 99 sq.; H. Richard Niebuhr, *The Kingdom of God in America* (New York, 1937).

tion de Cromwell. Il n'est donc pas surprenant de constater que la doctrine religieuse la plus populaire dans les colonies était que l'Amérique avait été choisie parmi toutes les nations de la terre comme le lieu de la seconde venue du Christ, et que le millénium, bien qu'essentiellement de nature spirituelle, serait accompagné d'une transformation paradisiaque de la terre, comme un symbole extérieur de la perfection intérieure. Comme l'écrivait l'éminent puritain américain, Increase Mather, Recteur de l'Université de Harvard de 1685 à 1701 : « Lorsque ce Royaume du Christ remplira toute la terre, *cette terre* sera restaurée dans son état paradisiaque [1]. »

Le Paradis américain.

D'ailleurs, certains pionniers voyaient déjà le paradis dans différentes régions de l'Amérique. Voyageant le long de la côte de la Nouvelle-Angleterre, en 1614, John Smith la compare à l'Eden : « Le ciel et la terre ne se sont jamais mieux accordés en vue de former une habitation pour l'homme... Nous sommes arrivés par hasard dans un pays tel que Dieu le fit. » George Alsop présente le Maryland comme le seul endroit qui semble être le « Paradis terrestre ». Ses arbres, ses plantes, ses fruits, ses fleurs, écrit-il, parlent en « hiéroglyphes de notre situation primitive, adamique ». Un autre écrivain découvre le « futur Eden » en Georgie, — une région qui se trouve sur la même latitude que la Palestine : « ce Canaan promis, qui a été désigné par le propre choix de Dieu pour bénir les labeurs d'un peuple favori ». Pour Edward Johnson, le Massachu-

1. Increase Mather, *Discourse on Prayer*, cité par Sanford, p. 83.

setts est le lieu « où le Seigneur va créer un nouveau ciel et une nouvelle terre ». A son tour, le puritain de Boston John Cotton informe ceux qui se préparent à s'embarquer d'Angleterre pour le Massachusetts qu'ils ont un privilège du Ciel, grâce « à la charte sacrée donnée à Adam et à sa postérité au paradis[1] ».

Mais ceci ne reflète qu'un aspect de l'expérience millénariste des pionniers. Pour beaucoup d'autres immigrants, le Nouveau Monde se révélait comme un désert hanté par des êtres démoniaques. Ce qui d'ailleurs ne diminuait pas leur exaltation eschatologique, car, dans les sermons, on leur répétait que les misères présentes n'étaient qu'une épreuve morale et spirituelle, avant d'atteindre le Paradis terrestre qui leur avait été promis[2]. Les pionniers se considéraient comme étant dans la situation des Israélites après le passage de la mer Rouge, tout comme, à leurs yeux, leur condition en Angleterre et en Europe avait été une sorte d'esclavage égyptien. Après l'épreuve terrible du désert, ils entreront en Canaan. Comme l'écrivait Cotton Mather, « le désert que nous traversons pour atteindre la Terre promise est plein de serpents volants de feu[3] ».

Mais, par la suite, une nouvelle idée se fait jour : la Nouvelle Jérusalem sera en partie le produit du travail. Jonathan Edwards (1703-1758) pensait que par le travail on transformerait la Nouvelle-Angleterre en une sorte de « paradis sur terre ». On voit comment le millénarisme des pionniers aboutit graduellement à l'idée du progrès. Dans une première étape, on mettait

1. Textes reproduits par Sanford, *op. cit.*, p. 83-85.
2. Cf. George H. Williams, *Wilderness and Paradise*, p. 101 sq., 108 sq.
3. Sanford, *op. cit.*, p. 87. Cf. aussi Williams, *op. cit.*, p. 108.

le paradis en rapport avec les possibilités terrestres accessibles dans le Nouveau Monde. Durant l'étape suivante, on diminuait la tension eschatologique en omettant la période de décadence et de misère qui devait précéder les « Derniers Jours », et en arrivant finalement à l'idée d'une amélioration progressive et ininterrompue[1].

Mais, avant de se cristalliser dans l'idée américaine du progrès, le millénarisme des pionniers a subi d'autres transformations. La première crise importante dans cette eschatologie puritaine a été provoquée par la lutte entre les puissances européennes pour l'Empire colonial. Rome et les nations catholiques ont été assimilées à l'Antéchrist — de la destruction duquel dépendait l'avènement du Royaume futur. A un certain moment, la littérature anglaise coloniale était dominée par un seul thème : l'invasion de l'Amérique par l'Antéchrist, qui menaçait de ruiner l'espoir d'un triomphe glorieux du Christ. Pour John Winthrop, le premier devoir de la Nouvelle-Angleterre était d' « élever un rempart contre le royaume de l'Antéchrist que les jésuites sont en train d'installer dans ces régions ». D'autres auteurs affirmaient que le Nouveau Monde était un vrai paradis avant l'arrivée des catholiques.

Evidemment, la rivalité entre les puissances européennes pour la maîtrise de l'Empire transatlantique était en grande partie d'ordre économique, mais elle était exacerbée par une eschatologie presque manichéenne : tout semblait se réduire à un conflit entre le Bien et le Mal. Les auteurs coloniaux parlaient de la menace que les Français et les Espagnols faisaient planer sur les colonies anglaises comme d'une « nouvelle hiérarchie babylonienne », ou « d'un esclavage

1. Sanford, *op. cit.*, p. 86.

égyptien ». Les Français et les Espagnols étaient des tyrans, esclaves de l'Antéchrist. L'Europe catholique était présentée comme un monde déchu, un Enfer, contrastant avec le Paradis du Nouveau Monde. On disait : « Le Ciel ou l'Europe », en comprenant « Le Ciel ou l'Enfer ». Les épreuves subies par les pionniers dans le désert de l'Amérique avaient comme objectif principal la rédemption de l'homme des péchés charnels du Vieux Monde païen [1].

Retour au christianisme primitif.

Tant que le conflit entre le Bien et le Mal s'incarna, aux yeux des pionniers, dans la lutte entre protestantisme et catholicisme, l'Angleterre resta à l'abri des attaques. Mais après 1640, la tension commença à monter entre les colons et la Mère patrie. Pour les perfectionnistes des colonies, la Réforme anglaise est une Réforme imparfaite. Pire encore : les pratiques religieuses en usage en Angleterre sont considérées comme étant l'œuvre de l'Antéchrist. Dans l'imagerie apocalyptique coloniale, l'Angleterre prend la place de Rome. Conséquence immédiate de cette substitution, les pionniers — en tant que peuple élu — commencent à juger leur mission dans le désert, non seulement comme la continuation d'une activité religieuse traditionnelle, mais comme quelque chose de tout à fait nouveau. Dans l'attente de renaître loin de l'Enfer européen, les pionniers considèrent qu'ils sont sur le point d'inaugurer l'étape finale de l'Histoire. En 1647, John Eliot, l'apôtre des Indiens,

---

1. Sanford, *ibid.*, p. 89 sq.

annonce « l'aurore, sinon le lever du Soleil de l'Evangile dans la Nouvelle-Angleterre[1] ».

Un tel langage indique une rupture en profondeur avec le passé européen. Et il faut préciser que cette rupture était déjà consommée longtemps avant la révolution et l'indépendance américaine. En 1646, la Nouvelle-Angleterre se considérait comme un Etat libre et non pas comme une « colonie ou corporation de l'Angleterre ». Les raisons de cette prise de conscience de l'autonomie étaient en premier lieu religieuses. Cotton Mather attendait dans la Nouvelle-Angleterre le retour aux premiers temps du christianisme. « Bref, écrivait-il, le premier âge était l'Age d'Or ; pour revenir à cet âge-là, l'homme doit devenir protestant, et je peux ajouter, puritain. » Ce retour à l'Age d'Or du christianisme primitif devait transfigurer la terre. Comme l'affirmait Increase Mather, la restauration de l'Eglise primitive devait transformer la terre en paradis[2].

La rupture avec l'Angleterre et avec le passé européen s'aggravait dans la mesure où les pionniers croyaient préparer le millénium au moyen du retour aux vertus de l'Eglise primitive. Pour les puritains, la principale vertu chrétienne était la simplicité. Par contre, l'intelligence, la culture, l'érudition, la politesse, le luxe étaient la création du Diable. John Cotton écrivait : « Plus vous êtes cultivé et intelligent, plus vous êtes prêt à travailler pour Satan. » On voit déjà s'articuler le complexe de supériorité caractéristique des pionniers et des missionnaires de la Frontière. Ce retour au christianisme primitif qui devait restaurer le paradis sur la terre, impliquait aussi bien le mépris de

1. Cf. Sanford, *op. cit.*, p. 96 sq.
2. Textes reproduits par Sanford, p. 104.

l'érudition des jésuites que la critique de l'aristocratie anglaise, cultivée, élégante, sophistiquée, habituée au pouvoir et à l'autorité. L'extravagance ou le luxe vestimentaire était devenu le péché par excellence du « gentleman ». Dans son livre *Simple Cobbler of Agga-wam* (1647), Nathanael Ward opposait la vie simple et la supériorité morale des colons aux mœurs corrompues de l'Angleterre et tirait de ce contraste la preuve du progrès vers l'état paradisiaque de l'Eglise primitive [1].

Les pionniers proclamaient leur supériorité morale sur les Anglais, tout en se reconnaissant inférieurs en ce qui concernait les vêtements et la culture. Selon Charles L. Sanford, c'est dans l'activité des missionnaires de la Frontière qu'on doit chercher l'origine du complexe de supériorité américain, qui se manifeste aussi bien dans la politique étrangère que dans l'effort enthousiaste de diffuser l' « American way of life » sur la planète entière [2]. Tout un symbolisme religieux a fleuri autour de la Frontière, et a prolongé jusqu'au XIXe siècle l'eschatologie des pionniers. Les grandes forêts, la solitude des plaines infinies, la béatitude de la vie rurale sont opposées aux vices et aux péchés des villes. Une nouvelle idée se fait maintenant jour : le paradis américain a été infesté par des forces démoniaques venues de l'Europe urbaine. La critique de l'aristocratie, du luxe et de la culture se résume maintenant dans la critique des villes et de la vie urbaine. Les grands mouvements religieux « revivalistes » ont commencé sur la Frontière et n'ont touché les villes que plus tard. Et dans les villes mêmes, les « revivalismes » étaient plus populaires parmi les pauvres que parmi la

---

1. Sanford, *op. cit.*, p. 105 sq.
2. *Ibid.*, p. 93 sq.

population riche et éduquée. L'idée fondamentale était que le déclin de la religion avait été causé par les vices urbains, surtout l'ivresse et la luxure, propres à l'aristocratie de souche européenne. Car, évidemment, l'enfer était — et est resté longtemps — « the way of Europe [1] ».

Les origines religieuses de l' « American way of life ».

Mais, comme nous l'avons déjà dit, le millénarisme eschatologique et l'attente du Paradis terrestre ont fini par être radicalement sécularisés. Le mythe du progrès et le culte de la nouveauté et de la jeunesse en sont les résultats les plus notables. Pourtant, même sous leur forme drastiquement sécularisée, on devine l'enthousiasme religieux et l'attente eschatologique qui avaient exalté les ancêtres. Car, en somme, les premiers colons, aussi bien que les émigrés arrivés plus tard de l'Europe, se dirigeaient vers l'Amérique comme vers *le pays où ils pouvaient renaître*, et y recommencer une vie nouvelle. La « nouveauté » qui fascine de nos jours encore les Américains, est un désir à structure religieuse. Dans la « nouveauté » on espère en une renaissance, on attend une vie nouvelle. *New* England, *New* York, *New* Haven — tous ces noms n'expriment pas seulement la nostalgie du pays natal abandonné, mais surtout l'espoir que dans ces terres et ces villes nouvelles la vie est susceptible de révéler d'autres dimensions. Et non seulement la vie : tout, dans ce continent qui a été considéré comme le Paradis terrestre, doit être plus grand, plus beau, plus fort.

1. *ibid.*, p. 109 sq.

Dans la Nouvelle-Angleterre, qui était décrite comme « semblable au Jardin d'Eden », les perdrix étaient censées être si grasses qu'elles ne pouvaient plus voler, et les dindes étaient grosses comme des brebis[1]. Cette grandiosité américaine, elle aussi d'origine religieuse, est partagée même par les esprits les plus lucides.

L'espoir de re-naître à une vie nouvelle et l'attente d'un avenir, non seulement meilleur, mais béatifique, — se reconnaissent également dans le culte américain pour la jeunesse. Selon Charles L. Sanford, depuis l'industrialisation les Américains ont de plus en plus cherché leur innocence perdue dans leurs enfants. Le même auteur estime que l'exaltation pour la nouveauté, qui a suivi les pionniers vers le Far West, a fortifié l'individualisme contre l'autorité, mais a également contribué à cristalliser l'irrévérence américaine à l'égard de la tradition et de l'histoire[2].

Arrêtons ici ces quelques considérations sur la métamorphose de l'eschatologie millénariste des pionniers. On a vu comment, en partant à la recherche du Paradis terrestre transatlantique, les premiers explorateurs étaient conscients de ce qu'ils jouaient un rôle important dans l'histoire du Salut ; comment l'Amérique, après avoir été assimilée au Paradis terrestre, était devenue le lieu privilégié où les puritains devaient parfaire la Réforme censée avoir échoué en Europe ; comment les immigrants se considéraient comme des échappés de l'Enfer européen et attendaient une nouvelle naissance dans le Nouveau Monde. On a également vu jusqu'à quel

1. Textes cités par Sanford, p. 111.
2. Cf. Sanford, *op. cit.*, p. 112 sq.

point l'Amérique moderne est le résultat de ces espoirs messianiques, de cette confiance dans la possibilité d'obtenir le paradis ici-bas, sur terre, de cette foi dans la jeunesse et dans la simplicité de l'âme et de l'esprit.

On pourrait prolonger l'enquête et montrer que la longue résistance des élites américaines à l'industrialisation du pays et leur exaltation des vertus de l'agriculture s'expliquent par la même nostalgie du Paradis terrestre. Même lorsque l'urbanisation et l'industrialisation eurent triomphé partout, les images favorites et les clichés utilisés par les pionniers gardèrent leur prestige. Afin de prouver que l'urbanisation et l'industrialisation n'impliquaient pas nécessairement (comme en Europe!) le vice, la pauvreté et la dissolution des mœurs, les propriétaires des usines décuplèrent leur activité philanthropique, en élevant des églises, des écoles, des hôpitaux. On devait montrer à tout prix que la science, la technique, l'industrie, loin de menacer les valeurs spirituelles et religieuses, les font triompher. Un livre paru en 1842 portait comme titre *The Paradise within the Reach of All Men, by Power of Nature and Machinery.* Et on pourrait déceler la nostalgie du Paradis, le désir de retrouver la « Nature » auprès de laquelle ont vécu les ancêtres, dans la tendance contemporaine à quitter les métropoles et à se réfugier dans les « suburbia », quartiers paisibles et luxueux, qu'on s'efforce d'aménager en paysages paradisiaques.

Mais il n'est pas question ici de présenter une analyse de la métamorphose de l'idéal millénariste américain. Ce qu'il importe de souligner, à la suite de nombreux auteurs, c'est que la certitude d'avoir une mission eschatologique, notamment celle de retrouver la perfection du christianisme primitif et de restaurer le paradis sur la terre, n'est pas susceptible d'être facilement oubliée. Il est très probable que le comportement de l'Américain moyen de nos jours, aussi bien que l'idéologie politique et culturelle des Etats-Unis, reflètent encore les conséquences de la certitude des puritains d'avoir été appelés à restaurer le Paradis terrestre.

La nostalgie adamique des écrivains américains.

On peut percevoir une eschatologie semblable dans ce qu'on pourrait appeler la révolte contre le passé historique, révolte qui est abondamment illustrée par presque tous les écrivains américains importants des deux premiers tiers du XIXe siècle. Les éléments « paradisiaques » — tout au moins ceux d'origine judéo-chrétienne — sont déjà plus ou moins refoulés ; mais nous trouvons l'aspiration à un nouveau commencement, l'exaltation d'une innocence « adamique », d'une plénitude béatifique qui précède l'histoire. Dans son livre *The American Adam* (1955), R.W.B. Lewis a réuni un grand nombre de citations éclairant à merveille cette tendance et parmi lesquelles on n'a que l'embarras du choix. Dans « Earth's Holocaust », un conte fantastique composé en 1844, Nathaniel Hawthorne présente la vision d'un feu de joie cosmique qui détruit la pompe héraldique des anciennes familles aristocratiques, les robes et les sceptres de la royauté et autres symboles d'une vieille institution, ainsi, pour finir, que la totalité de la littérature et de la philosophie européennes. « Maintenant, déclare le principal officiant, nous allons nous délivrer du faix des pensées

166

des trépassés[1] ». Et, dans « The House of the Seven Gables » (1850), l'un des personnages, Holgrave, s'exclame : « Ne nous débarrasserons-nous donc jamais de ce passé ? Il gît sur le présent comme le cadavre d'un géant ! » Il se plaint de ce que « nous lisons les livres d'hommes morts, rions des plaisanteries d'hommes morts et pleurons aux émotions d'hommes morts ! » Par l'entremise de son porte-parole Holgrave, Hawthorne regrette que les édifices publics — « nos capitoles, palais du gouvernement, tribunaux, hôtels de ville et églises » — soient construits « de matériaux aussi durables que la pierre et la brique. Il vaudrait mieux qu'ils s'écroulent en ruines tous les vingt ans ou presque, de façon à inciter les gens à examiner et à réformer les institutions que ces édifices symbolisent » (Lewis, p. 18-19).

On trouve le même refus courroucé du passé historique chez Thoreau. Tous les objets, toutes les valeurs et tous les symboles associés au passé devraient être annihilés par le feu. « Je considère l'Angleterre d'aujourd'hui, écrit Thoreau, comme un vieux monsieur qui voyage avec une grande quantité de bagages, avec toute une pacotille qui s'est accumulée au cours d'une longue existence et qu'il n'a pas le courage de brûler » (*ibid.*, p. 21-22). Lewis montre combien l'image d'un Adam américain était tenace et à quel point était profonde la croyance en l'idée que l'humanité tenait, en Amérique, son unique chance de recommencer l'histoire à zéro.

La nostalgie adamique survit aussi, sous une forme

---

1. Cité par Lewis, *op. cit.*, p. 14. En 1789 déjà, Thomas Jefferson affirme solennellement dans une lettre écrite de Paris que « la terre appartient en usufruit aux vivants, que les morts n'ont sur elle ni pouvoir, ni droit » (cité dans *ibid.*, p. 16).

camouflée, chez beaucoup d'écrivains de l'époque. Thoreau illustre admirablement ce que peut signifier une « vie adamique ». Il considérait son bain matinal dans l'étang comme « un exercice religieux, et l'une des meilleures choses que je faisais » (*ibid.*, p. 22). Pour lui, c'était un rite de renaissance. L'amour des enfants avait également, chez Thoreau, un caractère « adamique » : « chaque enfant recommence le monde », écrivait-il, inconscient peut-être de la grande découverte qu'il faisait.

Une telle aspiration à l' « adamique », au primordial, reflète un type « archaïque » de mentalité, résistant à l'histoire et exaltant la sacralité de la vie et du corps. Whitman, qui s'intitule « Chantre de chants adamiques », déclare que l'arôme de son corps était « plus fin que la prière » et que sa tête était « plus qu'églises, bibles et toutes confessions de foi » (*ibid.*, p. 43). Lewis reconnaît, avec raison, un « narcissisme adamique » dans des proclamations quasi extatiques du genre de « Si je vénère une chose plus qu'une autre, ce sera l'étendue de mon propre corps », ou de « Je suis divin, au-dedans et au-dehors, et je me rends sacré quoi que je touche » — proclamations qui ne sont pas sans nous rappeler certains textes tantriques. Lewis retrouve aussi le thème paradigmatique chez Whitman : le passé est mort, c'est un cadavre mais, « selon Whitman, le passé avait été si efficacement consumé qu'il avait en fait été complètement oublié » (p. 44). Whitman et ses contemporains partageaient un espoir général que l'homme était né à nouveau dans une société nouvelle et que, comme le dit Lewis, « la race avait pris un nouveau départ en Amérique » (p. 45). Whitman exprime avec force et éclat cette obsession du primordial, du commencement absolu. Il aimait à « réciter Homère en marchant au bord de l'Océan » (*ibid.*, p. 44) — parce que Homère appartenait au *primordium*; il n'était pas un produit de l'histoire : il avait *fondé* la poésie européenne.

Mais la réaction contre cette nouvelle version du mythe paradisiaque ne tarde pas : le vieil Henry James, père de William et d'Henry affirme carrément que « le premier et le plus grand service qu'Eve rend à Adam est de le jeter hors du Paradis » (*ibid.*, p. 58). En d'autres termes, ce n'est qu'après avoir perdu le paradis que l'homme commence à devenir lui-même : disponible, ouvert à la culture, perfectible, donnant d'une manière créatrice un sens et une valeur à l'existence humaine, à la vie et au monde. Mais l'histoire de cette démystification de la nostalgie paradisiaque et adamique américaine nous entraînerait beaucoup trop loin du thème de notre discussion.

Les Guaranis à la recherche du Paradis perdu.

En 1912, l'ethnologue brésilien Curt Nimuendaju rencontra sur la côte, près de São Paulo, un groupe d'Indiens guaranis qui s'étaient arrêtés dans leur recherche du Paradis perdu. « Ils avaient dansé inlassablement pendant plusieurs jours avec l'espoir que leurs corps, rendus légers par le mouvement continuel, pourraient s'envoler vers le ciel jusqu'à la maison de " Notre Grande Mère " qui attend ses enfants à l'Est. Déçus, mais leur foi intacte, ils s'en retournèrent, convaincus qu'étant vêtus d'habits européens et nourris de nourriture européenne, ils étaient devenus trop lourds pour l'aventure céleste [1]. »

1. Alfred Métraux, « Les Messies de l'Amérique du Nord » (*Archives de Sociologie des Religions*, 4, 1957, p. 108-112), p. 109.

Cette recherche du Paradis perdu était la dernière d'une série de migrations entreprises par les Guaranis depuis bien des siècles. La première tentative pour trouver « le Pays aimé » est attestée en 1515[1]. Mais c'est surtout entre 1539 et 1549 qu'a eu lieu la grande migration d'un groupe tupinamba vers la terre du « Grand Ancêtre ». Partis de la région de Pernambuco, écrit Alfred Métraux, ces Indiens arrivèrent au Pérou, « où ils rencontrèrent certains conquistadores espagnols. Ces Indiens avaient traversé presque tout le continent sud-américain, à son endroit le plus large, à la recherche de la " Terre d'immortalité et de repos éternel ". Ils racontèrent aux Espagnols des contes étranges de cités à moitié imaginaires, remplies d'or, et leurs histoires, probablement teintées par leurs propres rêves, enflammèrent l'imagination des Espagnols et déterminèrent pour une large part la malencontreuse expédition de Pedro de Ursua, prétendu conquérant de l'Eldorado. Les Espagnols et les Indiens poursuivirent la même chimère, avec cette différence que les Indiens aspiraient à une félicité éternelle, tandis que les Espagnols désiraient acquérir, au prix de grandes souffrances, les moyens d'un bonheur transitoire[2]. »

Nimuendaju a rapporté une très riche documentation sur ces fabuleuses pérégrinations des tribus guaranis à la recherche de la « Terre-sans-mal ». Alfred Métraux et Egon Schaden ont par la suite complété et précisé nos informations[3]. La quête collective du

1. Egon Schaden, « Der Paradiesmythos im Leben der Guarani-Indianer » (*Staden-Jahrbuch*, 3, São Paulo, 1955, p. 151-162), p. 151.
2. Alfred Métraux, *op. cit.*, p. 109.
3. Curt Nimuendaju, « Die Sagen von der Erschaffung und Vernichtung der Welt als Grundlagen der Religion der Apapocuva-Guarani » (*Zeitschrift für Ethnologie*, 46, 1914, p. 284-403); Alfred Métraux,

paradis dure depuis quatre siècles et se range sans aucun doute parmi les phénomènes religieux les plus singuliers du Nouveau Monde. En effet, les mouvements décrits par Nimuendaju en 1912 continuent encore de nos jours ; mais une seule tribu guarani, les Mbüá, cherche toujours le paradis vers l'est ; les autres croient que le paradis se trouve au centre de la terre et au zénith [1].

Nous allons revenir sur les différentes localisations et topographies du paradis. Pour l'instant, signalons cette caractéristique de la religion de toutes les tribus tupi-guaranis : le rôle considérable joué par les chamans et les prophètes. Ce sont eux qui, à la suite de certains rêves ou visions, déclenchent et dirigent les expéditions vers le Pays-sans-Mal. Même dans les tribus qui ne sont pas rongées par la passion de la quête du paradis, les chamans réussissent à mettre

---

« Migrations historiques des Tupi-Guaranis » (*Journal de la Société des Américanistes*, N. S., 19, 1927, p. 1-45); *id.*, « The Guarani » (Bureau of American Ethnology, Bulletin 143 : *Handbook of South American Indians*, vol. III, 1948, p. 69-94; *id.*, « The Tupinamba » (*ibid.*, p. 95-133); Egon Schaden, « Der Paradiesmythos im Leben der Guarani-Indianer » (cf. note 21); *id.*, *Aspectos fundamentais da cultura guarani* (Universidade de São Paulo, Faculdade de Filosofia, Ciencias e Letras, Boletim n° 188, São Paulo, 1954, p. 185-204 : ch. X, *O mito do Paraíso na cultura e na vida guaram*); *id.*, « Der Paradiesmythos im Leben der Guarani-Indianer » (*XXXth International Congress of Americanists*, Cambridge, 1952, p. 179-186). Cf. aussi Maria Isaura Pereira de Queiroz, « L'influence du milieu social interne sur les mouvements messianiques brésiliens » (*Archives de Sociologie des Religions* 5, 1958, p. 3-30); Wolfgang H. Lindig, « Wanderungen der Tupi-Guarani und Eschatologie der Apapocuva-Guarani » (in : Wilhelm E. Mühlmann, *Chiliasmus und Nativismus*, Berlin, 1961, p. 19-40); René Ribeiro, « Brazilian Messianic Movements » (in : *Millennial Dreams in Action*, edited by Sylvia L. Thrupp, The Hague, 1962, p. 55-69).

1. Egon Schaden, *Der Paradiesmythos im Leben der Guarani-Indianer*, p. 152; *id.*, *Aspectos fundamentais*, p. 186.

toute la collectivité en ébullition dès qu'ils font état, dans le récit de leurs rêves et extases, de certaines images typiquement paradisiaques. Un jésuite du XVIᵉ siècle écrivait à propos des Tupinambas : « Des chamans persuadent les Indiens de ne pas travailler, de ne pas se rendre aux champs, leur promettant que les récoltes pousseront seules, que la nourriture, au lieu d'être rare, emplira leurs huttes, et que les bêches laboureront toutes seules le sol, que les flèches chasseront pour leurs propriétaires et captureront de nombreux ennemis. Ils prédisent que les vieux redeviendront jeunes[1]. » On reconnaît là le syndrome paradisiaque de l'Age d'Or. Afin de hâter son avènement, les Indiens renoncèrent à toute activité profane et dansèrent, jour et nuit, guidés et stimulés par leurs prophètes. Comme nous le verrons plus loin, la danse est le moyen le plus efficace d'obtenir l'extase ou, tout au moins, de se rapprocher de la divinité.

Plus que d'autres populations archaïques, les Tupi-Guaranis sont avides de recevoir les révélations que les Etres Surnaturels opèrent à travers les rêves des chamans. Plus que les autres tribus voisines, les Tupi-Guaranis s'efforcent de se maintenir en contact permanent avec le monde surnaturel, afin de recevoir en temps utile les indications indispensables à l'obtention du paradis. D'où vient cette singulière sensibilité religieuse, cette obsession du paradis, cette peur de ne pas déchiffrer à temps les messages divins et, par conséquent, de risquer de périr dans l'imminente catastrophe cosmique ?

---

1. Cité par A. Métraux, *Les Messies de l'Amérique du Sud*, p. 108.

La fin du monde.

Ce sont les mythes qui nous livrent la réponse à ces questions. Dans les mythologies de toutes les tribus guaranis survivant encore au Brésil, il existe la tradition qu'un incendie ou un déluge a complètement détruit une terre antérieure — et que la catastrophe se répétera dans un avenir plus ou moins proche. La croyance en une catastrophe future est pourtant rare parmi les autres groupes tupis[1]. Doit-on la considérer comme une influence chrétienne ? Pas nécessairement. Des idées similaires sont attestées chez beaucoup d'autres populations archaïques. Ce qui plus est : dans certains cas il est difficile de préciser si la catastrophe cosmique a eu lieu seulement dans le passé ou si elle se répétera également dans l'avenir, ceci parce que la grammaire des langues respectives ne distingue pas le passé du futur[2]. Enfin, il faut rappeler un mythe tukuma, selon lequel la catastrophe future sera l'œuvre du Héros Civilisateur Dyoí. Celui-ci est offensé par l'altération des traditions de la tribu, résultat des contacts avec les Blancs chrétiens. Cette croyance est partiellement comparable à celle des Guaranis. Or, il est difficile de concevoir que le mythe qui annonce une fin du monde imminente à cause des influences culturelles des Blancs — soit d'origine chrétienne.

Quoi qu'il en soit, la fin du monde n'est pas imaginée de la même façon par les différentes tribus guaranis. Les Mbüás attendent un déluge imminent, ou un

1. Egon Schaden, *Aspectos fondamentais*, p. 187. La croyance dans une catastrophe future est attestée chez les Txiriguâno (Métraux), Mundurukú (R. P. Albert Kruse, *Anthropos*, 1951, p. 922), Tukuna (Nimuendaju, *The Tukuna*, 1952, p. 137-139).
2. Cf. Mircea Eliade, *Aspects du mythe* (Paris, 1963), p. 72 sq.

incendie de proportions cosmiques, ou une obscurité qui se prolongera indéfiniment sur la terre. Pour les Nandevas, la catastrophe sera provoquée par l'éclatement de la terre, celle-ci étant conçue comme un disque. Enfin, les Kaiovás s'imaginent que la fin du monde sera amenée par des monstres, des chevaux volants et des singes chassant avec des flèches de feu[1]. Il importe de souligner que la représentation et la quête du paradis sont en relation directe avec la peur d'une catastrophe prochaine. Les migrations ont été déclenchées par le désir et l'espoir d'atteindre la Terre-sans-mal avant l'apocalypse. Même les noms que les différentes tribus guaranis donnent au paradis dénotent que celui-ci est l'unique lieu où l'on est à l'abri de la destruction universelle. Les Nandevas l'appellent *Yvý-ñomi mbyré*, « la terre où l'on se cache », c'est-à-dire la place où l'on peut trouver un refuge durant le cataclysme. Le paradis est aussi nommé *Yvý-mará-ey*, « la Terre-sans-mal », ou simplement *yváy*, « le Ciel ». Le paradis est le lieu où l'on ne craint rien — et ses habitants ne connaissent ni faim, ni maladie, ni mort[2].

Nous reviendrons dans un instant sur la structure du paradis et sur les moyens d'y arriver. Mais, auparavant, il faut nous arrêter sur les raisons qui, selon les Guaranis, amènent immanquablement la fin du monde. Contrairement à une croyance très répandue, partagée également par le judaïsme et le christianisme, la fin du monde ne découle pas des péchés de l'humanité. Pour les Guaranis, l'humanité, aussi bien que la terre elle-même, sont fatiguées de vivre et de travailler et aspirent au repos. Nimuendaju estime que

1. Schaden, *Aspectos fondamentais*, p. 187 ; *Der Paradiesmythos*, p. 152-153 ; *XXXth International Congress of Americanists*, p. 180.
2. Schaden, *Aspectos fondamentais*, p. 189.

les idées des Apapocuvas sur l'anéantissement du monde sont le produit de ce qu'il appelle le « pessimisme indien[1] ». Un de ses informateurs lui disait : « Aujourd'hui la terre est vieille, et notre race ne se multipliera plus. Nous allons revoir les morts, les ténèbres vont tomber, les chauves-souris vont nous toucher, et nous tous qui sommes encore sur la terre nous trouverons la fin[2]. » Il s'agit d'une fatigue cosmique, d'un épuisement universel. Nimuendaju a rapporté également les expériences extatiques d'un certain chaman ; lorsque celui-ci se trouvait, en extase, auprès du Dieu suprême, Nanderuvuvu, il avait entendu la Terre supplier le Seigneur de mettre fin à ses créations. « Je suis épuisée, gémissait la Terre. Je suis rassasiée des cadavres que j'ai dévorés. Laissez-moi me reposer, Père. Les eaux aussi imploraient le Créateur de leur accorder le repos, et les arbres... et ainsi la Nature tout entière[3]. »

On rencontre rarement dans la littérature ethnographique une expression aussi émouvante de la fatigue cosmique et de la nostalgie du repos final. Il est vrai que les Indiens rencontrés par Nimuendaju en 1912 étaient épuisés après trois ou quatre siècles de vagabondage et de danses continuelles en quête du paradis. Nimuendaju croit que l'idée de la fin du monde est autochtone, et nie la possibilité d'une éventuelle influence chrétienne. Il considère le pessimisme des Guaranis comme un des résultats de la conquête portugaise, la conséquence, surtout, de la terreur déclenchée par les chasseurs d'esclaves. Certains

1. Curt Nimuendaju, *Die Sagen von der Erschaffung und Vernichtung der Welt*, p. 335.
2. *Ibid.*, p. 339.
3. *Ibid.*, p. 335.

savants ont récemment mis en doute l'interprétation de Nimuendaju [1]. On peut, en effet, se demander si ce que Nimuendaju appelle le « pessimisme » indien ne plonge pas ses racines dans une croyance extrêmement répandue parmi les primitifs, et qu'on peut résumer de la sorte : le monde dégénère implacablement par le simple fait qu'il existe, et doit être périodiquement régénéré, c'est-à-dire créé de nouveau ; la fin du monde est donc nécessaire, afin qu'une nouvelle création puisse s'effectuer [2].

Il est probable qu'une croyance similaire était partagée par les Apapocuva-Guaranis avant la conquête portugaise et la propagande chrétienne. Le choc avec les conquérants a certainement aggravé et exaspéré le désir d'échapper à un monde de misère et de souffrance — mais ce n'est pas le choc avec les conquérants portugais qui a créé ce désir. Comme beaucoup d'autres populations archaïques, les Guaranis désirent vivre dans un cosmos pur, frais, riche et béatifique. Le Paradis qu'ils recherchent c'est le Monde restauré dans sa beauté et sa gloire premières. La « Terre-sans-mal », ou la maison de Nande (« Notre Grande Mère »), existe ici-bas : elle est localisée de l'autre côté de l'Océan ou au centre de la terre. Elle est difficilement accessible, mais elle se trouve dans ce monde-ci. Bien qu'elle soit en quelque sorte surnaturelle — puisqu'elle comporte des dimensions paradisiaques (par exemple l'immortalité) — la Terre-sans-mal n'appartient pas à l'au-delà. On ne peut même pas dire qu'elle est invisible : elle n'est que très bien cachée. On y arrive non pas — ou, plus précisément, non pas seulement — en esprit, mais

1. Voir, par exemple, Wolfgang H. Lindig, *Wanderungen der Tupi-Guarani*, p. 37.
2. Cf. M. Eliade, *Aspects du mythe*, p. 71 sq.

en chair et en os. Les expéditions collectives entreprises pour sa recherche avaient justement ce but : accéder à la Terre-sans-mal avant la destruction du monde, s'installer au paradis et jouir d'une existence béatifique, pendant que le cosmos épuisé et non régénéré attendait sa fin violente.

La Terre-sans-mal.

Le paradis des Guaranis est donc un monde qui est à la fois réel et transfiguré, où la vie se déroule selon le même modèle familier aux Guaranis, mais en dehors du Temps et de l'Histoire, c'est-à-dire sans misères ni maladies, sans péchés ni injustices et sans vieillesse. Ce paradis n'est pas d'ordre « spirituel » : si, de nos jours, selon la croyance de certaines tribus, on ne peut y accéder qu'après la mort, c'est-à-dire en tant qu' « esprit », dans les temps anciens les hommes y parvenaient *in concreto*. Le paradis a donc un caractère paradoxal : d'une part, il représente le contraire de ce monde-ci : — pureté, liberté, béatitude, immortalité, etc.; d'autre part, il est concret — *i.e.* il n'est pas « spirituel » — et fait partie de ce monde, puisqu'il a une réalité et une identité géographiques. En d'autres termes, le paradis figure pour les Indiens Tupi-Guaranis le monde parfait et pur des « commencements », au temps où il venait d'être achevé par le Créateur et où les ancêtres des tribus actuelles vivaient dans la proximité des dieux et des héros.

En effet, le mythe originel du paradis ne parlait que d'une sorte d'Île des Bienheureux, au milieu de l'Océan, où la mort était inconnue et à laquelle on accédait par une corde ou par d'autres moyens semblables. (Remarquons en passant que les images de la corde, de la liane ou de l'escalier sont fréquemment utilisées pour exprimer le passage d'un mode d'être à un autre, du monde profane au monde sacré.) Au début on cherchait cette Ile fabuleuse afin d'obtenir l'immortalité et en s'efforçant de vivre en communion spirituelle avec les dieux ; elle n'était pas cherchée comme un refuge devant l'imminence de la catastrophe cosmique[1]. La transformation apocalyptique du mythe du paradis a eu lieu plus tard, peut-être à la suite des influences jésuites[2], ou simplement parce que les Guaranis, comme tant d'autres peuples primitifs, trouvaient que le monde était devenu trop vieux et qu'il devait être détruit et créé de nouveau.

La conception fondamentale de la religion des Guaranis, conception de laquelle dérive d'ailleurs la certitude qu'on peut accéder *in concreto* au paradis, est synthétisée dans le terme *aguydjé*. On peut traduire ce vocable par « bonheur suprême », « perfection » et « victoire ». Pour les Guaranis, *l'aguydjé* constitue le but et l'objectif de toute existence humaine. Obtenir *l'aguydjé* veut dire connaître d'une manière concrète la béatitude paradisiaque dans le monde surnaturel. Mais ce monde surnaturel est accessible avant la mort, et il est accessible à n'importe quel membre de la tribu, pourvu qu'il suive le code religieux et moral traditionnel.

Grâce aux travaux récents de Schaden on dispose de renseignements assez précis concernant la représentation du paradis chez les différentes populations guara-

1. Schaden, *Aspectos fondamentais*, p. 188.
2. Dans ses plus récentes publications (*Der Paradiesmythos*, p. 153 ; *XXXth International Congress of Americanists*, p. 181), Egon Schaden estime que la transformation apocalyptique du mythe du paradis est probablement due aux influences jésuites.

nis [1]. Ainsi, par exemple, chez les Nandevas il y a deux conceptions distinctes : l'une particulière aux Nandevas qui ont commencé il y a longtemps les migrations et n'ont pas réussi à trouver la Terre-sans-mal ; et l'autre réservée aux Nandevas qui n'ont pas entrepris de tels voyages. Ceux qui ont cherché le paradis sans le trouver — et qui ont cessé leur vagabondage depuis quelques dizaines d'années déjà, après avoir atteint le littoral — ne pensent plus que le paradis se trouve au-delà de l'Océan. Ils le localisent au zénith, et estiment qu'on ne peut l'atteindre avant la mort.

Les autres populations nandevas, qui ne se sont pas aventurées dans de pareils voyages vers l'Océan, croient que le monde est voué à la destruction par le feu, mais la catastrophe n'est pas considérée comme imminente. Le lieu de refuge est le paradis, imaginé sous la forme d'une Ile des bienheureux au milieu de l'Océan. A condition de pratiquer certains rituels, surtout danses et chansons, l'homme peut atteindre l'île en chair et en os, c'est-à-dire avant la mort. Mais il faut connaître le chemin — et cette connaissance est aujourd'hui presque complètement perdue. Dans les temps anciens, on trouvait le chemin parce qu'on avait confiance en Nanderykey, le Héros Civilisateur : celui-ci venait lui-même à la rencontre des humains et les guidait vers l'Ile paradisiaque. Aujourd'hui on ne gagne le paradis qu'en « esprit », après la mort.

Selon les renseignements donnés par un chaman (*ñanderu*) à Egon Schaden, l'Ile paradisiaque « ressemble plus au ciel qu'à la terre ». Au milieu se trouve un grand lac et, au milieu du lac, une croix très haute. (La croix représente, très probablement, une influence

---

1. Egon Schaden, *Aspectos fondamentais*, p. 189 sq. ; *Der Paradiesmythos*, p. 154 sq.

chrétienne — mais l'île et le lac appartiennent à la mythologie autochtone.) L'île est riche en fruits et les habitants ne travaillent pas, mais passent leur temps à danser. Ils ne meurent jamais. L'île n'est pas le pays des morts. Les âmes des trépassés arrivent jusqu'ici, mais ne s'installent pas ; elles continuent leur voyage. Dans les temps anciens on arrivait facilement dans l'île. Selon d'autres informations, recueillies toujours par Schaden, la mer se retirait devant ceux qui avaient la foi et elle formait un pont sur lequel ils pouvaient passer. Dans l'île on ne mourait pas ; c'était bien une « terre sacrée [1] ».

Plus intéressante encore est la représentation du paradis chez les Mbüás, le seul groupe guarani qui continue à se diriger aujourd'hui vers le littoral en quête de la Terre-sans-mal. Parmi toutes les populations guaranis, c'est chez les Mbüás que le mythe du paradis joue le rôle le plus important. Ce fait est hautement significatif, parce que les Mbüás n'ont nullement subi les influences des missions jésuites [2]. Le paradis des Mbüás n'est pas imaginé comme un abri sûr contre le cataclysme futur. Il est un jardin fabuleux, riche en fruits et en gibier, où les hommes continuent leur existence terrestre. On y parvient à la suite d'une vie juste et pieuse, vécue en conformité avec les prescriptions traditionnelles.

Le « chemin » vers les dieux.

Chez le troisième groupe guarani, les Kaiovás, qui, il y a quelques dizaines d'années, se dirigeaient encore

1. Schaden, *Aspectos fondamentais*, p. 192.
2. Schaden, *ibid.*, p. 195.

vers l'Atlantique, on relève cette particularité : l'importance du paradis augmente en périodes de crise. Alors, les Kaiovás dansent jour et nuit, sans arrêt, afin d'accélérer la destruction du monde et d'obtenir la révélation du chemin qui conduit à la « Terre-sans-mal ». Danse, révélation, chemin vers le paradis — ces trois réalités religieuses sont solidaires ; elles caractérisent, d'ailleurs, toutes les tribus guaranis, et non pas seulement les Kaiovás. L'image et le mythe du « chemin » — c'est-à-dire du passage de ce monde-ci dans un monde sacré — jouent un rôle considérable. Le chaman *(ñanderu)* est un spécialiste du « chemin » : c'est lui qui reçoit les indications d'ordre surnaturel qui lui permettent de guider la tribu dans son prodigieux vagabondage. Dans le mythe tribal des Nandevas, la Mère Primordiale avait parcouru en personne le même chemin lorsqu'elle était partie à la recherche du Père des Gémeaux. Durant la prière, ou après la mort, lorsqu'elle traverse les régions célestes, l'âme suit le même « chemin » mystérieux et paradoxal, car il est à la fois naturel et surnaturel.

Invités par Egon Schaden à dessiner ce « chemin » prestigieux, les Kaiovás ont dessiné le chemin que parcourt le chaman dans ses fréquents voyages au ciel [1]. Toutes les populations guaranis parlent d'elles-mêmes comme du *tapédja*, c'est-à-dire du « peuple de pèlerins et de voyageurs ». Les danses nocturnes sont accompagnées de prières, et toutes ces prières ne sont pas autre chose que des « chemins » qui conduisent jusqu'aux dieux. « Sans chemin, disait un informateur à Schaden, on ne peut pas atteindre le lieu qu'on

1. Schaden, *ibid.*, p. 199.

désire [1]. » C'est donc le « chemin » vers le monde des dieux qui symbolise, pour les Kaiovás, toute leur vie religieuse. L'homme a besoin d'un « chemin » pour entrer en communication avec les dieux et achever sa destinée. Ce n'est qu'en époque de crise que la recherche de ce « chemin » est chargée d'éléments apocalyptiques. On danse alors, jour et nuit, pour trouver d'urgence le « chemin » qui mène au paradis. On danse d'une manière frénétique, car la fin du monde est proche et ce n'est qu'au paradis qu'on peut se sauver. Mais dans le reste du temps, dans les périodes moins dramatiques, le « chemin » continue à jouer le rôle central dans la vie des Guaranis. Ce n'est qu'en cherchant et qu'en poursuivant le chemin qui mène dans la proximité des dieux qu'un Guarani estime qu'il a rempli sa mission sur la terre.

Originalité du messianisme guarani.

Concluons cette brève présentation du messianisme guarani par quelques observations d'une portée plus générale. Remarquons tout d'abord que, à la différence des mouvements prophétiques des tribus nord-américaines, le messianisme guarani n'est pas le résultat du choc culturel avec les conquérants européens et de la désorganisation des structures sociales [2]. Le mythe et la quête du Pays-sans-mal existaient chez les Tupi-Guaranis dès avant l'arrivée des Portugais et des premières missions chrétiennes. Le contact avec les conquérants a exacerbé la

1. Schaden, *ibid.*
2. Cf. Maria Isaura Pereira de Queiroz, *L'influence du milieu social interne*, p. 22 sq.

recherche du paradis, lui a donné un caractère urgent et tragique, voire pessimiste, de fuite désespérée devant l'imminente catastrophe cosmique; mais ce n'est pas le contact avec les conquérants qui a suscité cette recherche. D'ailleurs, nous n'avons pas affaire à des tribus en pleine crise d'acculturation, comme les populations aborigènes de l'Amérique du Nord, qui depuis deux siècles, ont été secouées périodiquement par des mouvements prophétiques et messianiques. La culture et la société des Guaranis ne sont pas désorganisées ni hybridisées.

Ce fait n'est pas sans conséquence pour la compréhension des phénomènes prophétiques et messianiques en général. On a beaucoup insisté, et à juste titre, sur l'importance des contextes historique, social et économique dans l'irruption et l'essor des mouvements messianiques. On attend la fin du monde, ou le renouvellement cosmique, ou l'Age d'Or, surtout dans les périodes de crise profonde; on annonce l'imminence d'un paradis sur terre pour se défendre contre le désespoir provoqué par l'extrême misère, la perte de la liberté et l'effondrement de toutes les valeurs traditionnelles. Le cas des Tupi-Guaranis nous montre que des collectivités entières ont été amenées à chercher le paradis, et à le chercher pendant des siècles, en dehors des crises sociales. Comme nous l'avons déjà souligné, ce paradis n'est pas toujours imaginé dans un au-delà purement « spirituel » : il appartient à ce monde-ci, à un monde réel, mais transformé par la foi. Les Guaranis désiraient vivre comme leurs ancêtres mythiques vivaient aux commencements du monde. En termes judéo-chrétiens, vivre comme Adam, avant la chute, vivait au paradis. Il ne s'agit pas d'une idée absurde et singulière. A un certain moment de leur histoire, beaucoup d'autres populations primitives crurent qu'il était possible de récupérer périodiquement les premiers jours de la Création ; qu'il était possible de vivre dans un monde auroral et parfait, tel qu'il était avant que le Temps ne le ronge et que l'Histoire ne l'avilisse.

1963.

VII

L'INITIATION
ET LE MONDE MODERNE

[En septembre 1964, un Symposium international sur l'initiation s'est tenu à Strasbourg (cf. *Initiation*, edited by C. J. Bleeker, Leiden, 1965). Invité à donner la conférence introductive, j'ai choisi de présenter d'abord le rôle et la signification des rites initiatiques dans les sociétés archaïques et traditionnelles, de rappeler ensuite les progrès marqués par la recherche récente, en examinant spécialement les contributions des psychologues, des historiens et des critiques littéraires. L'étude convergente de ce phénomène complexe qu'est l'initiation, illustre, en effet, d'une manière exemplaire les avantages d'une collaboration entre chercheurs appartenant à des disciplines diverses.]

Par initiation on comprend généralement un ensemble de rites et d'enseignements oraux, au moyen desquels on obtient une modification radicale du statut religieux et social du sujet à initier. Philosophiquement parlant, l'initiation équivaut à une mutation ontologique du régime existentiel. A la fin de ses épreuves, le néophyte jouit d'une tout autre existence qu'avant l'initiation : il est devenu un *autre*. On distingue trois grandes catégories — ou types — d'initiation[1]

1° La première catégorie comprend les rituels collectifs par lesquels s'effectue le passage de l'adolescence à l'âge adulte, et qui sont obligatoires pour tous les membres de la communauté. La littérature ethnologique désigne ces cérémonies par les termes « rites de puberté », « initiation tribale » ou « initiation de classe d'âge ». Les autres initiations se distinguent de celles de puberté en ce qu'elles ne sont pas obligatoires pour tous les membres de la communauté et que la plupart se pratiquent individuellement ou par groupes assez restreints.

2° La deuxième catégorie d'initiation comprend toutes les espèces de rites d'entrée dans une société secrète, dans un *Bund* ou dans une confrérie. Ces *Bünde* sont réservés à un seul sexe et sont très jaloux de leurs secrets respectifs. Bien que la majorité des confréries secrètes soit masculine, il existe également des *Weiberbünde*. Mais dans le monde méditerranéen et du Proche-Orient antique, les deux sexes avaient accès aux Mystères — et, quoique leur type soit un peu différent, on peut classer les Mystères gréco-orientaux dans la catégorie des confréries secrètes.

3° Enfin, le troisième type d'initiation caractérise la vocation mystique, c'est-à-dire, au niveau des religions primitives, la vocation du medicine-man ou du chaman. L'un des aspects spécifiques de ce troisième type d'initiation consiste dans l'importance considérable accordée à l'expérience religieuse personnelle. Précisons que les initiations des sociétés secrètes et les initiations de type chamanique sont en réalité assez proches les unes des autres. Ce qui contribue surtout à

---

1. Cf. M. Eliade, *Naissances mystiques. Essai sur quelques types d'initiation* (Paris, 1959).

les distinguer, c'est l'élément extatique, très important dans les initiations chamaniques. Ajoutons aussi qu'entre toutes les catégories d'initiations il existe une sorte de solidarité structurelle qui fait que, vues d'une certaine perspective, toutes les initiations se ressemblent.

Rites de puberté.

L'initiation de classe d'âge effectue la promotion de l'adolescent à l'état de membre responsable de la communauté. Le novice apprend non seulement les comportements, les techniques et les institutions des adultes, mais aussi les mythes et les traditions sacrées de la tribu, les noms des dieux et l'histoire de leurs œuvres ; il apprend surtout les rapports mystiques entre la tribu et les Etres Surnaturels, tels qu'ils ont été établis dans les temps mythiques. Dans de très nombreux cas, les rites de puberté impliquent également la révélation de la sexualité. Bref, par l'initiation on dépasse le mode naturel, celui de l'enfance, et on accède au mode culturel, c'est-à-dire qu'on est introduit aux valeurs spirituelles. A l'occasion de l'initiation la communauté tout entière est religieusement régénérée ; car les rites initiatiques ne sont que la répétition des opérations effectuées dans les temps mythiques, par les Etres Surnaturels.

Toute initiation de puberté comporte un certain nombre d'épreuves plus ou moins dramatiques : séparation d'avec la mère, isolement dans la brousse sous la surveillance d'un instructeur, interdiction de manger un grand nombre d'espèces végétales et animales, extraction d'une dent, circoncision (suivie en certains cas de subincision), scarification, etc. La révélation des objets sacrés (*bull-roarers*, images des Etres Surnaturels, etc.) constitue également une épreuve initiatique. Dans la majorité des cas, les initiations de puberté comportent une mort suivie d'une résurrection symbolique. Déjà chez certaines tribus d'Australie, l'extraction de l'incisive est interprétée comme la « mort » du néophyte, et le même symbolisme est encore plus évident dans les cas de circoncision. Les novices isolés dans la brousse sont assimilés aux spectres ; ils ne peuvent pas se servir de leurs doigts, et doivent prendre la nourriture directement avec la bouche comme le font, croit-on, les âmes des morts. Parfois ils sont oints avec de la glaise, pour les rendre semblables aux spectres. Les huttes dans lesquelles ils sont enfermés ressemblent à un monstre ou à un animal aquatique : les néophytes sont censés être engloutis par le monstre et restent dans son ventre jusqu'au moment où ils seront « re-nés » ou « ressuscités ». Car la mort initiatique est interprétée soit comme un *descensus ad inferos* soit comme un *regressus ad uterum*, et la « résurrection » est comprise parfois comme une « renaissance ». Dans nombre de cas, les novices sont symboliquement enterrés, ou ils sont censés avoir oublié leur vie passée, leurs relations familiales, leur nom, leur langue, et doivent tout apprendre de nouveau. Parfois, les épreuves initiatiques deviennent de véritables tortures.

Sociétés secrètes.

Aux niveaux archaïques de culture déjà (par exemple en Australie), l'initiation de puberté comporte une pluralité de degrés qui ne sont pas accessibles à tous les candidats. Ce qui veut dire que le sacré ne se laisse pas épuiser par les premières révélations. L'approfondissement de l'expérience et de la connaissance religieuses demande une vocation spéciale ou une force de volonté et d'intelligence hors du commun. Nous tenons ici l'explication de l'apparition des sociétés secrètes aussi bien que de l'organisation des confréries des medicine-men et des chamans. Les rites d'entrée dans une société secrète correspondent en tout point aux initiations tribales : réclusion, tortures et épreuves initiatiques, mort et résurrection, imposition d'un nom nouveau, révélation d'une doctrine secrète, enseignement d'une langue spéciale, etc. On remarque pourtant quelques innovations particulières aux sociétés secrètes : le rôle capital du secret, la cruauté des épreuves initiatiques, la prédominance du culte des ancêtres (personnifiés par les masques) et l'absence de l'Etre suprême dans les cérémonies. Là où il existe des *Weiberbünde*, l'initiation comporte des épreuves spécifiques suivies des révélations concernant la fécondité, la conception et la naissance.

La mort initiatique signifie à la fois la fin de l'homme « naturel », aculturel, et le passage à une nouvelle modalité d'existence : celle d'un être « né à l'esprit », c'est-à-dire qui ne vit pas uniquement dans une réalité « immédiate ». La mort et la résurrection initiatiques font donc partie intégrante du processus mystique par lequel on devient *un autre*, façonné d'après le modèle révélé par les dieux ou les ancêtres mythiques. Ce qui revient à dire qu'on devient *homme véritable* dans la mesure où l'on ressemble à un Etre surhumain. L'intérêt de l'initiation pour l'intelligence de la mentalité archaïque réside surtout en ceci : elle nous montre que le *vrai homme* — l'homme spirituel — n'est pas *donné*, n'est pas le résultat d'un processus naturel. Il est « fait » par les vieux maîtres, selon les modèles révélés par les Etres divins et conservés dans les mythes. Ces vieux maîtres constituent les élites spirituelles des sociétés archaïques. Leur fonction est de révéler aux nouvelles générations le sens profond de l'existence et de les aider à assumer la responsabilité d'être un « homme véritable », et, par conséquent, de participer à la culture. Mais puisque, pour les sociétés archaïques et traditionnelles, la « culture » est la somme des valeurs reçues des Etres surnaturels, la fonction de l'initiation peut se ramener à ceci : elle révèle à chaque nouvelle génération un monde ouvert vers le transhumain, un monde, dirions-nous, « transcendantal ».

Chamans et hommes-médecine.

Quant aux initiations chamaniques, elles consistent en une expérience d'ordre extatique (rêves, visions, transes) et en une instruction effectuée par les esprits ou les vieux maîtres chamans (communication des techniques chamaniques, noms et fonctions des esprits, mythologie et généalogie du clan, langage secret, etc.). Parfois, l'initiation est publique et comporte un rituel riche et mouvementé (par exemple chez les Bouriates). Mais l'absence d'un rituel de ce genre n'implique nullement l'absence de l'initiation : celle-ci peut très bien s'opérer en rêve ou dans l'expérience extatique du néophyte. En Sibérie et en Asie centrale, le futur chaman tombe malade ou traverse une crise psychopathique pendant laquelle il est censé être torturé par les démons et les esprits qui jouent le rôle des maîtres d'initiation. Le scénario de ces maladies initiatiques comporte les moments suivants : 1° torture et morcellement du corps ; 2° raclage des chairs jusqu'à réduction du corps au squelette ; 3° remplace-

190

ment des viscères et renouvellement du sang ; 4° séjour aux Enfers, durant lequel le futur chaman est instruit par les âmes des chamans morts et par les démons ; 5° ascension au Ciel ; 6° « résurrection », c'est-à-dire accès à un nouveau mode d'être : celui d'un homme consacré, capable de communiquer personnellement avec les dieux, les démons et les esprits. Le même schéma est spécifique aux initiations des medicinemen australiens [1].

Le peu qu'on sait des initiations à Eleusis ou dans les Mystères hellénistiques, laisse supposer que l'expérience centrale du myste consistait en une révélation en rapport avec la mort et la résurrection de la divinité fondatrice du Mystère. Grâce à cette révélation, le myste accédait à un autre mode d'être, qui lui assurait en même temps un sort optime après la mort.

Recherches récentes sur les initiations chez les « primitifs ».

Il serait instructif de rappeler, même très brièvement, les résultats obtenus durant les trente ou quarante dernières années dans l'étude des diverses initiations. Il ne s'agit pas de faire un bilan ou de discuter les méthodes utilisées. Nous nous contenterons de mentionner quelques noms et de citer quelques titres, afin d'illustrer l'orientation actuelle de la recherche. Dès l'abord, une remarque s'impose : bien que les travaux sur les divers types d'initiation ne fassent pas défaut, les monographies présentant le complexe initiatique

---

1. Voir notre livre *Le Chamanisme et les techniques archaïques de l'extase* (Paris, 1951), p. 45 sq., 112 sq. et *passim*. (Une deuxième édition, corrigée et augmentée, est parue en 1968.)

dans l'ensemble de ses manifestations sont assez rares. On peut citer le livre de O. E. Briem sur *Les Sociétés secrètes des Mystères* (trad. fr. 1941), *Geheimkulte* (1951) de W. E. Peuckert, *Naissances mystiques* (1959) de M. Eliade, et maintenant *Initiation Ceremonies* (1965) de Frank W. Young et les remarques de Geo Widengren au Symposium de Strasbourg (cf. *Initiation*, p. 287-309).

On peut faire la même remarque en ce qui concerne les initiations chez les « primitifs ». Ad. E. Jensen a publié en 1933 un travail suggestif, *Beschneidung und Reifezeremonien bei Naturvölkern*, R. Thurnwald un important article *Primitive Initiation und Wiederge-burtsriten*[1], et récemment quelques anthropologues américains ont examiné de nouveau les fonctions des rites de puberté[2].

Par contre, les monographies régionales abondent. Puisqu'on ne peut tout citer, rappelons, pour l'Austra-lie et l'Océanie, *Aboriginal men of high degree* (1946) de A. P. Elkin et *Kunapipi* (1951) de R. M. Berndt, les études de F. Speiser[3], R. Piddington[4] et D. F. Thom-

1. *Eranos-Jahrbuch* VII, 1940, p. 321-398. Cf. aussi E. M. Loeb, « Tribal Initiation and Secret Societies » (*Univ. of California Publications in American Archaeology and Ethnology*, XXV, 1929, p. 249-288).

2. Cf. J. W. Whiting, R. Kluckhohn et A. Anthony, « The Functions of Male Initiation Ceremonies at Puberty », in *Readings in Social Psychology*, ed. E. E. Maccoby, Theodore Newcomb, and C. Hartley (New York, 1958), p. 359-370 ; Edward Norbeck, D. Walker et M. Cohn, « The Interpretation of Data : Puberty Rites », *American Anthropologist*, 64 (1964) : 463-485.

3. F. Speiser, « Über Initiationen in Australien und Neuguinea » (*Verhandlungen der Naturforschenden Gesellschaft in Basel*, 1929, p. 56-258) ; *id.*, « Kulturgeschichtliche Betrachtungen über die Initiationen in der Südsee » (*Bulletin der Schweizerischen Gesellschaft für Anthropologie und Ethnologie*, XXII, 1945-1946, p. 28-61).

4. Ralph Piddington, « Karadjeri Initiation » (*Oceania*, III, 1932-1933, p. 46-87).

son[1], les livres et les articles de J. Layard[2], W. E. Mühlmann[3], E. Schlesier, C. A. Schmitz[4]; pour les deux Amériques les travaux de M. Gusinde[5], de Goeje[6], J. Haeckel[7], W. Müller[8]et quelques autres; pour l'Afrique, les monographies d'E. Johanssen (*Mysterien eines Bantu-Volkes*, 1925), de Léo Bittremieux (*La Société secrète des Bakhimba*, 1934) et de A. M. Vergiat

1. Donald F. Thomson, « The Hero-Cult, Initiation and Totemism on Cape York » (*The Journal of the Royal Anthropological Institute*, LXIII, 1933, p. 453-537). Cf. aussi E. A. Worms, « Initiationsfeiern einiger Küsten -u. Binnenlandstämme in Nord-West-australien » (*Annali Lateranensi*, 1938, vol. II, p. 147-174).

2. John W. Layard, *Stone Men of Malekula* (London, 1942); « The Making of Man in Malekula » (*Eranos-Jahrbuch*, XVI, 1948, p. 209 sq.).

3. W. E. Mühlmann, *Arioi und Mamaia* (Wiesbaden, 1955).

4. Erhard Schlesier, *Die melanesiche Geheimkulte* (Göttingen, 1956). Cf aussi C. A. Schmitz, « Die Initiation bei den Pasum am Oberen Rumu Nordost-Neuguinea » (*Zeitschrift f. Ethnologie*, 81, 1956, p. 236-246); id., « Zum Problem des Balumkultes » (*Paideuma* 6, 1957, p. 257-280); Dr. P. Hermann Bader, *Die Reifefeiern bei den Ngadha* (Mödling, sans date); C. Laufer, « Jugendinitiation und Sakraltänze der Baining » (*Anthropos*, 54, 1959, p. 905-938); P. Alphons Schaefer, « Zur Initiation im Wagi-Tal » (*Anthropos*, 33, 1938, p. 401-423); Hubert Kroll, « Der Iniet. Das Wesen eines melanesischen Geheimbundes » (*Zeit. f. Ethnologie*, 70, 1937, p. 180-220).

5. M. Gusinde, *Die Yamana* (Mödling, 1937), p. 940 sq.

6. C. H. de Goeje, Philosophy, Initiation and Myths of the Indian Guiana and adjacent countries » (*Int. Archiv. f. Ethnographie*, XLIV, 1943). Cf. aussi A. Métraux, « Les rites d'initiation dans le vaudou haïtien » (*Tribus*, IV-V, 1953-1955, p. 177-198); id., *Le vaudou haïtien* (Paris, 1958, p. 171 sq.).

7. Josef Haeckel, « Jugendweihe und Männerfest auf Feuerland » (*Mitt. d. Oesterr. Gesell. f. Anthropologie, Ethnologie u. Prähistorie*, LXXIII-LXXVII, 1947, p. 84-114); id., « Schutzgeistsuche u. Jugendweihe im westlichen Nordamerika » (*Ethnos*, XII, 1947, p. 106-122); id., « Initiationen u. Geheimbünde an der Nord-westküste Nordamerikas » (*Mitt. d. Anthropologische Gesellschaft in Wien*, LXXXIII, 1954, p. 176-190).

8. Werner Müller, *Die blaue Hütte* (Wiesbaden, 1954); id., *Weltbild und Kult der Kwakiutl-Indianer* (1955).

(*Les rites secrets des primitifs de l'Oubangui*, 1936); le travail sur les initiations des jeunes filles chez les Bemba, par Audrey I. Richards (*Chisungu*, 1956), et surtout les volumes de Dominique Zahan sur les initiations bambara [1].

Grâce à la recherche récente, nous disposons maintenant d'informations précises et parfois abondantes sur quelques initiations primitives; qu'on se rappelle seulement les ouvrages de M. Gusinde sur les initiations des Fuégiens, de Zahan et d'Audrey Richards sur certaines initiations africaines, de Carl Laufer sur les rites des Baining, de Piddington, Elkin et Berndt sur les initiations australiennes. D'autre part, la compréhension des diverses formes d'initiation a été sensiblement améliorée à la suite d'analyses pénétrantes comme celles de Werner Müller, de Mühlmann, de Zahan, d'autres encore.

Religions des Mystères;
sociétés secrètes chez les Indo-Européens.

Quant aux initiations dans les religions des Mystères, les travaux publiés dans les dernières années se caractérisent plutôt par un certain scepticisme. A. D. Nock nous rappelait en 1952 combien nos informations concernant les Mystères hellénistiques étaient tardives et reflétaient parfois l'influence du christia-

1. Dominique Zahan, *Sociétés d'initiation bambara* (Paris, 1960). Voir aussi Leopold Walk, « Initiationszeremonien u. Pubertätriten der Südafrikanischen Stämme » (*Anthropos*, 23, 1928, p. 861-966); M. Planquaert, *Les sociétés secrètes chez les Bayaka* (Louvain, 1930); E. Hildebrand, *Die Geheimbünde West-afrikas als Problem der Religionswissenschaft* (Leipzig, 1937); H. Rehwald, *Geheimbünde in Afrika* (München, 1941).

nisme[1]. En 1961, G. F. Mylonas déclarait dans son livre *Eleusis and the Eleusinian Mysteries* (Princeton) que nous ne savions presque rien sur les rites secrets, autrement dit sur la véritable initiation dans les Mystères d'Eleusis[2].

Par contre, la recherche a marqué des progrès importants dans un domaine assez négligé avant les années 30. Nous faisons allusion aux rites d'initiation de puberté et d'entrée dans les sociétés secrètes chez les différents peuples indo-européens. On n'a qu'à se rappeler les travaux de Lily Weiser (1927) et d'Otto Höfler (1934) sur les initiations germaniques, les monographies de G. Widengren et de Stig Wikander sur les mythologies et les rituels initiatiques indo-iraniens, les livres de G. Dumézil sur les scénarios initiatiques chez les Germains, les Romains et les Celtes, — pour se rendre compte du progrès accompli[3]. Ajoutons qu'en 1936 le savant latiniste W. F. Jackson

1. A. D. Nock, « Hellenistic Mysteries and Christian Sacraments » (*Mnemosyne*, 1952, p. 117-213). Cf. les bibliographies enregistrées dans *Naissances mystiques*, p. 231, n. 19, p 233, n. 20, p. 231, n. 34.

2. Cf. Bleeker, *Initiation*, p. 154-171, 222-231 ; C. Kerényi, *Eleusis : Archetypal Image of Mother and Daughter* (New York, 1967).

3. Lily Weiser, *Altgermanische Junglingsweihen und Männerbünde* (Baden, 1922); Otto Höfler, *Kultische Geheimbünde der Germanen* (Frankfurt a. M., 1934); Geo Widengren, *Hochgottglaube im alten Iran* (Uppsala, 1938), p. 311 sq.; *id.*, « Stand und Aufgaben der iranischen Religionsgeschichte », I (*Numen*, 1955, p. 16-83), p. 65 sq.; Stig Wikander, *Der arische Männerbund* (Lund, 1938); Georges Dumézil, *Mythes et Dieux des Germains* (Paris, 1939), p. 79 sq.; *id.*, *Horace et les Curiaces* (Paris, 1942). Voir maintenant Alwyn Rees et Brinley Rees, *Celtic Heritage* (New York, 1961), p. 246 sq. Cf. aussi les indications bibliographiques dans *Naissances mystiques*, p. 174 sq., nn. 2, 4, 7, 8-11. Marjan Molé se demandait si, à l'époque ancienne, le passage du pont Cinvat ne constituait pas une épreuve initiatique ; cf. « Daenā, le pont Cinvat et l'initiation dans le Mazdéisme » (*R H R*, t. 157, 1960, p. 155-185), p. 182.

Knight publiait un petit livre *Cumaean Gates* (Oxford), dans lequel il s'appliquait à dégager les éléments initiatiques du VI⁰ livre de l'*Enéide*. Et récemment J. Gagé a étudié les traces des initiations féminines dans l'ancienne Rome[1]. Le beau travail de H. Jeanmaire, *Couroï et Courètes* (1939), mérite une mention spéciale : le regretté helléniste avait réussi à reconstituer les scénarios initiatiques dans la saga de Thésée, dans la discipline spartiate de Lycurgue et dans les Thesmophories. L'entreprise de Jeanmaire n'est pas restée isolée. A. Brelich a mis en valeur la signification initiatique des monosandales dans la Grèce ancienne, c'est-à-dire de la curieuse habitude de chausser une seule sandale[2]. Et dans son livre *Gli Eroi Greci* (Rome, 1955), le même auteur a repris et prolongé les vues de Jeanmaire sur les initiations féminines et sur la signification rituelle de la pénétration de Thésée dans le labyrinthe[3]. De son côté, Marie Delcourt a pu identifier quelques traits initiatiques dans les mythes et légendes d'Héphaistos[4].

Tout récemment le professeur R. Merkelbach a publié un gros livre, *Roman und Mysterium in der Antike* (München-Berlin 1962), dans lequel il se propose de démontrer que les romans gréco-romains — qu'il s'agisse d'*Amor et Psyché*, des *Ephésiaques* ou des *Ethiopiques* — sont des « *Mysterientexte* », autrement

1. J. Gagé, *Matronalia. Essai sur les dévotions et les organisations cultuelles de femmes dans l'ancienne Rome* (Bruxelles, 1963); cf. le compte rendu de A. Brelich, *SMSR*, 34, p. 355 sq.

2. A. Brelich, « Les monosandales » (*La Nouvelle Clio*, VII-IX, 1955-1957, p. 469-484); cf. aussi l'article de Brelich dans *Initiation*, p. 222-231.

3. Sur le symbolisme initiatique du labyrinthe, cf. Clara Gallini, « Pontinjia Dapuritois » (*Acme*, XII, 1959, p. 149 sq.).

4. Marie Delcourt, *Héphaistos ou la légende du magicien* (Liège-Paris, 1957).

dit, des transpositions narratives d'une initiation. Selon R. Merkelbach, le rituel isiaque serait à la base du roman. Dans la longue analyse critique qu'il lui a consacrée, R. Turcan [1] ne conteste pas les significations religieuses et même les allusions aux Mystères décelables dans certains romans alexandrins. Mais il se refuse à reconnaître dans ces textes littéraires, surchargés de clichés et de réminiscences, des indications concrètes concernant les Mystères. Nous ne discuterons pas ici le bien-fondé de ces deux positions méthodologiques [2]. Mais il est significatif qu'un des maîtres de la philologie classique allemande ait cru pouvoir lire dans des textes littéraires de l'hellénisme le témoignage d'une expérience religieuse secrète, de structure initiatique.

Scénarios initiatiques dans la littérature orale.

Envisager la littérature, écrite ou orale, dans une perspective semblable nous semble une démarche caractéristique de notre époque, et, par conséquent, précieuse pour la connaissance de l'homme moderne. En effet, nous assistons depuis quelque temps à un effort concerté de la part des historiens, des critiques et des psychologues en vue de découvrir dans les œuvres littéraires des valeurs et des intentions qui débordent la sphère artistique proprement dite. Rappelons, par

1. Robert Turcan, « Le roman " initiatique " : A propos d'un livre récent » (*RHR*, 1963, p. 149-199).
2. Voir aussi, dans les *Beiträge zur Klassischen Philologie*, Herausgegeben von Reinhold Merkelbach (Verlag Anton Hain, Meisenheim am Glan), Ingrid Löffler, *Die Melampodie. Versuch einer Rekonstruktion des Inhalts* (1962) ; Udo Hetzner, *Andromeda und Tarpeia* (1962) ; Gerhard Binder, *Die Aussetzung des Königskindes* (1962).

exemple, les romans du Moyen Age qui mettent en vedette Arthur, le Roi Pécheur, Perceval et d'autres héros engagés dans la Quête du Graal. Les médiévistes ont démontré la continuité entre les thèmes et les figures de la mythologie celtique et les scénarios et les personnages des romans arthuriens. Or la plupart de ces scénarios sont initiatiques : il est toujours question d'une « Quête », longue et mouvementée, d'objets merveilleux qui impliquent, entre autres, la pénétration du héros dans l'autre monde. Ces romans énigmatiques ont donné lieu à des interprétations audacieuses. Ainsi, par exemple, une érudite prestigieuse comme Jessie L. Weston n'a pas hésité à affirmer, en 1920, que la légende du Graal conservait des traces d'un ancien rituel d'initiation[1].

Cette thèse n'a pas été acceptée par les spécialistes. Mais c'est le rayonnement culturel du livre de Jessie Weston qui est à la fois important et symptomatique. Non seulement parce que T. S. Eliot a pu écrire *The Waste Land* après l'avoir lu, mais surtout parce que le succès de ce livre a attiré l'attention du public sur la prolifération des symboles et des motifs initiatiques dans les romans arthuriens. On n'a qu'à lire l'excellent ouvrage de Jean Marx, *La légende arthurienne et le Graal* (Paris, 1952) ou la monographie d'Antoinette Fierz-Monnier, *Initiation und Wandlung. Zur Geschichte des altfranzösischen Romans in XII Jahrhundert* (Bern, 1951), pour se rendre compte que ces motifs et symboles initiatiques jouent un rôle essentiel de par leur propre présence et en dehors de toute solidarité génétique éventuelle avec des scénarios *réels*.

1. Jessie L. Weston, *From Ritual to Romance* (Cambridge, 1920).

Autrement dit, ils font partie d'un Univers *imaginaire* — et celui-ci est aussi important pour l'existence humaine que la vie diurne [1].

Des interprétations similaires ont été récemment formulées à propos d'autres littératures orales. En étudiant l'épopée néo-grecque *Digenis Akritas*, J. Lindsay n'hésite pas à écrire que : « Si nous analysons le vocable *Digenis* nous reconnaissons le terme initiatique, " deux fois né ", terme utilisé pour exprimer la deuxième naissance d'un jeune homme qui a traversé avec succès ses épreuves. Et nous pouvons considérer notre héros comme le représentant d'un rituel initiatique : le jeune homme qui vainc les forces ténébreuses dans un moment de crise et qui, partant, symbolise son peuple dans sa mort et son renouvellement. Une telle interprétation s'accorde avec les nombreux éléments de rituels de fertilité qui accompagnent Digenis dans les ballades et les laïus, et qui se manifestent clairement dans les croyances populaires concernant son tombeau et sa massue [2] ».

Dans son beau livre sur les épopées et le barde au Tibet R. A. Stein dégage, d'une part, les rapports entre chamans et poètes populaires, et montre, d'autre part, que le barde reçoit ses chants d'un dieu et que pour recevoir cette révélation, il doit passer par une initiation [3]. Quant aux éléments initiatiques des poèmes ésotériques des *Fedeli d'Amore*, ils ont été mis en lumière par Luigi Valli en 1928 et par R. Ricolfi en

1. Récemment, Henry et Renée Kahane ont examiné les sources hermétiques de *Parzifal* ; cf. *The Krater and the Grail* (Urbana, 1965), p. 40 sq. (les épreuves initiatiques), 74 sq. (renaissance), 105 sq. (apotheosis).

2. J. Lindsay, *Byzantium into Europe* (1952), p. 370.

3. R. A. Stein, *Recherches sur l'épopée et le barde au Tibet* (Paris, 1959), spécialement p. 325 sq., 332, etc.

1933 [1]. H. Corbin a profondément interprété un texte d'Avicenne en tant que récit initiatique ; il a montré en outre, dans plusieurs de ses ouvrages, les rapports entre philosophie, gnose et initiation [2].

Evidemment, on n'a pas manqué d'approcher l'étude des contes populaires dans une perspective analogue. Dès 1923 P. Saintyves interprétait certains contes comme des « textes » accompagnant les rites initiatiques. En 1946, le folkloriste soviétique V. Ia. Propp est allé encore plus loin : il découvrait dans les contes populaires le souvenir des rites d' « initiation totémiques [3] ». Nous avons montré ailleurs pourquoi une telle hypothèse ne s'impose pas [4]. Mais encore une fois, il est significatif que l'hypothèse ait été formulée. Ajoutons que le savant hollandais Jan de Vries a prouvé la persistance des thèmes initiatiques dans les sagas héroïques et même dans certains jeux d'enfants [5]. Une psychologue suisse, Hedwig von Beit, dans un ouvrage considérable sur la symbolique des contes, s'est appliquée à interpréter les motifs initiatiques selon la psychologie de Jung [6].

1. Cf. *Naissances mystiques*, p. 259 sq.

2. Henry Corbin, *Avicenne et le récit visionnaire* (Téhéran-Paris, 1954). Cf. aussi « Le Récit d'Initiation et l'Hermétisme en Iran » (*Eranos-Jahrbuch*, XVII, 1949, p. 149 sq.).

3. P. Saintyves, *Les contes de Perrault et les récits parallèles* (Paris, 1923) ; V. Ia. Propp, *Istoritcheskie korni volshebnoi skazki* (Leningrad, 1946).

4. « Les savants et les contes de fées » (*La Nouvelle Revue Française*, mai, 1956, p. 884-891) ; cf. *Aspects du Mythe* (Paris, 1963), p. 233-244.

5. Jan de Vries, « Betrachtungen zum Märchen, besonders in seine Verhältnis zu Heldensage und Mythos » (*FF Comm*. Nr. 150, Helsinki, 1954) ; id., *Heldenlied en heldensage* (Utrecht, 1959), spéc. p. 194 sq. ; id., « Untersuchung über das Hüpfspiel, Kinderspiel-Kulttanz » (*FF Comm*. Nr. 173, Helsinki, 1957).

6. Hedwig von Beit, *Symbolik des Märchens* (Berne, 1952) ; id., *Gegensatz und Erneuerung im Märchen* (Berne, 1956).

Les contributions des psychanalystes
et des critiques littéraires.

Il était à prévoir que les psychologues s'intéresseraient à notre sujet. Freud avait vivement encouragé les recherches d'Otto Rank sur le mythe de la naissance du héros. Depuis lors, la littérature psychanalytique sur les rites et les symboles des initiations n'a cessé d'augmenter. Citons une des dernières contributions, qui est aussi la plus originale : *Symbolic wounds* (Glencoe, 1954) de Bruno Bettelheim. Mais c'est surtout l'interprétation analytique de la littérature qui est instructive. En 1934 Maud Bodkins publiait son livre *Archetypal patterns in poetry* : en appliquant les idées de Jung sur « l'archétype de la nouvelle naissance », l'auteur expliquait *The Ancient Mariner* de Coleridge et *The Waste Land* de T. S. Eliot comme la projection poétique d'un processus (inconscient) d'initiation.

Tout récemment, dans son ouvrage *Nerval : Expérience et création* (Paris, 1963), Jean Richer a analysé avec perspicacité la structure initiatique d'*Aurélia*. D'ailleurs, Gérard de Nerval se rendait compte de la signification rituelle de son expérience : « Du moment que je me fus assuré de ce point que j'étais soumis aux épreuves de l'initiation sacrée, une force invincible entra dans mon esprit. Je me jugeais un héros vivant sous le regard des dieux...[1]. » Selon Jean Richer, le thème de la descente d'Orphée aux enfers domine toute l'œuvre de Nerval. Or, le *descensus ad inferos* constitue l'épreuve initiatique par excellence. Certes, Nerval avait lu quantité de livres occultistes. Mais il est

1. Cité par Jean Richer, *Nerval*, p. 512.

difficile de croire qu'un poète de son envergure ait choisi le thème initiatique parce qu'il avait lu des livres sur ce sujet. *Aurélia* est en partie une œuvre autobiographique. Et il est significatif que Nerval ait senti la nécessité de formuler et valoriser ses expériences réelles ou imaginaires dans un langage initiatique.

D'ailleurs, les critiques ont retrouvé des thèmes initiatiques chez des auteurs qui ignoraient la littérature occultiste. C'est le cas, par exemple, de Jules Verne, dont certains livres — en premier lieu *Le Voyage au Centre de la Terre*, *l'Ile mystérieuse*, *Le Château des Carpathes* — ont été interprétés comme des romans initiatiques. Et on n'a qu'à lire l'étude de Léon Cellier sur « Le Roman initiatique en France au temps du romantisme [1] » pour se rendre compte de la contribution que la critique littéraire est susceptible d'apporter à notre recherche.

Mais ce sont surtout les critiques américains qui vont très loin dans cette direction. On pourrait même dire qu'un grand nombre de critiques interprètent les œuvres littéraires dans une perspective empruntée à celle des historiens des religions : mythe, rituel, initiation, héros, mort rituelle, régénération, nouvelle naissance, etc. font partie maintenant de la terminologie fondamentale d'une exégèse littéraire. Le nombre de livres et études analysant les scénarios initiatiques camouflés dans les poèmes, les nouvelles et les romans, est considérable. On a reconnu de tels scénarios non seulement dans *Moby Dick* [2], mais dans *Walden* de

1. Léon Cellier, « Le Roman initiatique en France au temps du romantisme » (*Cahiers Internationaux de Symbolisme*, Nr. 4, 1964, p. 22-40).
2. Cf. Newton Arvin, *Herman Melville* (New York, 1950).

Thoreau[1], dans les romans de Cooper[2], et ceux de Henry James, dans *Huckleberry Finn* de Mark Twain, dans *The Bear* de Faulkner[3]. Et dans un livre récent, *Radical Innocence* (1963), l'auteur, Ihab Hassan, consacre tout un chapitre à la « Dialectique de l'Initiation », en l'illustrant avec les écrits de Sherwood Anderson, Scott Fitzgerald, Wolfe et Faulkner.

Comme nous venons de le voir, la structure initiatique d'*Aurélia*, déchiffrée par Richer, peut indiquer que Gérard de Nerval avait traversé une crise de profondeur comparable à un rite de passage. Le cas de Nerval n'est pas exceptionnel. J'ignore si la jeunesse de Goethe, par exemple, a été analysée dans une perspective similaire. Mais dans *Dichtung und Wahrheit* le vieux Goethe décrit les expériences tumultueuses de sa période *Sturm und Drang* en termes qui nous rappellent le type « chamanique » d'initiation. Goethe y parle de l'instabilité, de l'excentricité et de l'irresponsabilité de ces années. Il admet qu'il avait gaspillé son temps aussi bien que ses dons, que sa vie était devenue sans but et sans signification. Il vivait un « état chaotique », il était « démembré et coupé en morceaux » (*in solcher vielfachen Zerstreuung, ja Zerstückelung meines Wesens*). Or, l' « état chaotique » (*i.e.* l'instabilité psychomentale), aussi bien que l'expérience extatique du morcellement du corps, sont les traits caractéristiques des initiations chamaniques. Et, à l'image du futur chaman qui, à travers son initiation, parvient à réintégrer une personnalité plus forte et

---

1. Stanley Hyman, « Henry Thoreau in our Time » (*Atlantic Monthly*, nov. 1946, p. 136-176) ; cf. aussi R. W. B. Lewis, *The American Adam* (Chicago, 1955), p. 22 sq.

2. R. W. B. Lewis, *op. cit.*, p. 87 sq., 98 sq.

3. R. W. B. Lewis, in *Kenyon Review*, Autumn 1951 ; *id.*, *The Picaresque Saint* (New York, 1961), p. 204 sq.

plus créatrice, on peut dire que, après la période de *Sturm und Drang*, Goethe conquit sa maturité spirituelle et devint maître de sa vie et de sa créativité.

Significations pour le monde moderne.

Il n'est pas question de juger ici la validité et les résultats de telles entreprises. Mais, pour le répéter, il est significatif que certaines aient été interprétées — par des historiens, des critiques ou des psychologues — comme ayant des rapports directs, bien qu'inconscients, avec l'initiation. Et ceci pour plusieurs raisons. D'abord, parce que dans ses formes les plus complexes, l'initiation suscite et guide la créativité spirituelle : dans nombre de cultures traditionnelles, la poésie, le spectacle, la sagesse sont le résultat direct d'un apprentissage initiatique. Et il est bon qu'on s'applique actuellement à étudier les rapports entre l'initiation et les expressions les plus « nobles », les plus créatrices d'une culture. On a mis en lumière le caractère « initiatique » de la maïeutique socratique[1]. On pourrait faire un rapprochement analogue entre initiation et phénoménologie : en effet, la phénoménologie se propose d'abolir l'expérience « profane », c'est-à-dire l'expérience de l'homme naturel. Or, ce que Husserl appelait l' « attitude naturelle » de l'homme correspond, dans les sociétés traditionnelles, à l'état profane, préinitiatique. A travers l'initiation de puberté, le novice a accès au monde sacré, c'est-à-dire à ce qui est considéré comme réel et significatif par la culture à laquelle il appartient — tout comme par le truche-

1. Cf. *Naissances mystiques*, p. 239.

ment de la réduction phénoménologique le sujet-en-tant-que-cogito arrive à saisir le réel.

Mais des recherches semblables sont également significatives pour la connaissance de l'homme moderne. Le désir de déchiffrer des scénarios initiatiques dans la littérature et dans l'art (peinture, cinéma), dénote non seulement une revalorisation de l'initiation en tant que processus de régénération et transformation spirituelles, mais aussi une certaine nostalgie pour une expérience équivalente. On sait que les initiations dans le sens traditionnel du terme ont disparu depuis longtemps en Europe ; mais on sait aussi que les symboles et les scénarios initiatiques survivent au niveau de l'inconscient, surtout dans les rêves et dans les univers imaginaires. Il est significatif qu'on étudie aujourd'hui ces survivances avec un intérêt difficile à concevoir il y a cinquante ou soixante ans. Freud nous a appris que certaines tendances et décisions existentielles ne sont pas conscientes. Par conséquent, la forte attraction envers les œuvres littéraires et artistiques à structure initiatique est révélatrice. Le marxisme et la psychanalyse nous ont montré l'efficacité de la démystification lorsqu'on veut saisir le *vrai sens* — ou le sens *premier* — d'un comportement, d'une action ou d'une création culturelle. Dans notre cas, il nous faut entreprendre une démystification à rebours ; autrement dit, il nous faut « démystifier » les univers et les langages apparemment profanes de la littérature, de la peinture, du cinéma, et montrer tout ce qu'ils comportent de « sacré » — évidemment, d'un « sacré » ignoré, camouflé ou dégradé. Certes, dans un monde désacralisé comme le nôtre, le « sacré » est surtout présent et actif dans les univers imaginaires. Mais on commence à se rendre compte que les expériences imaginaires sont constitutives de l'être humain au même titre que ses expériences diurnes. Dans ce cas, la nostalgie pour les épreuves et les scénarios initiatiques, nostalgie déchiffrée dans tant d'œuvres littéraires et plastiques, révèle le désir de l'homme moderne d'un renouvellement définitif et total, d'une *renovatio* qui puisse transmuer l'existence.

C'est pour cette raison que les recherches récentes que nous venons de passer rapidement en revue ne représentent pas uniquement des contributions intéressant l'histoire des religions, l'ethnologie, l'orientalisme ou la critique littéraire ; elles sont susceptibles d'être interprétées en tant qu'expressions constitutives du faciès culturel de l'époque moderne.

1964.

VIII

REMARQUES
SUR LE DUALISME RELIGIEUX :
DYADES ET POLARITÉS

Histoire d'un problème.

Le dualisme religieux et philosophique a une longue histoire, tant en Asie qu'en Europe. Nous ne traiterons pas ici ce vaste problème. Mais depuis le début du siècle, le dualisme et des problèmes connexes — comme la polarité, l'antagonisme, le complémentarité — ont été envisagés sous des perspectives nouvelles, et nous sommes encore sollicités par les résultats de ces recherches, et surtout par les hypothèses qu'elles ont suscitées. Le changement de perspective fut sans doute amorcé par l'étude de Durkheim et Mauss, « De quelques formes primitives de classification : contribution à l'étude des représentations collectives », publiée dans l'*Année sociologique*, VI, 1901-1902 [1]. Les auteurs ne s'attaquaient pas directement aux problèmes du dualisme ni de la polarité, mais ils mettaient en lumière certains types de classification sociale fondés, en dernière analyse, sur un principe similaire, à savoir la division bipartite de la société et de la Nature. Cette étude a trouvé, en France surtout, un écho exception-

1. Paris, 1903, p. 1-72.

nellement favorable. N'était-elle pas une des premières, et des plus brillantes manifestations du sociologisme, d'une sociologie érigée en doctrine totalitaire ? Durkheim et Mauss estimaient avoir démontré que les idées sont organisées d'après un modèle fourni par la société. Il existerait une étroite solidarité entre système social et système logique. Si l'Univers a été divisé en zones plus ou moins complexes (Ciel et Terre, le haut et le bas, droite et gauche, les quatre points cardinaux, etc.), c'est parce que la société était elle-même divisée en clans et en totems.

Sans entrer dans la discussion de cette théorie, observons seulement qu'elle ne s'impose pas. Durkheim et Mauss n'ont pas prouvé — on ne peut d'ailleurs pas prouver — que la société ait été la cause, ou le modèle, de la classification bipartite et tripartite [1]. Tout ce qu'on est fondé à dire, c'est que le même principe informe les classifications du Cosmos aussi bien que celles de la société. Si l'on veut à tout prix identifier l'« origine » du principe qui instaure l'ordre dans un chaos préexistant, c'est plutôt dans l'expérience primaire de l'*orientation* dans l'espace qu'on doit la chercher.

Quoi qu'il en soit, l'étude de Durkheim et Mauss a eu un retentissement considérable. Dans son introduction à la traduction anglaise de ce mémoire, R. Needham cite une vingtaine de noms et d'ouvrages inspirés ou guidés par lui. Parmi les plus connues, il faut citer l'étude de Robert Hertz sur la prééminence de la main droite : l'auteur y arrive à la conclusion que le dualisme — selon lui, essentiel à la pensée des primitifs —

---

1. Dans l'introduction à la traduction de cet essai, Rodney Needham a rappelé les objections les plus importantes ; cf. *Primitive Classification* (Chicago, 1963), p. XVII-XVIII, XXVI-XXVII.

domine leur organisation sociale ; que le privilège attaché à la main droite s'explique par la polarité religieuse, qui sépare et oppose le sacré (l'homme, le Ciel, la droite, etc.) du profane (la femme, la Terre ou monde inférieur, la gauche, etc.)[1]. D'autre part, le brillant sinologue que fut M. Granet n'hésitait pas à écrire, en 1932, que « les quelques pages de ce mémoire qui ont trait à la Chine devraient marquer une date dans l'histoire des études sinologiques[2] ».

Dans le premier quart de ce siècle, à la faveur d'une connaissance de plus en plus étendue des institutions sociales et politiques, on a été frappé par le grand nombre d'organisations sociales de type binaire et de multiples formes de « dualités ». Parallèlement au sociologisme de Durkheim et de ses élèves, une école « diffusionniste » s'était imposée en Angleterre. Selon ses adhérents les organisations sociales de type binaire trouvent leur explication dans les événements historiques, en l'espèce, dans le mélange de deux peuples différents, dont l'un, l'envahisseur victorieux, aurait établi un système social en coopération avec le peuple du territoire envahi. C'est de cette manière que l'anthropologue anglais Rivers

1. Robert Hertz, « De la prééminence de la main droite » (*Revue Philosophique*, LXVIII, 553-580), p. 559, 561 sq. Le problème de la droite et de la gauche dans la classification symbolique « primitive » a été étudié récemment par T. O. Biedelman, « Right and Left Hand among the Kaguru : A Note on Symbolic Classification » (*Africa*, 31 (1961) : 250-257) ; Rodney Needham, « The Left Hand of the Mugwe : An Analytical Note on the Structure of Meru Symbolism » (*Africa*, 30 (1960) : 20-23) et « Right and Left in Nyoro Symbolic Classification », *ibid.*, 36 (1967) : 425-452 ; John Middleton, « Some Categories of Dual Classification among the Lugbara of Uganda » (*History of Religions*, 7 (1968) : 187-208).

2. Marcel Granet, *La Pensée chinoise* (Paris, 1934), p. 29, n. i.

rend compte de l'organisation dualiste en Mélanésie[1].

Il n'y a pas lieu d'analyser ici l'idéologie et les méthodes de l'école diffusionniste anglaise. Mais il faut savoir qu'elle n'était pas isolée. Tout un mouvement, amorcé par Ratzel mais organisé par F. Graebner et Wilhelm Schmidt, s'efforçait d'introduire en ethnologie la dimension temporelle, et par suite les méthodes de l'histoire. Rivers et ses disciples s'agrégèrent à ce mouvement, sans pour cela partager la méthodologie historico-culturelle de Graebner et Schmidt. Le système s'inspirait de deux considérations fondamentales : d'une part, les primitifs ne représentent pas des *Naturvölker*, mais, eux aussi, ont été formés par l'histoire ; d'autre part, la pauvreté créatrice des sociétés archaïques et traditionnelles étant posée en principe, on expliquera les similitudes culturelles presque exclusivement par diffusion.

En Angleterre, après la mort de Rivers, le diffusionnisme prend la forme d'un pan-égyptianisme, sous l'impulsion de G. Elliot Smith et de W. J. Perry. Dans son livre *Children of the Sun* (1925), Perry explique de la façon suivante le déroulement de l'Histoire universelle : en Océanie, en Indonésie, dans l'Inde et dans l'Amérique du Nord — hormis les populations restées au stade de la chasse et de la cueillette, et agglutinées en groupes de famille — la plus ancienne forme d'organisation sociale a été l'organisation dualiste. Cette bipartition de la tribu s'accompagnait d'un ensemble d'éléments culturels spécifiques, dont les plus importants étaient le système des clans totémiques, la technique de l'irrigation, les mégalithes, les objets en pierre polie, etc. Selon Elliot Smith et Perry,

1. W. H. R. Rivers, *The History of Melanesian Society* (Cambridge, 1914), vol. II, ch. xxxviii ; *id., Social Origins* (London, 1924).

tous ces éléments culturels étaient d'origine égyptienne. A partir de la Ve dynastie, les Egyptiens auraient entrepris de longs voyages à la recherche d'or, de perles, de cuivre, d'aromates, etc. Partout où ils passaient, ces « Enfants du Soleil » apportaient et imposaient leur style de civilisation — irrigation, mégalithes, etc. — et d'organisation sociale. En somme, selon les pan-égyptianistes, l'uniformité du monde le plus archaïque, caractérisé par l'économie de la cueillette et de la chasse, illustrait la pauvreté, sinon l'incapacité créatrice des primitifs ; d'autre part, la quasi-uniformité des sociétés traditionnelles, avec leur structure dualiste, trahissait leur dépendance, directe ou indirecte, de la civilisation égyptienne, autrement dit, illustrait la même pauvreté ou incapacité créatrice de la race humaine.

Il serait instructif d'analyser un jour les raisons de la vogue étonnante — et éphémère — de l'école diffusionniste pan-égyptienne. Avec Grafton Elliot Smith et W. J. Perry, l'« historicisation » des cultures primitives avait atteint son apogée. Tout ce monde archaïque, d'une si riche variété, de l'Océanie à l'Amérique du Nord, était maintenant pourvu d'une « histoire », mais c'était partout la *même histoire*, réalisée par le *même groupe humain* — les « Enfants du Soleil » — ou par leurs représentants, imitateurs ou épigones. Cette histoire, uniforme d'un bout à l'autre du globe, avait pour seul centre et seule source l'Egypte de la Ve dynastie. Et une des meilleures preuves de cette unité était, aux yeux de Perry, la présence, presque universelle, de l'organisation dualiste, impliquant une bipartition antagoniste de la société.

Historicisme et réductionnisme.

En somme, dans la troisième décennie du siècle, les classifications dualistes de la société et du Cosmos, avec toutes les cosmologies, les mythologies et les rituels qu'elles sous-tendaient, étaient considérées soit d'*origine sociale* (Durkheim et son école), soit d'*origine « historique »*, c'est-à-dire, dans ce second cas, le résultat d'une union entre deux groupes ethniques : minorité de conquérants civilisés et masse indigène attardée au stade primitif (Perry et le pan-égyptianisme). Les « historicistes » ne tombaient pas toujours dans les excès de l'école pan-égyptienne. Mais en face d'une forme quelconque de « dualité », ils étaient tentés de l'expliquer « historiquement », comme la conséquence d'une confrontation entre deux peuples différents, suivie de leur mélange. C'est ainsi qu'André Piganiol, par exemple, dans son *Essai sur les origines de Rome* (1916), expliquait la fondation du peuple romain par la réunion des Latins, c'est-à-dire des Indo-Européens, et des Sabins, ces derniers étant, selon lui, des Méditerranéens. « Quant à la religion notamment, les Indo-Européens seraient responsables des sépultures à crémation, les Sabins des fosses d'inhumation (...). Les Indo-Européens auraient introduit en Italie l'autel portant le feu allumé, le culte du mâle feu, celui du soleil, celui de l'oiseau, et la répugnance aux sacrifices humains ; les Sabins auraient eu pour autels des pierres qu'ils frottaient de sang, rendu un culte à la lune et au serpent et immolé des victimes humaines [1]. »

1. Résumé par Georges Dumézil, *La Religion romaine archaïque* (Paris, 1966), p. 72.

Depuis 1944, Georges Dumézil a patiemment démonté cette construction[1]. On sait maintenant que la dualité des modes de sépulture, crémation et inhumation, ne reflète pas une dualité du peuplement. Généralement, ces deux modes coexistent[2]. En ce qui concerne la guerre entre Romulus avec ses Romains et Titus Tatius avec ses riches Sabins, Dumézil a montré qu'elle faisait partie de la mythologie indo-européenne, et il l'a rapprochée d'une autre guerre mythique, celle des deux groupes divins de la tradition scandinave, les Ases et les Vanes. Tout comme dans le cas des Romains et des Sabins, la guerre entre Ases et Vanes n'aboutissait pas à une bataille décisive. Lassés par l'alternance de semi-succès de part et d'autre, Ases et Vanes font la paix. Les principaux Vanes — les dieux Njördhr et Freyr, et la déesse Freyja — sont accueillis dans la société des Ases, à laquelle ils apportent la fécondité et la richesse, dont ils sont les représentants. Jamais plus il n'y aura de conflit entre les Ases et les Vanes. Rappelons entre parenthèses que cette guerre mythique scandinave a été, elle aussi, « historicisée » par nombre de savants : on expliquait le long combat entre les deux groupes divins comme le souvenir mythisé de la guerre entre deux ethnies ou populations qui, finalement, se sont fondues en une seule nation comme, à Rome, les Sabins et les Latins.

Bornons-nous à ces exemples qui mettent suffisamment en relief un fait : les savants ont cherché une « origine » concrète — l'organisation sociale ou l'événement historique — à toute forme de dualité, de polarité et d'antagonisme. Récemment, pourtant, on s'est efforcé de dépasser ces deux perspectives, qu'on

1. Cf. G. Dumézil, *Naissance de Rome* (Paris, 1944), ch. II.
2. G. Dumézil, *La Religion romaine archaïque*, p. 75 sq.

pourrait appeler sociologique et historiciste. Un exemple : le structuralisme interprète les divers types d'opposition comme des expressions d'un système rigoureux et parfaitement articulé, bien qu'agissant au niveau inconscient de l'esprit. Avec Troubetzkoï, la phonologie se concentre sur l'étude de la structure inconsciente du langage. De son côté, Claude Lévi-Strauss a appliqué le modèle linguistique à l'analyse de la famille, en partant du principe que la parenté est un système de communication comparable au langage. Or, les couples d'opposition (père-fils, mari-femme, etc.) font système, bien que ce système ne devienne intelligible que dans une perspective synchronique. Lorsqu'il s'attaquera à l'analyse des mythes, Lévi-Strauss utilisera le même canevas linguistique. Selon l'éminent anthropologue, « l'objet du mythe est de fournir un modèle logique pour résoudre une contradiction ». Ou encore : « La pensée mythique procède de la prise de conscience de certaines oppositions et tend à leur médiation progressive [1]. »

En somme, pour les structuralistes, les polarités, les couples de contraires, les oppositions, les antagonismes n'ont pas une origine sociale, et ne s'expliquent pas non plus par des événements historiques. Ils traduisent un système parfaitement cohérent, qui informe l'activité inconsciente de l'esprit. Bref, il s'agit d'une structure de la vie, et Lévi-Strauss estime que cette structure est identique à la structure de la matière. Autrement dit, il n'y a pas solution de continuité entre les polarités et les oppositions enregistrées aux niveaux de la matière, de la vie, de la psyché profonde, du langage ou de l'organisation sociale — et

1. Cl. Lévi-Strauss, *Anthropologie structurale* (Paris, 1958), p. 248, 254.

le niveau des créations mythologiques et religieuses. Le sociologisme et l'historicisme sont évincés par un réductionnisme matérialiste beaucoup plus ambitieux, en dépit de ses nuances, que les matérialismes classiques ou positivistes.

Historien des religions, notre démarche sera différente. S'agissant de saisir la fonction des polarités dans la pensée et dans la vie religieuse des sociétés archaïques et traditionnelles, il nous faut aborder les documents en herméneute, et non pas en dé-mystificateur. Ces documents — mythes ou théologies, systèmes de division de l'espace ou rituels appliqués par deux groupes antagonistes, dualités divines ou dualismes religieux, etc. — ces documents constituent, chacun selon son propre mode d'être, autant de créations de l'esprit humain. On n'a pas le droit de les traiter autrement que l'on traite, par exemple, la poésie tragique grecque ou l'une des grandes religions ; on n'a pas le droit de les réduire à quelque chose d'autre que ce qu'elles sont : des créations spirituelles. C'est donc la signification profonde de ces créations qu'il nous importe de saisir. Pour cette raison, nous allons présenter un certain nombre de documents choisis dans des cultures différentes. Nous les avons choisis de manière à leur faire illustrer l'étonnante variété des solutions données à l'énigme « toujours recommencée » de la polarité et de la rupture, de l'antagonisme et de l'alternance, du dualisme et de l'union des contraires [1].

1. Nous laisserons de côté certains aspects, importants, du problème, par exemple les mythes et les rites de la bisexualité, la morphologie religieuse de la *coincidentia oppositorum*, les mythologies et les gnoses mettant en vedette le conflit entre dieux et démons, Dieu et Satan, etc., déjà discutés dans notre livre *Méphistophélès et l'Androgyne* (Paris, 1962), p. 95-154.

Deux types de sacralité.

Rappelons dès l'abord que l'expérience religieuse elle-même présuppose une bipartition du Monde en *sacré* et *profane*. La structure de cette bipartition est trop complexe pour être discutée ici ; d'ailleurs, le problème n'intéresse qu'indirectement notre thème. Précisons simplement qu'il ne s'agit pas d'un dualisme embryonnaire, car à travers la dialectique de l'hiérophanie, le profane se transforme en sacré. D'autre part, de multiples processus de désacralisation retransforment le sacré en profane. Mais nous retrouvons l'opposition exemplaire sacré-profane parmi les innombrables listes d'antagonismes binaires, à côté, par exemple, de l'opposition mâle-femelle, Ciel-Terre, etc. A y regarder de plus près, on se rend compte que, lorsque l'antagonisme des sexes est exprimé dans un contexte religieux, il s'agit moins de l'opposition sacré-profane que de l'antagonisme entre deux types de sacralité, l'un réservé aux hommes, l'autre propre aux femmes. Ainsi l'initiation de puberté, en Australie comme ailleurs, vise à séparer l'adolescent du monde de la mère et des femmes, et à l'introduire dans le monde sacré, dont les secrets sont jalousement gardés par les hommes. Et pourtant, dans toute l'Australie, les femmes ont leurs propres cérémonies secrètes, parfois réputées si puissantes qu'aucun homme ne saurait les épier impunément[1]. Plus encore : selon certaines traditions mythiques, les objets culturels les plus secrets, aujourd'hui accessibles aux seuls mâles, ont, à l'origine, appartenu aux femmes, ce qui implique non

1. R. M. et C. H. Berndt, *The World of the First Australians* (Chicago, 1964), p. 248.

seulement l'antagonisme religieux des sexes, mais aussi la reconnaissance de la supériorité originelle de la sacralité féminine [1].

On trouve des traditions analogues dans d'autres religions archaïques, et leur signification est la même ; entendez qu'il y a différence qualitative et antagonisme entre les sacralités spécifiques et exclusives de chaque sexe. A Malekula, par exemple, le terme *ileo* désigne tout ce qui a rapport à la sacralité spécifiquement masculine ; pourtant, son contraire, *igah*, ne correspond pas au profane, mais décrit une autre forme de sacralité, exclusivement féminine. Les objets chargés d'*igah* sont soigneusement évités par les hommes, car ils paralysent et même détruisent leurs réserves d'*ileo*. Lorsque les femmes célèbrent leurs cérémonies secrètes, elles sont à tel point saturées d'*igah* que si un homme apercevait ne fût-ce que leurs coiffures, il deviendrait « comme un enfant » et perdrait son rang dans la société secrète masculine. Même les objets touchés par les femmes pendant leurs rituels sont dangereux, et c'est pourquoi ils sont tabous aux hommes [2].

Cette tension antagonique entre les deux types de sacralité exprime en dernière instance l'irréductibilité des deux modes d'être dans le monde, de l'homme et de la femme. Mais il serait vain d'expliquer la tension religieuse entre les deux sexes uniquement en termes de psychologie, voire de physiologie. Il y a, certes, deux modes spécifiques d'exister, mais il y a aussi la jalousie et le désir inconscient de chaque sexe de pénétrer les

1. Cf. M. Eliade, « Australian Religions, Part III : Initiation Rites and Secret Cults » (*History of Religions*, vol. VII, August 1967, p. 61-90), p. 87 et 89 ; H. Baumann, *Das doppelte Geschlecht* (Berlin, 1955), p. 345 sq.

2. A. B. Deacon, *Malekula* (London, 1934), p. 478 sq.

« mystères » de l'autre et de s'approprier ses « pouvoirs ». Sur le plan religieux, la solution de l'antagonisme sexuel n'implique pas toujours la répétition rituelle d'un *hiéros gamos*; dans nombre de cas, on s'efforce de transcender l'antagonisme par une androgynisation rituelle[1].

Amérique du Sud : Jumeaux divins.

Nous commencerons notre enquête par l'Amérique du Sud, et ce pour une double raison : les tribus qui vont être citées se trouvent encore à des stades archaïques de culture, et d'autre part nous rencontrons ici, dans une formulation plus ou moins élaborée, un certain nombre de « solutions classiques » aux problèmes posés par les dichotomies et l'antagonisme. Les quelques exemples qui vont suivre n'épuisent pas, du reste, la richesse des documents sud-américains. En gros, les thèmes qui nous intéressent se laissent identifier dans 1°, la division binaire de l'espace et de l'habitat ; 2°, les mythes des Jumeaux divins ; 3°, la dichotomie généralisée à l'Univers tout entier, y compris la vie spirituelle de l'homme ; 4°, l'antagonisme divin, reflétant plutôt une complémentarité occulte, qui sert de modèle et de justification aux institutions et aux conduites humaines. Souvent plusieurs ou même la totalité de ces motifs sont attestés dans la même culture.

Nous ne nous arrêterons pas, pour chaque tribu, sur la configuration de l'espace sacré et la cosmographie

1. Cf. M. Eliade, *Méphistophélès et l'Androgyne* (Paris, 1962), p. 121 sq.

qui leur furent particulières : nous avons consacré à ce problème un ouvrage, à paraître bientôt. Mais il ne faut pas oublier que les mythologies et les conceptions cosmologiques qui seront examinées présupposent presque toujours une *imago mundi*. Quant au mythe des Jumeaux divins, il est très répandu en Amérique du Sud. Généralement, les Jumeaux ont pour père le Soleil ; la mère ayant été tuée traîtreusement, les frères sont extraits de son cadavre, et après bien des aventures ils finiront par la venger un jour[1]. Les Jumeaux ne font pas toujours figure de rivaux. Dans de nombreuses variantes, un des héros est ressuscité par son frère à partir de ses os, de son sang ou des morceaux de son corps[2]. Mais les deux Héros Civilisateurs n'expriment pas moins la dichotomie universelle. Les Kaingang du Brésil font remonter toutes leurs institutions et leur culture aux deux héros mythiques, leurs ancêtres. Non seulement ces deux héros ont divisé la tribu en deux moitiés exogames, mais la Nature tout entière est distribuée entre eux. La mythologie — qui sert de modèle à la vie des Kaingang — n'est que l'illustration dramatique de cette bipartition univer-

---

1. Voici un mythe Bakairi (Caraïbes) : le dieu céleste, Kamuscini, après avoir créé les hommes, marie une femme au jaguar mythique Oka. Miraculeusement enceinte, l'épouse est tuée à la suite des intrigues de sa belle-mère. Les jumeaux, Keri et Kame sont extraits du cadavre et vengent leur mère, en brûlant l'intrigante. Keri est le Héros Civilisateur par excellence, le bienfaiteur du genre humain, etc. Les sources anciennes sont enregistrées par R. Pettazzoni, *Dio*, I, Roma, 1922, p. 330-331 ; cf. aussi Paul Radin, « The Basic Myth of the North American Indians », *Eranos-Jahrbuch*, XVII, 1949, p. 371 sq. ; A. Métraux, « Twin Heroes in South American Mythology », *Journal of American Folklore*, vol. LIX, 1946, p. 114-123 ; Karin Hissing et A. Hahn, *Die Tacana, Erzählungsgut* (Francfort, 1961), p. 111 sq.

2. Cf. Otto Zerries, in : *Les Religions amérindiennes* (trad. fr., Paris, 1962), p. 390.

selle, rendue intelligible par l'activité des deux héros [1]

En outre, certaines indications soulignent une différence de nature entre les Jumeaux. Ainsi chez les Cubeo de la Guyane intérieure, Hömanihikö, qui avait créé la Terre, n'intervient plus dans les affaires des hommes : il habite au Ciel, où il accueille les âmes des morts. Son frère, Mianikötöibo, qui est difforme, habite dans une montagne [2]. Selon les Apinayé, le Soleil et la Lune se trouvaient au commencement sur la terre sous forme humaine. Ils ont engendré les deux groupes d'ancêtres des Apinayé, et les ont installés dans un village divisé en deux zones : le groupe Soleil au nord, celui de la Lune au sud. Les mythes indiquent un certain antagonisme entre les frères : le Soleil est plus intelligent, la Lune plus bornée [3].

L'antagonisme est plus marqué chez les Caliñas, Caraïbes de la côte septentrionale de la Guyane. Amana, déesse des Eaux, à la fois mère et vierge, dite « sans nombril », c'est-à-dire non née [4], enfanta les Jumeaux : Tamusi à l'aube, et Yolokantamulu au crépuscule. Tamusi est anthropomorphe et il est considéré comme l'ancêtre mythique des Caliñas : c'est lui

1. Egon Schaden, *A mitologia héroica de tribos indigenas do Brasil* (Rio de Janeiro, 1945, 2ᵉ éd., 1959), p. 103-116, en utilisant Telemaco Borba, *Atualidade indigena* (Curitiba, 1908), p. 11 sq., 20 sq., 70 sq.; H. Baldus, *Ensaios de Etnologia brasileira* (São Paulo, 1937), p. 29 sq., 45 sq., 60 sq.
2. Koch-Grünberg résumé par Otto Zerries, *op. cit.*, p. 361-362.
3. Curt Nimuendaju, *The Apinayé* (The Catholic University of America, Anthropological Series, n° 8, Washington, 1939), p. 158 sq.
4. Amana, femme très belle dont le corps finit en queue de serpent, symbolise à la fois le temps et l'éternité, car, bien qu'elle réside dans les Eaux célestes, elle se renouvelle périodiquement : elle mue comme un serpent — comme d'ailleurs les âmes des morts et la Terre elle-même. Amana a engendré toute la Création et peut prendre n'importe quelle forme.

qui a créé toutes les choses bonnes et utiles aux hommes. Tamusi habite dans la partie lumineuse de la lune, et il est le Seigneur de ce paradis céleste, le pays sans soir, où les âmes des hommes pieux viennent le rejoindre ; mais personne ne peut le voir tant est éblouissante la lumière qui l'entoure. Tamusi s'oppose héroïquement aux puissances hostiles qui ont plusieurs fois anéanti le Monde, et vont le détruire encore une fois ; mais après chaque destruction, Tamusi a recréé le Monde. Son frère jumeau habite lui aussi dans les régions célestes, mais à l'opposé du Paradis, au pays sans matin. Il est le créateur de l'obscurité et l'auteur de tous les maux qui pèsent sur l'humanité. Dans un certain sens, il symbolise la puissance active de la déesse-mère Amana. Haekel voit en lui le complément nécessaire de l'aspect lumineux du Monde, représenté par Tamusi. Il n'est pas pour autant l'adversaire absolu de son frère : l'Esprit méchant des Caliñas est un autre personnage, Yawané. Mais des deux frères c'est Tamusi qui joue le rôle le plus important, et devient une sorte d'Etre Suprême [1].

Souvent la dichotomie totale de la Nature [2] s'applique également à la partie spirituelle de l'homme. Selon les Apapocuva, tribu tupi-guarani du Brésil méridional, chaque enfant incarne une âme qui descend d'une des trois régions célestes — l'Est, le Zénith

---

1. Josef Haekel, « *Purá und Hochgott* » (*Archiv für Völkerkunde*, XIII, 1958, p. 25-50), p. 32.
2. Il serait inutile de multiplier les exemples. Citons encore les Timbira, pour lesquels la totalité cosmique est divisée en deux moitiés : d'une part, l'Est, le Soleil, le jour, la saison sèche, le feu, la couleur rouge ; d'autre part, l'Ouest, la Lune, la nuit, la saison des pluies, l'eau, le noir, etc. C. Nimuendaju, *The Eastern Timbira* (University of California Publications in Archaeology and Ethnology, vol. XLI, Berkeley, 1946), p. 84 sq.

221

et l'Ouest — où elle préexistait auprès d'une divinité (« Notre Mère » à l'Est, « Notre Frère aîné » au Zénith, Tupan, le jumeau puîné, à l'Ouest). A la mort, l'âme retourne à son lieu d'origine. C'est cette âme, que Nimuendaju appelle « âme-plante », qui constitue la liaison avec le monde supérieur. Pour la « rendre légère », l'homme doit s'abstenir de viande. Mais peu de temps après la naissance, l'enfant reçoit une deuxième âme, l' « âme-animale », qui décidera de son caractère. Les divers tempéraments sont déterminés par la nature de l'animal présent dans l' « âme-animale » des différents individus. Seuls les chamans sont capables de discerner le type des « âmes-animales[1] ».

Selon Nimuendaju la conception des deux âmes reflète la dichotomie de la Nature, illustrée d'une façon exemplaire par les deux Jumeaux mythiques, dont les tempéraments opposés et antagoniques se transmettent aux membres des deux moitiés. Ceci est exact, mais il y a quelque chose de plus : nous sommes en présence d'une interprétation créatrice d'un schéma cosmologique et d'un thème mythique largement diffusés. Les idées, familières au monde primitif, que la source de l'âme est divine, et que les divinités suprêmes et cosmogoniques sont de nature céleste ou habitent le Ciel, ont surajouté une autre valeur religieuse à la conception de la dichotomie universelle. Il s'agit, en outre, d'une nouvelle valorisation religieuse du Monde ; l'antagonisme des Jumeaux se reflète dans l'antagonisme des âmes, et l' « âme-plante » est seule à avoir une origine divine, ce qui implique une dévalori-

1. C. Nimuendaju, « Religion der Apapocuva-Guarani » (*Zeitschrift für Ethnologie*, vol. XLVI, 1914), p. 305 sq.

sation religieuse de l'animal. Or, la sacralité des animaux constituait un élément essentiel de toute religion archaïque. On surprend ici l'effort d'isoler, parmi tant d'autres « sacralités » présentes dans le monde, l'élément purement « spirituel », c'est-à-dire divin, d'origine céleste.

On rapprochera de cette conception l'idée des Caliñas : tout ce qui existe sur Terre a sa réplique spirituelle au Ciel [1]. Dans ce cas aussi nous avons affaire à une utilisation audacieuse du thème de la dichotomie universelle, en vue d'identifier un principe spirituel capable d'expliquer certaines contradictions du Monde. La conception des Caliñas n'est pas isolée ; elle se retrouve dans les deux Amériques, et ailleurs. Comme on le sait, l'idée de « réplique spirituelle » a joué un rôle important dans l'histoire universelle du dualisme.

Polarité et complémentarité chez les Kogi.

Les idées religieuses solidaires de notre thème sont très probablement plus nuancées et mieux articulées dans un système général que ne le laisseraient entendre nombre de sources. Lorsque des chercheurs qualifiés se sont donné la peine d'enregistrer sur le terrain non seulement les comportements et les gestes rituels, mais aussi les significations qu'ils revêtent dans l'esprit des aborigènes, c'est un tout autre univers de valeurs qui nous apparaît. Voici comment les Indiens

1. J. Haekel, « Purá und Hochgott », p. 32.

Kogi de la Sierra Nevada[1] utilisent les idées de polarité et de complémentarité dans l'explication du monde, de la société et de l'homme. La tribu est divisée entre les « gens d'en haut » et les « gens d'en bas », et le village est séparé en deux moitiés, comme aussi la maison cultuelle. L'Univers est également divisé en deux sections, déterminées par la course du Soleil. En outre, il y a d'innombrables couples polaires et antagoniques : homme/femme, main droite/main gauche, chaleur/froid, lumière/obscurité, etc. Ces couples sont associés à certaines catégories d'animaux et de plantes, aux couleurs, aux vents, aux maladies, et aussi aux concepts de Bien et de Mal.

Le symbolisme dualiste est manifeste dans toutes les pratiques magico-religieuses. Pourtant les contraires coexistent en chaque homme, et aussi dans certaines divinités tribales. Les Kogi pensent que la permanence et la fonction d'un principe du Bien (identifié d'une façon exemplaire avec la droite) sont déterminées par l'existence simultanée d'un principe du Mal (la gauche). Le Bien n'existe que dans la mesure où le Mal est actif : si le Mal disparaissait, le Bien cesserait avec lui. Idée chère à Goethe, mais que l'on retrouve plus d'une fois dans l'histoire de la pensée. Il faut commettre des péchés, et proclamer ainsi l'influence active du Mal. Selon les Kogi le problème central de la condition humaine est justement celui d'équilibrer ces deux forces opposées et pourtant complémentaires. Le concept fondamental est *yuluka*, ce qui peut se traduire par « être d'accord », « être égal », « être identifié ».

1. Nous suivons ici de très près, parfois en le paraphrasant, l'article de G. Reichel-Dolmatoff, « Notas sobre el simbolismo religioso de los Indios de la Sierra Nevada de Santa Marta » (*Razón y Fabula, Revista de la Universidad de los Andes*, nº 1, p. 55-72, Bogotá, 1967), spécialement p. 63-67.

Savoir équilibrer les énergies créatrices et destructives, « être d'accord », c'est là le principe-guide de la conduite humaine.

Ce schéma des oppositions complémentaires s'intègre dans un système quadripartite de l'Univers : aux quatre directions cardinales correspondent d'autres séries de concepts, de personnages mythiques, d'animaux, plantes, couleurs et activités. A l'intérieur du système, les antagonismes se répètent (par exemple, le rouge et le blanc, couleurs « claires », correspondant au Sud et à l'Est, constituent le « côté bon » et s'opposent au « côté mauvais », formé par les « couleurs sombres » du Nord et de l'Ouest). La structure quadripartite informe le macrocosme aussi bien que le microcosme. Le Monde est soutenu par les quatre géants mythiques, la Sierra Nevada est divisée en quatre zones, les villages construits sur le plan traditionnel comportent quatre points d'accès, à l'abord desquels se trouvent quatre places sacrées où l'on dépose les offrandes ; enfin, la maison cultuelle a quatre foyers autour desquels s'assoient les membres des quatre clans principaux. (Mais ici encore subsiste la bipartition antagonique : du « côté droit » — rouge — prennent place « ceux qui savent moins », tandis que du « côté gauche » — bleu clair — s'assoient « ceux qui savent plus », parce que ces derniers ont plus affaire aux forces négatives qui régissent l'Univers.)

Les quatre directions cardinales sont complétées par le « point du milieu », qui joue un rôle important dans la vie des Kogi. C'est le Centre du Monde, la Sierra Nevada, dont la réplique est le centre du cercle de la maison cultuelle, là où l'on enterre les offrandes principales, là où s'assoit le prêtre (*máma*) lorsqu'il veut « parler avec les dieux ».

Enfin, le schéma se développe en un système tri-dimensionnel avec sept points de repère : Nord, Sud, Est, Ouest, Zénith, Nadir et Centre. Les trois derniers forment l'axe cosmique qui traverse et soutient le Monde, imaginé sous la forme d'un œuf. Comme le remarque Reichel-Dolmatoff, c'est l'œuf cosmique qui introduit l'élément dynamique, à savoir le concept des neuf étapes. Le Monde et l'homme ont été créés par la Mère Universelle. Elle a neuf filles, chacune représentant une certaine qualité de terre cultivable : terre noire, rouge, sablonneuse, argileuse, etc. Ces terres constituent autant d'étages à l'intérieur de l'œuf cosmique et symbolisent également une échelle de valeurs. Nous vivons dans la cinquième terre, la terre noire, celle du milieu. Les grandes collines pyramidales de la Sierra Nevada sont imaginées comme « mondes » et « maisons » de même structure. De même les principales maisons cultuelles sont des répliques microcosmiques ; elles se trouvent donc au « Centre du Monde ».

Les associations ne s'arrêtent pas là. L'œuf cosmique est interprété comme l'utérus de la Mère Universelle, dans lequel vit encore l'humanité. La Terre est pareillement un utérus, comme d'ailleurs la Sierra Nevada, et de même chaque maison cultuelle, chaque maison et, finalement, chaque tombe. Les cavernes et les crevasses de la terre représentent les orifices du corps de la Mère. Les sommets des maisons cultuelles symbolisent l'organe sexuel de la Mère ; ils sont les « portes » qui donnent accès aux niveaux d' « en haut ». Pendant le rituel funéraire le mort retourne à l'utérus ; le prêtre soulève neuf fois le cadavre : cela signifie que le mort refait à rebours les neuf mois de la gestation. Mais la tombe elle-même représente le Cosmos, et le rituel funéraire est un acte de « cosmicisation ».

Nous avons insisté sur cet exemple parce qu'il exprime bien la fonction de la polarité dans la pensée d'un peuple archaïque. Comme nous venons de le voir, la division binaire de l'espace s'étend à l'Univers tout entier. Les couples de contraires sont en même temps complémentaires. Le principe de la polarité semble être à la fois la loi fondamentale de la Nature et de la Vie, et la justification de la morale. Pour les Kogi, la perfection humaine ne consiste pas à « faire le bien », mais à assurer l'équilibre des deux forces antagoniques du Bien et du Mal. Sur le plan cosmique, cet équilibre intérieur correspond au « point du milieu », Centre du Monde. Ce point se trouve à l'intersection des quatre directions cardinales et de l'axe vertical Zénith-Nadir, au milieu de l'œuf cosmique, identifié à l'utérus de la Mère Universelle. Par conséquent, les divers systèmes de polarité expriment aussi bien les structures de l'Univers de la vie que le mode d'être spécifique de l'homme. L'existence humaine est comprise et assumée en tant que « récapitulation » de l'Univers ; mais aussi la vie cosmique est rendue intelligible et significative dans la mesure où elle est saisie en tant que « chiffre ».

Il n'est pas dans notre propos de compléter le dossier sud-américain par d'autres exemples. Mais nous croyons avoir mis en lumière, d'une part, la variété des créations spirituelles occasionnées par l'effort de « lire » la Nature et l'existence humaine à travers le chiffre de la polarité ; et, d'autre part, avoir montré que les expressions particulières de ce qu'on a appelé parfois conceptions binaires et dualistes ne dévoilent leurs significations profondes que si on les intègre dans le système dont elles font partie.

Nous retrouvons une situation similaire, bien que plus complexe, parmi les tribus de l'Amérique du Nord. Là aussi nous rencontrons la bipartition du village et du monde, et les systèmes cosmologiques qui en résultent (les quatre directions, l'axe Zénith-Nadir, le « Centre », etc.), aussi bien que diverses expressions mythologiques et rituelles de polarités, antagonismes ou dualismes religieux. Certes, des conceptions semblables ne sont pas universellement ni uniformément répandues. Nombre de tribus nord-américaines ne connaissent que des rudiments d'une cosmologie bipartite, et beaucoup d'autres ignorent les conceptions « dualistes » bien qu'elles utilisent les systèmes de classification de type binaire. Or, c'est justement ce problème qui nous intéresse : les diverses valorisations religieuses, dans des contextes culturels différents, du thème fondamental de la polarité et du dualisme.

Combat et réconciliation :
Mänäbush et la « hutte médicinale ».

Chez les Algonkins du Centre, le Héros Civilisateur — Nanabozho (Odgibway et Ottawa), Mänäbush (Menominee) ou Wisaka (Cree, Sauk, etc.) — joue un rôle prééminent[1]. Il restaure la Terre après le déluge et lui donne sa forme actuelle, c'est lui encore qui organise les saisons et apporte le feu[2]. Mänäbush est

1. Cf. Werner Müller, *Die blaue Hütte* (Wiesbaden, 1954), p. 12 sq.
2. En effet, lorsque la Terre disparut sous les Eaux, Mänäbush envoya un animal chercher un peu de vase du fond de l'abîme (sur ce motif, voir M. Eliade, « Le Diable et le bon Dieu », dans *De Zalmoxis à Gengis-Khan* (Paris, 1970), p. 81-130, les variantes américaines, p. 114 sq.). Mänäbush recréa la Terre, fit de nouveau les animaux et les plantes, et finalement l'homme ; cf. la bibliographie essentielle dans

228

célèbre surtout par son combat contre les Puissances (inférieures) de l'Eau, combat qui déclenche le drame cosmique dont les hommes subissent encore les conséquences[1]. Le combat atteignit son paroxysme lorsque les Puissances aquatiques inférieures eurent réussi à massacrer le Loup, frère cadet de Mänäbush, et eurent ainsi instauré la mort dans le monde. Le Loup apparut le quatrième jour, mais Mänäbush le renvoya dans la région du couchant, où il règne sur les morts. Furieux, Mänäbush tua le chef des Puissances aquatiques, et ses adversaires déclenchèrent un nouveau déluge suivi d'un terrible hiver, sans parvenir, du reste, à abattre le héros. Effrayées, les Puissances inférieures lui proposent alors la réconciliation : c'est-à-dire la construction de la Hutte médicinale, aux mystères de laquelle Mänäbush sera le premier initié.

Il est significatif que le thème de la réconciliation n'est connu que dans les mythes ésotériques, communiqués aux seuls initiés dans le culte secret *midēwiwin*[2]. Selon cette tradition ésotérique, le Grand Esprit (le Manitou Suprême) conseilla aux Puissances inférieures d'apaiser Mänäbush, puisque c'étaient elles qui avaient commis le crime ; à la suite de quoi les Puissances construisent la cabane initiatique au Ciel et

---

MacLinscott Ricketts, *The Structure and religious signifiance of the Trickster-Transformer-Culture Hero in the Mythology of the North American Indians* (unpublished PhD dissertation, University of Chicago, 1964), vol. I, p. 195, n. 35.

1. Ajoutons que Mänäbush présente certains traits caractéristiques du *trickster* : il est, par exemple, pourvu d'une sexualité démesurée et grotesque, et en dépit de son héroïsme il s'avère parfois singulièrement borné.

2. Les mythes et les bibliographies chez Ricketts, *op. cit.*, I, p. 196 sq., W. Müller, *op. cit.*, p. 19 sq.; *id.*, *Die Religionen der Waldlandindianer Nordamerikas* (Berlin, 1956), p. 198 sq.

y invitent Mänäbush. A la quatrième invitation, Mänäbush accepte : il sait que les cérémonies révélées par
les Puissances seront utiles aux hommes. En effet,
après son initiation au Ciel, Mänäbush revient sur
terre et avec l'aide de sa grand-mère (la Terre) il
célèbre pour la première fois les rites secrets du
midēwiwin.

Par conséquent, selon la version ésotérique du
mythe, la catastrophe cosmique fut évitée parce que
les Puissances inférieures — qui, en massacrant le
Loup, avaient introduit la mort dans le monde —
offrirent à Mänäbush une cérémonie secrète et puis-
sante, destinée à améliorer le sort des mortels. Certes,
l'initiation dans le *midēwiwin* ne prétend pas changer
la condition humaine, mais elle assure ici-bas, la santé
et la longévité, et une nouvelle vie après la mort. Le
rituel initiatique comporte le scénario bien connu de
mort et résurrection ; le candidat est « tué » et immédiatement ressuscité par la coquille sacrée [1]. En d'autres termes, les mêmes Puissances qui avaient
dépouillé l'homme de son immortalité ont été obligées
finalement de le pourvoir d'une technique susceptible
à la fois de fortifier et de prolonger la vie, et d'assurer
une existence spirituelle postérieure. Pendant les cérémonies secrètes, le candidat incarne Mänäbush et les
prêtres représentent les Puissances. La cabane initiatique est dominée par un symbolisme dualiste. Elle est
divisée en deux sections : au Nord, de couleur blanche,
se trouvent les Puissances inférieures, au Sud, peintes
en rouge, les Puissances supérieures. Les deux couleurs

1. W. J. Hoffmann, « The Midēwiwin or " Grand Medicine Society "
of the Ojibwa » (*7th Annual Report of the Bureau of American Ethnology*, 1885-1886, Washington, 1891, p. 143-300), spéc. p. 207 sq. ; W.
Müller, *Die blaue Hütte*, p. 52 sq.

symbolisent le jour et la nuit, l'Eté et l'Hiver, la Vie et la Mort (suivie de résurrection), etc. L'association de ces deux principes polaires représente la totalité de l'existence cosmique [1].

Nous avons ici un admirable exemple de ce qu'on pourrait appeler la valorisation des éléments négatifs de la polarité. Le génie créateur des Menominee a su trouver une solution nouvelle et efficace à la crise existentielle provoquée par la terrifiante omniprésence de la mort, de la souffrance, de l'adversité. Nous allons présenter d'autres solutions plus ou moins différentes. Mais pour l'instant il convient de situer le complexe mythico-rituel de la cabane initiatique des Menominee dans l'ensemble de la religion algonquine, ceci afin de connaître les données religieuses communes à partir desquelles les Menominee ont élaboré leur système spécifique. En effet, comme l'a montré Werner Müller, d'autres tribus algonquines connaissent une tradition différente, vraisemblablement plus ancienne, où le Héros Civilisateur, Mänäbush, ne joue aucun rôle dans le rituel de la cabane initiatique.

Pour les Ogibway de Minnesota, par exemple, c'est le Grand Esprit (Manitou) qui a construit la hutte afin d'assurer aux hommes la vie éternelle [2]. Manitou est symboliquement présent dans la hutte initiatique (*midēwigan*), laquelle reproduit l'Univers : ses quatre parois symbolisent les points cardinaux, le toit représente la coupole céleste, le plancher symbolise la terre [3]. Dans les deux types de cabanes initiatiques — celle des Menominee et celle des Ogibway — le symbo-

1. W. Müller, *Die blaue Hütte*, p. 81 sq., 117, 127.
2. *Ibid.*, p. 38 sq., 51.
3. *Ibid.*, p. 80 sq. Le même symbolisme se retrouve dans la structure de la cabane-étuve des Omaha (*ibid.*, p. 122), dans les huttes initiatiques des Lenape, des Algonquins des prairies (p. 135), ailleurs aussi.

lisme cosmique souligne le fait que la première initiation a eu pour théâtre l'Univers tout entier. Mais à la structure dualiste de la cabane installée par Mänäbush sur la Terre, en signe de la réconciliation avec les Puissances inférieures, s'oppose la quaternité de la cabane construite par Manitou (quatre portes, quatre couleurs, etc.). Dans le complexe rituel de Mänäbush le Grand Dieu est absent ou effacé ; et, inversement, le Héros Civilisateur ne joue aucun rôle dans les cérémonies du *midēwigan*. Mais dans ces deux types d'initiation il est question de la destinée personnelle de chaque initié : ou bien de la vie éternelle après la mort, gratifiée par le Grand Dieu chez les Ogibway, ou bien de la santé et longévité (et, probablement une nouvelle vie après la mort) obtenues grâce à Mänäbush, à la suite d'une cascade d'événements dramatiques qui avaient failli détruire le Monde. Il est significatif que, dans le mythe ésotérique, c'est toujours le Grand Manitou qui conseille aux Puissances inférieures la réconciliation ; sans son intervention, on peut s'imaginer le combat se poursuivant jusqu'à l'annihilation totale, et du Monde et des Puissances inférieures.

Grand Dieu et Héros Civilisateur.

On voit ce que le complexe mythico-rituel des Menominee apporte de nouveau par rapport à la cabane initiatique des Ogibway. Chez ces derniers, le Grand Dieu bâtit la cabane afin de gratifier les hommes de la vie éternelle : chez les Menominee, la cabane est reçue, par l'intermédiaire de Mänäbush, des Puissances inférieures, et l'initiation confère santé, longévité et une existence après la mort. Le symbolisme quaternaire de la cabane ogibwa, reflétant un

Univers équilibré et sans fissure, un Cosmos dont les rythmes se succèdent sous le contrôle du Grand Dieu — est remplacé par le symbolisme dualiste des Menominee, qui, lui aussi, reflète le Cosmos, mais il s'agit maintenant d'un Monde brisé, qui a failli disparaître à la suite des luttes monstrueuses entre Mänäbush et les Puissances inférieures, un Monde déchiré par toutes sortes d'antagonismes et dominé par la Mort ; le Monde où le Grand Dieu est absent et où le seul protecteur de l'homme est le Héros Civilisateur, lui aussi assez proche des humains par sa combativité féroce et son comportement ambigu. Certes, le symbolisme dualiste de la cabane Menominee exprime, lui aussi, l'intégration des contraires aussi bien dans la totalité cosmique que dans l'existence humaine. Mais cette intégration représente ici un effort désespéré pour sauver le monde de sa destruction finale, assurer la continuité de la vie, et surtout donner un sens aux contradictions et à la précarité de l'existence humaine.

Pour mieux comprendre en quel sens se sont développées les conceptions religieuses des Algonquins, disons un mot du symbolisme cosmique de la Grande Maison des Delaware (Lenape), population algonquine de la côte atlantique, et de la théologie implicite des cérémonies du Nouvel An. La Grande Maison est bâtie chaque année, en octobre, dans une clairière de la forêt. C'est une hutte rectangulaire, avec quatre portes et, au milieu, un pilier de bois. Le plancher symbolise la Terre, le toit le Ciel et les quatre murs les quatre horizons. La Grande Maison est une *imago mundi* et le rituel qui s'y déroule célèbre le re-commencement (= la re-création) du Monde. C'est le Dieu Suprême lui-même, le Créateur, qui a fondé le culte. Il habite au douzième ciel, la main sur la pointe du pilier central, véritable *axis mundi* qui a sa réplique dans la Grande

Maison. Mais le Dieu est présent également dans les deux visages sculptés dans le bois du poteau central. Chaque fête de la Grande Maison a pour effet de créer la Terre à nouveau, et l'empêcher en outre de périr dans une catastrophe cosmique. En effet, la première Grande Maison fut établie à la suite d'un tremblement de terre. Mais la re-création annuelle de la Terre, effectuée par le moyen de la cérémonie du Nouvel An, célébrée dans la Grande Maison, assure la continuité et la fertilité du Monde. A la différence des initiations ayant lieu dans la cabane des Menominee et des Ogibway, qui intéressent les individus, chacun à part, la cérémonie de la Grande Maison régénère le Cosmos tout entier [1].

Le même groupe ethnique algonquin présente ainsi trois types de maison cultuelle et trois catégories de rites, tributaires de trois systèmes religieux différents. Il est frappant que le système le plus archaïque, celui des Delaware, est centré sur la régénération périodique du Cosmos — tandis que le plus récent, dominé par le Héros Civilisateur et par le symbolisme dualiste, vise surtout l'amélioration de la condition humaine. Dans le second cas, le « dualisme » est la conséquence d'une histoire mythique, mais il n'était pas prédéterminé par l'essence même des protagonistes. L'antagonisme entre Mänäbush et les Puissances inférieures fut exacerbé à la suite d'un événement qui aurait pu n'avoir pas lieu : le meurtre du Loup.

1. Frank G. Speck, *A Study of the Delaware Big House Ceremonies* (Harrisberg, 1931), p. 9 sq.; W. Müller, *Die Religionen der Waldlandindianer Nordamerikas*, p. 259 sq.; cf. aussi Josef Haekel, « Der Hochgottglaube der Delawaren im Lichte ihrer Geschichte » (*Ethnologica*, N. S., vol. II, Köln, 1960, p. 439-484).

Dualisme iroquois : les Jumeaux mythiques.

Chez les Iroquois on peut parler d'un vrai « dualisme ». D'abord, il y a l'idée que tout ce qui existe sur terre a un prototype, un « frère aîné » au ciel. L'œuvre cosmogonique commence au Ciel mais, pourrait-on dire, d'une manière accidentelle, sans la volonté du dieu suprême, le « Chef du Ciel ». En effet, une jeune fille Awenhai (« Terre fertile ») demanda en mariage le Chef du Ciel, et celui-ci l'épousa. Il la rendit enceinte par sa seule haleine mais, jaloux et ne comprenant pas ce miracle, le Chef déracina l'arbre dont les fleurs illuminaient le monde céleste (car il n'y avait pas de soleil) et précipita sa femme par l'ouverture, en même temps que des exemplaires de certains animaux et plantes. Ceux-ci devinrent les plantes et animaux concrets, tels qu'ils existent aujourd'hui sur la terre, tandis que leurs « frères aînés », les prototypes, restèrent au Ciel. Puis l'arbre fut remis à sa place.

Avant que, dans sa chute, la femme ne touchât l'Océan primordial, les oiseaux la recueillirent et la déposèrent sur une tortue. Entre-temps, le rat musqué apportait de la vase du fond de l'océan, on l'étendit sur la carapace de la tortue : c'est ainsi que fut créée la Terre. Awenhai, la jeune épouse, donna le jour à une fille qui grandit miraculeusement vite. Elle épousa un homme qui avait des franges sur les bras et sur les jambes, mais celui-ci se contenta de déposer une flèche à côté de son ventre, et disparut. Enceinte, la fille d'Awenhai entendit les jumeaux se disputer dans son ventre : l'un voulait descendre, l'autre, au contraire, désirait sortir par en haut. Finalement l'aîné naquit de la façon habituelle, tandis que son frère sortait sous l'aisselle, entraînant la mort de sa mère. Ce dernier était fait de silex, et c'est pourquoi il fut appelé Tawiskaron (« silex »). Awenhai demanda aux jumeaux qui avait tué sa fille, mais ils protestèrent de leur innocence. Pourtant Awenhai ne crut que le « Silex », et chassa son frère. Du corps de sa fille morte, Awenhai fit le soleil et la lune, et les suspendit à un arbre près de la hutte.

Tandis qu'Awenhai se consacrait à Tawiskaron, l'aîné fut aidé par son père. Un jour il tomba dans un lac et rencontra, au fond, dans une hutte, son père, la grande tortue. Il reçut de lui un arc et deux épis de maïs, « l'un mûr pour le semer, l'autre laiteux, pour le griller ». Revenu à la surface, il fit s'étendre la Terre et créa des animaux. Il proclama : « que les gens m'appellent Wata Oterongtongnia (" jeune érable ") ». De son côté, Tawiskaron essaya d'imiter son frère, mais voulant créer un oiseau, il fit une chauve-souris. De même, en voyant Oterongtongnia modeler des hommes et leur donner vie, il l'imita — mais ses créatures étaient des êtres chétifs et monstrueux. Alors Tawiskaron, avec l'aide de la grand-mère, enferma les animaux créés par son frère dans une caverne. Oterongtongnia réussit à en délivrer une partie seulement, car son frère et la grand-mère bouchèrent de nouveau la caverne. Incapable de créer, Tawiskaron s'applique à gâcher la création de son frère. Il facilite l'arrivée des monstres d'un autre monde, mais Oterongtongnia parvient à les refouler. En outre, ce dernier projette le Soleil et la Lune au Ciel, et depuis lors les astres illuminent tous les hommes. Par contre, Tawiskaron fait surgir les montagnes et les falaises, afin de rendre plus difficile la vie aux hommes.

Les jumeaux habitaient maintenant ensemble dans une hutte. Un jour, Oterongtongnia alluma un tel feu que de petits éclats se détachèrent du corps de silex de son frère. Tawiskaron s'élança hors de la hutte, mais son frère le poursuivit et lui lança des pierres jusqu'à ce qu'il s'effondrât mort. Les Montagnes Rocheuses sont la dépouille de Tawiskaron[1].

Ce mythe fonde et justifie la vie religieuse des Iroquois dans sa totalité. Or, il s'agit d'un mythe dualiste, le seul mythe nord-américain susceptible d'être comparé au dualisme iranien de type zurvanite. Le culte et le calendrier des fêtes reflètent jusque dans les détails l'opposition des Jumeaux mythiques. Et pourtant, comme nous allons le voir dans un instant, cet antagonisme irréductible n'atteint pas le paroxysme iranien ; et ceci pour la simple raison que les Iroquois se refusent à reconnaître dans le Jumeau « mauvais » — l'essence du « mal », le *mal ontologique* qui a obsédé la pensée religieuse iranienne.

Le culte : antagonisme et alternance.

La « longue maison » est la maison cultuelle. Elle a deux portes : par celle du nord-est entrent les femmes, qui s'asseyent à l'est ; par la porte du sud-est, les hommes, qui prennent place à l'ouest. Le calendrier des fêtes comprend deux semestres, l'hiver et l'été. Les fêtes d'hiver sont célébrées par les hommes : elles

1. J. N. B. Hewitt, « Iroquoian Cosmology. First Part » (*21st Annual Report of the Bureau of American Ethnology*, 1899-1900, Washington, 1903, p. 127-339), p. 141 sq., 285 sq. Cf. Werner Müller, *Die Religionen der Waldlandindianer*, p. 119 sq. (qui utilise également d'autres sources), et le résumé que le même auteur donne dans *Les Religions amérindiennes* (trad. fr., Paris, 1962), p. 260-262. Un certain nombre de variantes sont résumées par Ricketts, vol. II, p. 602 sq. Une des versions recueillies par Hewitt chez les Onondaga relate que le Bon Frère s'éleva au Ciel de conserve avec « Silex » (Ricketts. p. 612).

rendent grâce pour les dons reçus. Celles d'été se déroulent sous la responsabilité des femmes, et demandent la pluie et la fertilité. L'antagonisme est manifeste même dans les détails des cérémonies. Les deux moitiés des clans — les Cerfs et les Loups — représentant les deux Jumeaux mythiques, jouent aux dés. Le jeu de dés symbolise la lutte des jumeaux. Les danses sacrées célébrées en l'honneur du « Grand Esprit » appartiennent à Oterongtongnia et à la moitié du jour pendant laquelle le soleil monte au zénith. Les danses dites « sociales », exécutées pour la distraction, sont solidaires de Tawiskaron et du soir [1].

Werner Müller a montré que l'actuel aspect monothéiste de ces cérémonies est la conséquence d'une réforme qui remonte au début du xixᵉ siècle. Handsome Lake, prophète de la tribu Seneca, à la suite d'une révélation, s'appliqua à réformer la vie et la religion de son peuple. Il remplaça le couple des Jumeaux mythiques par le Grand Dieu, Haweniyo (« La Grande Voix »), et le Diable, Haninseono (« Il habite dans la terre »). Mais le prophète s'efforça de concentrer la vie religieuse sur le Grand Dieu ; pour cela il interdit les rituels consacrés au mauvais jumeau, et les transforma en « danses sociales ».

Cette réforme à tendance monothéiste s'explique par l'expérience extatique qui avait décidé la vocation de Handsome Lake, mais elle avait également d'autres raisons. Les Européens reprochaient aux Iroquois d' « adorer le Diable ». Evidemment il ne s'agissait pas d'une adoration du Diable, puisque le mauvais jumeau n'incarne pas l'idée du « mal », mais seulement l'aspect négatif, ténébreux, du Monde. En effet, comme

1. Sur le calendrier des fêtes, voir W. Müller, *Die Religionen der Waldlandindianer*, p. 119 sq., 256 sq.

nous venons de le voir, les Jumeaux mythiques reflètent et régissent les deux modes, ou deux « temps », qui, ensemble, constituent l'Univers vivant et fertile. On rencontre de nouveau le couple complémentaire jour et nuit, hiver et été, semailles et moisson, mais aussi la polarité homme et femme, sacré et profane, etc.

Pour se rendre compte à quel point le dualisme iroquois est solidaire d'une conception totale, rappelons un des rites les plus importants : l'apparition des Masques [1], au printemps et en automne, et leur fonction de guérisseurs. Les membres d'une des confréries, celle des « Faux-Visages », pénètrent dans les maisons et font sortir les maladies. L'autre confrérie, « Visage de paille de maïs », célèbre ses rites pendant les cérémonies de la Grande Maison cultuelle ; les Masques aspergent les assistants d' « eau médicinale » et répandent de la cendre, toujours afin de les défendre contre les maladies.

Or, d'après les mythes, les maladies et les autres afflictions ont été produites par un Etre surhumain, le double de Tawiskaron. « Aux origines du monde, il lutta contre le créateur, mais fut vaincu et reçut pour tâche de guérir et de secourir. Il demeure toujours dans les rochers qui bordent le monde, lieu où naissent la fièvre, la phtisie et les maux de tête. Sa suite comprend les Faux-Visages, êtres difformes à grosses têtes et à traits simiesques, qui, à l'instar de leur maître, habitent loin des hommes et hantent les endroits déserts. Dans le mythe, ils constituent la création manquée de Tawiskaron, par laquelle il avait tenté d'imiter les êtres humains de son frère ; dans le rite, ils sont

1. Sur les Masques, cf. la bibliographie essentielle dans W. Müller, *Les Religions amérindiennes*, p. 271, n. 1.

représentés par les hommes masqués qui, au printemps et en automne, chassent des villages les maladies[1]. » Autrement dit, bien que l'adversaire soit vaincu par le Grand Dieu, son œuvre, le « mal », persiste dans le monde. Le Créateur ne veut pas, ou ne peut pas, anéantir le « mal », mais il ne lui permet pas non plus de gâcher sa création. Il l'accepte comme un aspect négatif inévitable de la vie, mais en même temps il force l'adversaire lui-même à lutter contre sa propre œuvre.

Cette ambivalence du « mal » — considérée comme une innovation désastreuse qui aurait pu ne pas intervenir dans la création mais, d'autre part, acceptée comme une modalité dorénavant inévitable de la vie et de l'existence humaine — cette ambivalence est évidente également dans la conception iroquoise du Monde. En effet, les Iroquois se représentent l'Univers comme comportant une partie centrale, constituée par le village et les champs cultivés, habitée par les hommes, et un désert extérieur plein de pierres, de marais et de Faux-Visages. Il s'agit d'une *imago mundi* abondamment attestée dans les cultures archaïques et traditionnelles. A quel point cette conception de l'Univers est fondamentale pour la pensée iroquoise, on en a une autre preuve dans le fait qu'elle n'a pas disparu à la suite de l'installation des Iroquois dans la Réserve. « A l'intérieur de la Réserve iroquoise règne le " bon " frère : c'est là que sont la maison et le champ, là qu'on est à l'abri ; mais au-dehors règne le " mauvais " et ses suppôts : les Blancs ; là est le désert des usines, des blocs d'habitation et des rues d'asphalte[2]. »

1. W. Müller, *Les Religions amérindiennes*, p. 272.
2. *Ibid.*, p. 272.

*Pueblos : couples divins antagoniques
et complémentaires.*

Chez les Pueblos, le Grand Dieu cède la place à des couples divins, parfois antagoniques, toujours complémentaires. C'est chez ces cultivateurs de maïs que s'effectue le passage de la dichotomie archaïque — appliquée à la société, à l'habitat et à la Nature tout entière — à une véritable et rigoureuse articulation « dualiste » de la mythologie et du calendrier religieux. Le rythme agricole renforce la bipartition déjà existante entre travail de femmes (cueillette, jardinage) et travail des hommes (chasse), et systématise les dichotomies cosmico-rituelles (les deux saisons, les deux classes de dieux, etc.). Les exemples qui vont suivre nous permettent de saisir non seulement le degré de « spécialisation dualiste » des populations agraires du New Mexico, mais aussi la variété de leurs systèmes mythico-rituels.

Le mythe zuni peut servir aussi bien de point de départ que de modèle. Selon Stevenson et Cushing, l'Etre Primordial Awonawilona, qu'on appelait « Lui-Elle » ou « Celui qui contient le Tout », se transforme en Soleil, et de sa propre substance il produit deux germes, avec lesquels il imprègne les Grandes Eaux et desquels viennent à l'existence le « Père Ciel qui couvre tout » et la « Terre-Mère quadruple qui contient ». De l'union de ces Jumeaux cosmiques sont engendrées toutes les formes de vie. Mais la Terre-Mère retient les créatures dans son ventre, dans ce que le mythe appelle « les quatre cavernes-matrices du Monde ». Les hommes — c'est-à-dire les Zuni — naissent dans la plus profonde de ces cavernes-matrices. Ils ne débouchent à la surface de la Terre que

241

guidés et aidés par un autre couple de Jumeaux divins, les deux dieux guerriers, Ahayutos. Ceux-ci ont été créés par le (Père-) Soleil justement pour conduire les ancêtres des Zuni à la lumière, et finalement au « Centre du Monde », leur territoire actuel [1].

Au cours de ce voyage vers le Centre vinrent à l'être différents dieux : les Cocos (Katchinas) — dieux de la pluie — et les dieux animaux, chefs des sociétés de médecine. Or, c'est la caractéristique de la mythologie zuni que les Jumeaux ne sont pas des adversaires. Mieux : ils ne jouent pas un rôle important dans le rituel. Au contraire, la vie religieuse est dominée par une opposition systématique entre le culte des *dieux de la pluie* (en été) [2] et celui des *dieux animaux* (en hiver). Les deux cultes reposent sur de nombreuses confréries, qui ont la responsabilité des cérémonies. Le « dualisme » zuni se laisse saisir dans le calendrier des fêtes. Les deux classes de dieux se succèdent dans l'actualité religieuse comme se succèdent les saisons cosmiques. L'opposition des dieux — actualisée par la prédominance alternée des deux catégories de confréries religieuses — reflète le rythme cosmique.

Une autre tribu pueblo, les Acoma, interprète différemment l'opposition des divinités et les polarités cosmiques. Chez les Acoma aussi, comme chez les Zuni, le Dieu Suprême est un *deus otiosus*. En effet, l'Etre Primordial Uchtsiti est supplanté dans les mythes et dans le culte par deux sœurs : Jatiki (« Fait vivre ») et Nautsiti (« Plus de tout dans la corbeille »). Elles s'opposent dès qu'elles émergent du monde

---

1. Voir les sources utilisées dans M. Eliade, *Mythes, Rêves et Mystères* (Paris, 1957), p. 211-214.
2. Sur les Katchinas, voir Jean Cazeneuve, *Les Dieux dansent à Cibola* (Paris, 1957).

souterrain. Jatiki révèle une solidarité mystique avec l'agriculture, l'ordre, le sacré, le temps : Nautsiti est associée à la chasse, au désordre, à l'indifférence au sacré, à l'espace. Les deux sœurs se séparent, divisant de la sorte l'humanité en deux catégories : Jatiki est la Mère des Pueblos, Nautsiti la Mère des Indiens nomades (Navajos, Apaches, etc.). Jatiki crée la fonction du cacique, qui remplit le rôle de « prêtre », tandis que Nautsiti fonde la catégorie des chefs de guerre[1].

Il suffit de comparer rapidement les conceptions

---

1. Cf. M. W. Stirling, « Origin myth of Acoma and other records » (*Smithsonian Institution Bureau of American Ethnology*, Bulletin CXXXV, Washington, 1942); Leslie White, « The Acoma Indians » (*Annual Report of American Bureau of Ethnology*, 1932). Selon la mythologie d'un autre groupe pueblo, les Sia, le Créateur, l'araignée Sussistinnako, se trouvait originellement dans le monde inférieur. Sussistinnako façonna une « peinture sur sable » (*sand painting*) et se mit à « chanter », créant de cette manière deux femmes, Utset (« Est ») et Nowutset (« Ouest »), destinées à devenir les Mères des Indiens et de tous les autres peuples (ou des Pueblos et Navajos, ou encore des deux moitiés, selon d'autres versions). L'araignée continua à créer en « chantant », mais les femmes aussi manifestèrent leurs puissances créatrices. L'antagonisme entre les deux déesses-Mères s'accentua de plus en plus. Elles se trouvèrent engagées dans de nombreux concours et combats, à celle qui prouverait sa supériorité. A leur tour, les peuples solidaires des deux déesses-Mères entrent en conflit. Finalement, Utset se jette sur Nowutset, la tue et lui arrache le cœur, qu'elle coupe en morceaux. De son cœur sortent des rats (ou des écureuils et colombes), qui se réfugient dans le désert, suivis par le peuple de Nowutset. L'araignée envoie le Soleil et la Lune dans le monde d'en haut, et aussi certains animaux, et déroule une liane pour permettre aux hommes d'émerger. En effet, les hommes grimpent à la liane et émergent à la surface d'un lac. Utset leur remet des morceaux de son cœur, et ainsi apparaît le maïs. La déesse dit : « Ce maïs est mon cœur, et il sera pour mon peuple comme le lait de mon sein. » Finalement Utset organisa les prêtres et leur promit de les aider de sa demeure souterraine. (Matilda Coxe Stevenson, « The Sia », *11th Annual Report of the Bureaux of American Ethnology*, 1889-1890, Washington, 1894, p. 26 sq.)

religieuses des Pueblos et des Iroquois pour mesurer leur profonde différence. Bien qu'appartenant les uns et les autres au même type de culture agricole — la culture du maïs — et partageant de ce fait une conception analogue du monde, chaque peuple a valorisé différemment la structure dualiste impliquée dans sa religion. La mythologie et le culte des Iroquois sont centrés sur l'antagonisme des Jumeaux divins, tandis que chez les Zuni, nous venons de le voir, les Jumeaux ne sont pas des adversaires, sans compter que leur rôle culturel est effacé. Par contre, les Zuni ont laborieusement systématisé les polarités dans leur calendrier religieux, avec ce résultat que l'antagonisme entre les deux classes de dieux se transforme dans une alternance cyclique des forces cosmiques et des conduites religieuses, à la fois opposées et complémentaires. D'ailleurs, la formule zuni n'épuise pas la créativité des Pueblos. Chez les Acoma, les deux Sœurs divines séparent les humains et l'ensemble des réalités en deux sections qui s'opposent et s'affrontent tout en se complétant.

S'il nous était permis d'élargir l'horizon comparatif, on pourrait distinguer dans le système iroquois une réplique du dualisme iranien sous son expression la plus rigide ; tandis que le système zuni nous rappellerait plutôt l'interprétation chinoise de la polarité cosmique, exprimée dans l'alternance rythmique des deux principes, *Yang* et *Yin* — interprétation sur laquelle nous insisterons plus tard.

Mythes cosmogoniques californiens :
Dieu et son Adversaire.

Une tout autre forme de dualisme se rencontre chez certains peuples de la Californie centrale, attardés au stade de la cueillette et de la chasse. Leurs mythes mettent en avant un Grand Dieu, créateur du Monde et des hommes, et un Etre mystérieux et paradoxal, Coyote (le loup de prairie), qui parfois s'oppose sciemment à l'œuvre de Dieu, mais souvent la gâche par étourderie ou par vantardise. Parfois, Coyote est présenté comme existant depuis le commencement auprès de Dieu, et contrariant systématiquement son œuvre créatrice.

Les mythes cosmogoniques des Maidu (du Nord-Ouest) s'ouvrent sur ce préambule : dans une barque flottant sur l'océan primordial se trouve l'Etre Suprême, Wonomi (« Sans mort ») ou Kodoyambe (« qui nomme la Terre »), et Coyote. Dieu crée le Monde par son chant, mais Coyote fait surgir les montagnes. Lors de la création de l'homme, l'adversaire éprouve ses moyens lui aussi, et produit des aveugles. Le créateur avait assuré aux hommes le retour à la vie, grâce à une « fontaine de jouvence », mais Coyote la détruit. Coyote se glorifie devant le Créateur : « Nous sommes des Chefs tous les deux », et Dieu ne le contredit pas. En outre, Coyote se proclame « le plus vieux dans le vieux monde » et se vante de ce que les hommes diront de lui : « Il a vaincu le Grand Chef. » Dans une autre variante, Coyote appelle le Créateur « frère ». Lorsque Dieu communique aux hommes les règles des naissances, des mariages, des morts, etc., Coyote les modifie selon son humeur, et reproche ensuite au Créateur de n'avoir rien fait pour le bonheur des hommes. Dieu reconnaît : « Sans que je l'aie voulu, voici que le monde connaîtra la mort », et il s'éloigne, mais non sans avoir préparé la punition de Coyote. En effet, le fils de Coyote est tué par un serpent à sonnettes ; vainement le père demande au Créateur d'abolir la mort, en lui promettant de ne plus se comporter en adversaire [1]. Selon les lois de la logique primitive, ce qui est venu à l'être au commencement du Temps, lorsque la Genèse n'était pas encore achevée, ne peut plus disparaître. Tant que dure le processus de la Création, tout ce qui se passe et tout ce qui se dit constitue des ontophanies, fonde des modalités d'être, et en fin de compte fait partie de l'œuvre cosmogonique.

Les mythes Maidu, surtout les versions nord-orientales, se caractérisent par le rôle décisif qu'ils accordent à Coyote. On pourrait dire que l'opposition systématique aux projets du Créateur trahit, chez Coyote, la poursuite d'un objectif précis : il s'applique à ruiner la condition presque angélique de l'homme, tel que l'a conçue le Créateur. En effet, grâce à Coyote, l'homme finit par assumer son mode d'être actuel, qui implique l'effort, le travail, la souffrance et la mort, mais qui rend également possible la continuation de la vie sur la Terre [2].

1. Roland B. Dixon, « Maidu Myths » (*Bulletin of American Museum of Natural History*, XVII, 1902, p. 33-118), p. 46-48 ; *id.*, « Maidu Texts » (*Publications of the American Ethnological Society*, IV, Leyden, 1912), p. 27-69 ; M. L. Ricketts, *op. cit.*, p. 504 sq. Voir aussi Ugo Bianchi, *Il Dualismo religioso* (Rome, 1958), p. 76 sq.
2. Chez une autre tribu californienne, les Wintun, le Créateur, Olelbis, décide que les hommes vivront comme frères et sœurs, qu'il n'y aura ni mort ni naissance, et que la vie sera facile et heureuse. Il charge deux frères de construire un « chemin en pierre », jusqu'au Ciel : devenus vieux, les hommes pourront monter au Ciel et se baigner dans une source miraculeuse et se rajeunir. Pendant qu'ils travaillent,

Nous reviendrons sur le rôle de Coyote dans l'établissement de la condition humaine, car il s'agit d'un thème mythologique susceptible d'élaborations inattendues. Pour l'instant, nous citerons d'autres mythes cosmogoniques californiens de structure dualiste illustrant plus vivement encore l'hostilité entre Coyote et le Créateur. Selon un mythe des Yuki de l'intérieur, le Créateur, Taikomol (« Celui qui vient seul »), se formait sur la mer primordiale sous la forme d'un brin de duvet. Alors qu'il était encore entouré d'écume il parla — et Coyote l'entendit qui, ajoute le narrateur, existait depuis longtemps. « Que dois-je faire ? » demande Taikomol, et il commence à chanter. Peu à peu il prend la forme d'un homme et il appelle Coyote « frère de ma mère ». De son corps il extrait de la nourriture, la

---

Sedit, l'adversaire d'Olelbis, s'approche et convainc un des frères qu'il vaut mieux qu'il existe des mariages, des naissances, des morts, et aussi le travail, dans le monde. Les frères détruisent le chemin presque achevé, sont transformés en vautours et s'envolent. Mais bientôt Sedit se repent, car il se sent maintenant mortel. Il essaie de voler au Ciel au moyen d'un engin fait de feuilles, mais il tombe et s'écrase. Du haut du Ciel Olelbis le regarde : « Voilà, dit-il, la première mort ; dorénavant les hommes mourront. » (Les documents sont analysés par Wilhelm Schmidt, *Ursprung der Gottesidee*, vol. II, Münster, 1929, p. 88-101.) Un mythe analogue est attesté chez les Arapaho, tribu algonquine orientale : alors que le Créateur, l' « Homme », était en train d'achever son œuvre, arrive un personnage inconnu avec un bâton, Nih'asa (« homme amer »), qui réclame la puissance créatrice et une part de la terre. Le Créateur lui accorde la première demande, et alors Nih'asa élève son bâton et produit monts et rivières. Par la suite, le Créateur prend un morceau de peau qu'il jette à l'eau. Et de même que l'objet s'enfonce mais remonte aussitôt à la surface, ainsi, proclame le Créateur, les hommes, en trépassant, reviendront à la vie. Mais Nih'asa remarque que la Terre sera vite surpeuplée, et jetant dans l'eau un caillou qui s'enfonce et disparaît, il déclare que telle sera désormais la vie de l'homme. (Cf. W. Schmidt, *op. cit.*, II, p. 707-709, 714-717 ; Ugo Bianchi, *op. cit.*, p. 108-109.)

donne à Coyote — et crée la Terre en tirant de son corps le matériau nécessaire. Coyote l'aide à créer l'homme, mais il décide aussi sa mortalité. En effet, le fils de Coyote trépasse et quand Taikomol lui propose de le ressusciter, Coyote refuse[1].

Il se peut, comme le veut W. Schmidt[2], que Taikomol ne représente pas le vrai type de dieu créateur californien. Mais il est singulier que ce soit justement ce mythe, où Coyote joue un rôle important, qui ait retenu l'attention des Yuki. L'effacement du Dieu Suprême et Créateur est un processus assez fréquent dans l'histoire des religions. La majorité des Etres Suprêmes finissent par devenir *dii otiosi*, et pas seulement dans les religions primitives. Dans notre cas, il est intéressant de constater que Dieu s'efface devant ce personnage ambivalent et paradoxal qu'est Coyote, le Trickster par excellence. Chez les Pomo de la côte, Coyote prend la place du Dieu Créateur : en effet, ce dernier est absent de l'œuvre cosmogonique. Mais Coyote crée le Monde par hasard. Ayant soif, il déracine des plantes lacustres, provoquant l'irruption violente des eaux souterraines. Le flot le projette très haut dans les airs, et bientôt les eaux couvrent la Terre comme une mer. Coyote réussit à endiguer les Eaux, et s'applique ensuite à créer les hommes à partir de brins de duvet. Mais, furieux parce que les hommes ne lui donnent rien à manger, il provoque un incendie et aussitôt après déclenche un déluge afin de l'éteindre. Il crée une seconde humanité, qui se moque de lui, et

1. A. L. Kroeber, « Yuki Myths » (*Anthropos*, vol. 27, 1932, p. 905-939), p. 905 sq.; *id.*, *Handbook of the Indians of California* (Smithsonian Institution, Bureau of American Ethnology, Bulletin 78, Washington, 1925), p. 182 sq.

2. *Ursprung der Gottesidee*, vol. V, p. 44, 62, cité par Ugo Bianchi, *op. cit.*, p. 90 sq.

Coyote menace de causer une nouvelle catastrophe. Il continue pourtant son activité démiurgique, mais puisque les hommes ne le prennent pas au sérieux, il transforme en animaux un certain nombre d'entre eux. Finalement, Coyote fait le Soleil et charge un oiseau de le porter au Ciel ; il règle les rythmes cosmiques et institue les cérémonies du culte kuksu [1].

J'ai cité ce mythe pour mettre en évidence le style tout à fait différent d'une cosmogonie effectuée sous le signe de Coyote. La Création du Monde et de l'homme semble être l'œuvre d'un démiurge malgré lui, et il est significatif que les hommes, ses propres créatures, se moquent de lui et refusent même de lui donner à manger. Quelle que soit l'explication historique de cette substitution de Coyote au Créateur il est évident que, en dépit de sa position prééminente et de ses puissances créatrices, son caractère de Trickster-démiurge est resté le même. Il se comporte dans sa position de Créateur unique comme l'inoubliable Trickster qui fait les délices de l'audience de tant de légendes nord-américaines.

Le Trickster.

Il est significatif que le type extrême de dualisme attesté en Amérique du Nord mette en vedette Coyote, le Trickster par excellence. Le Trickster remplit une fonction beaucoup plus complexe que ne le laissent deviner les mythes cosmogoniques californiens que

---

1. E. M. Loeb, « The Creator concept among the Indians of North Central California » (*American Anthropologist*, N.S. XXVIII, p. 467-493), spéc., p. 484 sq.

nous venons de citer[1]. Sa personnalité est ambivalente et son rôle équivoque. Il est vrai que dans la majorité des traditions mythologiques, le Trickster est responsable de l'avènement de la mort et de l'état actuel du Monde. Mais il est également démiurge *(Transformer)* et Héros Civilisateur, puisqu'il est censé avoir volé le feu ou autres objets précieux et détruit les monstres qui ravageaient la Terre. Pourtant, même lorsqu'il se comporte en Héros Civilisateur, le Trickster conserve ses traits spécifiques. Par exemple, il réussit à voler le feu, ou un autre objet indispensable aux humains et gardé jalousement par un Etre divin — le Soleil, les Eaux, le gibier, les poissons, etc. — mais il y arrive par astuce ou tromperie, et non d'une manière héroïque. Souvent le succès de son entreprise est compromis par son étourderie (par exemple, la Terre est consumée par le feu ou inondée par les Eaux, etc.). Et c'est encore par un stratagème ou par dissimulation qu'il réussit à délivrer l'humanité des monstres cannibales.

Une autre caractéristique du Trickster est son attitude ambivalente à l'égard du sacré. Il parodie et caricature des expériences chamaniques ou des rites sacerdotaux : les esprits gardiens du chaman sont grotesquement identifiés par le Trickster avec ses excréments[2], et il parodie le vol extatique des chamans, bien qu'il finisse toujours par tomber. On voit

---

1. Le Trickster se présente sous la forme du Coyote dans la région des Grandes Plaines, le Grand Bassin, le Plateau et dans le Sud-Ouest de la Californie. Mais sur la côte du Nord-Ouest il apparaît sous la forme du Corbeau ou du Vison, dans le Sud-Est et probablement parmi les anciens Algonquins il était un Lièvre. Parmi les Algonquins modernes, les Sioux, et d'autres peuples il revêt une forme humaine et porte un nom propre, tel Gluskabe, Iktomi, Wisaka, le Vieux ou le Veuf.
2. Cf. M. L. Ricketts, « The North American Indian Trickster » (*History of Religions*, V, n° 1, hiver 1966, p. 327-350), spéc. p. 336 sq.

donc que ce comportement parodique a une double signification : le Trickster se moque du « sacré », des prêtres et des chamans, mais d'autre part le ridicule se retourne également contre lui. Lorsqu'il n'est pas l'adversaire obstiné et fourbe du Dieu Créateur (comme dans les mythes californiens) il s'avère un Etre difficile à définir, à la fois intelligent et stupide, proche des dieux par sa « primordialité » et ses pouvoirs, mais plus voisin des hommes par sa faim gloutonne, sa sexualité exorbitante, son amoralisme.

Ricketts [1] voit dans la figure du Trickster l'image de l'homme lui-même, dans les efforts qu'il déploie pour devenir ce qu'il doit devenir — le maître du Monde. On pourrait accepter cette définition sous réserve de situer l'image de l'homme dans un Univers imaginaire qui baigne dans le sacré, et de ne pas prendre l'image de l'homme dans un sens humaniste, rationaliste ou volontariste. En effet, le Trickster reflète ce qu'on pourrait appeler une *mythologie de la condition humaine*. Il s'oppose, certes, aux décisions de Dieu de faire l'homme immortel et de lui assurer une existence en quelque sorte paradisiaque, dans un monde pur, riche et libre de toute contrariété. Et il se moque de la « religion », ou plus exactement des techniques et des prétentions de l'élite religieuse, c'est-à-dire des prêtres et chamans — bien que les mythes soulignent toujours que la moquerie ne suffit point pour annuler les pouvoirs de cette élite religieuse.

Mais certains traits sont caractéristiques de la condition humaine, telle qu'elle est aujourd'hui, à la suite de l'intervention du Trickster dans l'œuvre de la Création : par exemple, il triomphe des monstres, sans se comporter comme un héros ; il réussit en mainte

1. *Op. cit*, p. 338 sq.

entreprise, mais il échoue dans d'autres ; il organise ou complète le Monde, mais avec tant de méprises et d'erreurs que finalement rien n'en sort de parfait. A cet égard, on pourrait voir dans la figure du Trickster la projection d'un homme en quête d'un *nouveau type de religion*. Les aventures du Trickster constituent une sorte de mythologie radicalement sécularisée, parodiant les gestes des Etres divins et en même temps se moquant de sa propre révolte contre les dieux.

Dans la mesure où l'on peut reconnaître un vrai dualisme dans les mythes californiens, qui opposent absolument Coyote au Créateur, on pourrait dire que ce dualisme — qui n'est point réductible à un système de polarités — reflète également l'opposition de l'homme au Créateur. Mais, nous venons de le voir, la révolte contre Dieu se développe sous le signe de la précarité et de la parodie. On pourrait déjà reconnaître ici une certaine philosophie embryonnaire. Mais, a-t-on le droit de la reconnaître uniquement ici ?

Quelques remarques.

Il serait inutile de résumer les analyses des documents que nous venons d'esquisser. Rappelons néanmoins brièvement les différents types d'antagonisme et de polarité attestés chez les Amérindiens du Nord pour nous rendre compte de leur caractère de « créations spirituelles ». Il est vrai qu'un certain type de dualisme est la création des cultures agricoles — mais le plus radical dualisme se trouve chez les tribus californiennes qui ignorent l'agriculture. La sociogenèse — comme d'ailleurs toute autre « genèse » — n'explique pas les fonctions d'un symbolisme existentiel. La bipartition du territoire habité et du village, par exemple, avec l'antagonisme entre deux principes polaires, se retrouve chez beaucoup de tribus — sans que leurs mythologies ou religions présentent une structure dualiste. Ces tribus ont simplement appliqué la bipartition territoriale comme une donnée immédiate de l'expérience — mais leur créativité mythologique et religieuse s'est manifestée sur d'autres plans.

Quant aux populations qui ont affronté l'énigme de la polarité et ont essayé de la résoudre, on se rappelle l'étonnante variété des solutions proposées. Il y a, chez les Algonquins du Centre, l'antagonisme *personnel* entre le Héros Civilisateur et les Puissances inférieures — conflit, suivi de réconciliation, qui explique l'avènement de la mort et l'instauration de la cabane initiatique. Mais cet antagonisme n'était pas prédestiné ; il est le résultat d'un accident (le meurtre du Loup, frère de Mänäbush). Quant à la cabane initiatique, nous avons vu qu'elle existait déjà chez d'autres Algonquins, les Ojibway, qui la tenaient du Grand Dieu, et son symbolisme exprimait les polarités cosmiques mais aussi leur intégration. Chez les cultivateurs de maïs, le dualisme présente des formes totalement différentes : chez les Zuni, le dualisme est effacé en mythologie, tandis qu'il domine le rituel et le calendrier des fêtes ; au contraire, chez les Iroquois et la mythologie et le culte sont parfaitement articulés dans un dualisme de type iranien. Enfin, chez les Californiens, l'antagonisme entre Dieu et son adversaire, le Coyote, ouvre la voie à une « mythologisation » de la condition humaine, comparable à celle effectuée par les Grecs, et pourtant différente.

Cosmogonies indonésiennes :
antagonisme et réintégration.

En Indonésie, l'idée de création, de même que la conception de la vie cosmique, et de la société humaine, se développent sous le signe de la polarité. En certains cas, cette polarité présuppose ou explicite une unité/totalité primordiale. Mais l'œuvre de la création est le résultat de la rencontre — offensive ou conjugale — des deux divinités. Il n'y a pas de cosmogonie par la volonté et la puissance d'un seul Créateur ou d'un groupe d'Etres Surnaturels. Au début du Monde et de la Vie, il y a un couple. Le Monde est soit le produit d'un *hieros gamos* entre un dieu et une déesse, soit l'effet d'un combat entre deux divinités. Dans l'un et l'autre cas, il y a une rencontre entre le principe ou le représentant des régions supérieures — le Ciel — et le principe ou le représentant des régions inférieures imaginées soit comme les Enfers, soit comme la région qui deviendra plus tard, après la Création, la Terre. Dans les deux cas, il y a, au début, une « totalité », dans laquelle on devine les deux principes unis en *hieros gamos* ou non encore différenciés [1].

1. Cf. W. Münsterberger, *Ethnologische Studien an indonesischen Schöpfungsmythen* (Den Haag, 1939). Dans presque toute l'Indonésie orientale, dans les Moluques et aux Célèbes, le mythe cosmogonique implique le mariage entre le Ciel (ou le Soleil) et la Terre (ou la Lune). La Vie — c'est-à-dire les plantes, les animaux et les hommes — est le résultat de ce mariage ; cf. Waldermann Stöhr, dans W. Stöhr et Piet Zvetmulder, *Die Religionen Indonesiens* (Stuttgart, 1965), p. 123-146. Et puisque le *hieros gamos* cosmogonique établit le modèle de toute création, dans certaines îles, comme Leti et Lakor, le mariage du Ciel et de la Terre est célébré au début de la saison de la mousson : pendant la cérémonie, Upulero, le dieu du Ciel, descend et féconde Upunusa, la

Dans un chapitre précédent nous avons présenté avec quelques détails la cosmogonie et la structure de la vie religieuse des Ngadju Dayaks (voir page 133). On a vu comment, de la totalité cosmique primordiale, existant à l'état virtuel dans la gueule du Serpent aquatique, ont émergé les deux principes polaires, manifestés successivement sous la forme de deux montagnes, d'un dieu et d'une déesse, et de deux oiseaux calao[1]. Le monde, la vie et le premier couple humain vinrent à l'être à la suite d'un heurt entre les principes polaires. Mais la polarité ne représente qu'un aspect de la divinité : non moins importantes sont les manifestations en tant que *totalité*. Comme nous l'avons déjà vu (p. 135), cette totalité constitue la base même de la religion dayake, et elle est continuellement réintégrée par le truchement des rituels individuels et collectifs.

Chez les Toba Batak aussi la création est le résultat d'un combat entre les Puissances supérieures et inférieures ; mais, ici, la lutte n'aboutit pas à la destruction réciproque des adversaires, mais à leur

---

Terre (H. Th. Fischer, *Inleiding tot de culturele Anthropologie van Indonesie*, Haarlem, 1952, p. 174 ; cf. Stöhr, *op. cit.*, p. 124). D'autre part, chaque mariage humain réactualise le *hieros gamos* entre le Ciel et la Terre. (Fischer, *op. cit.*, p. 132 ; voir plus loin). La cosmogonie en tant que résultat d'un *hieros gamos* semble être le thème mythique le plus répandu et aussi le plus ancien (Stöhr, p. 151). Une version parallèle du même thème explique la Création par la séparation du Ciel de la Terre, unis en *hieros gamos* ; cf. Hermann Baumann, *Das doppelte Geshlecht*, p. 257 ; Stöhr, p. 153. En nombre de cas, le nom de l'Etre Suprême indonésien est constitué par l'agglutination des noms « Soleil-Lune » ou « Père-Mère » (cf. Baumann, p. 136) ; en d'autres termes, la totalité divine primordiale est conçue comme la non-différenciation du Ciel et de la Terre, unis en *hieros gamos*.
1. Hans Schärer, *Die Gottesidee der Ngadju Dayak in Süd-Borneo* (Leiden, 1946), p. 70 sq. (*Ngadju Religion*, Den Hague, 1963, p. 32 sq.).

réintégration dans une nouvelle Création[1]. Dans l'île Nıas, les deux divinités suprêmes, Lowalangi et Lature Danö, s'opposent et se complètent à la fois. Lowalangi est associé au monde supérieur, il incarne le bien de la Vie ; ses couleurs sont le jaune ou l'or, ses symboles et emblèmes culturels sont le coq, le calao et l'aigle, le Soleil et la Lumière. Lature Danö appartient au monde inférieur, il incarne le mal et la mort, ses couleurs sont le noir ou le rouge, ses emblèmes les Serpents, ses symboles la Lune et les ténèbres. Mais l'antagonisme des deux divinités implique également une complémentarité. Les mythes racontent que Lature Danö naquit sans tête et Lowalangi sans dos ; autrement dit, ils constituent, ensemble, une totalité. Plus encore : chacun d'entre eux possède des attributs qui sont plus adéquats à l'autre[2].

En Indonésie, le dualisme cosmique et l'antagonisme complémentaire s'expriment aussi bien dans la structure du village et de la maison, dans les vêtements, les ornements et les armes, que dans les rites de passage : naissance, initiation, mariage, mort[3]. Pour nous limiter à quelques exemples : dans Ambryna, une des îles Moluques, le village est divisé en deux moitiés : cette division n'est pas seulement sociale, mais aussi cosmique, puisqu'elle englobe tous

1. W. Stöhr, *op. cit.*, p. 57. Selon Ph. L. Tobing, l'Etre Suprême représente la totalité cosmique, puisqu'il se laisse saisir sous trois aspects, chacun représentant un des trois mondes (supérieur, inférieur, intermédiaire). L'arbre cosmique, qui se dresse des régions inférieures jusqu'au Ciel, symbolise à la fois la totalité de l'Univers et l'ordre cosmique (cf. *The Structure of the Toba-Batak Belief in the Highgod*, Amsterdam, 1956, p. 27-28, 57, 60-61).

2. P. Suzuki, *The Religious System and Culture of Nias, Indonesia* (Hague, 1959), p. 10 ; Stöhr, *op. cit.*, p. 79.

3. P. Suzuki, p. 82.

les objets et les événements du Monde. En effet, gauche, femme, côte ou voie maritime, inférieur, spirituel, extérieur, ouest, frère cadet, jeune, *nouveau*, etc. — s'opposent à droite, mâle, terre ou montagne, supérieur, ciel, mondain, haut, intérieur, est, frère aîné, vieux, etc. Et pourtant, lorsque les Ambryonais se réfèrent à ce système, ils ne parlent pas de deux, mais de trois divisions. Le troisième élément est la « synthèse supérieure » qui intègre les deux éléments antithétiques et les maintient en équilibre [1]. Le même système se rencontre à quelques centaines de kilomètres de l'île Ambryna, par exemple à Java et à Bali [2].

---

1. J. P. Duyvendak, *Inleidung tot de Ethnologie van den Indischen Archipel* (3ᵉ éd.; Groningen-Batavia, 1946), p. 95-96. Cf. Claude Lévi-Strauss, *Anthropologie structurale* (Paris, 1958), p. 147 sq.

2. Chez les Badung de Java, la société est divisée en deux catégories : les Badung de l'intérieur représentent la moitié sacrée, les Badung de l'extérieur la moitié profane ; la première domine la seconde ; cf. J. van der Kruef, « Dualism and Symbolic Antithesis in Indonesian Society » (*American Anthropologist*, n° 5, vol. 56, 1954), p. 853-854. A Bali, l'antithèse entre vie et mort, jour et nuit, chance et malchance, bénédiction et malédiction est mise en relation avec la structure géographique de l'île : les Montagnes et les Eaux, qui symbolisent respectivement le monde supérieur et le monde inférieur. Les montagnes représentent la direction bénéfique, car c'est de là que viennent les pluies ; la mer, au contraire, symbolise la direction inférieure et est associée, de ce fait, aux malheurs, aux maladies et à la mort. Entre les montagnes et la mer — c'est-à-dire entre le monde inférieur et le monde supérieur — se trouve la terre habitée, l'île Bali ; elle porte le nom de *madiapa*, la sphère intermédiaire, et fait partie des deux mondes, en conséquence de quoi elle subit leurs influences antagoniques. Comme s'exprime Swellengrebel, *madiapa* (Bali) « est l'unité polaire des antithèses » (cité par J. van der Kroef, *op. cit.*, p. 856). Ajoutons que le système cosmologique est plus compliqué, car les directions Nord et Est, opposées aux Sud et Ouest, ont été associées aux différentes couleurs et aux différentes divinités (van der Kroef, p. 856).

L'antagonisme entre les contraires est souligné surtout dans les rites et les objets cultuels[1] qui, en dernière analyse, visent la conjonction des contraires. Chez les Minangkabau de Sumatra, l'hostilité entre les deux paires de clans s'exprime à l'occasion des mariages par un combat rituel de coqs[2]. Comme l'écrit P. E. de Josselin de Jong : « La communauté tout entière se divise en deux parties qui sont mutuellement antagoniques, et pourtant complémentaires ; la communauté ne peut exister que si les deux [parties] sont présentes et que si elles entrent activement en contact l'une avec l'autre. Un mariage fournit précisément l'occasion de remplir ces conditions[3]. » Toujours selon Josselin de Jong, toutes les fêtes indonésiennes prennent le ton d'une guerre secrète ou ouverte ; leur signification cosmique est indéniable. En effet, les groupes antagonistes représentent en même temps certaines sections de l'Univers, et leurs combats, par conséquent, illustrent l'antagonisme des forces primordiales cosmiques : le rituel constitue un drame

1. Le couteau, le *kris* ou le sabre sont des symboles masculins et l'étoffe un symbole féminin ; cf. Gerlings Jager, cité par van der Kroef, p. 857. Chez les Dayaks, l'étoffe attachée à une lance symbolise l'union entre les deux sexes. L'étendard — c'est-à-dire la hampe (lance) et l'étoffe — représente l'Arbre de Vie, l'expression de la créativité divine et de l'immortalité ; cf. Schärer, *Die Gottesidee*, p. 18-30.

2. J. van der Kroef, p. 853. Dans le mariage aussi bien que dans le commerce, le totem du clan de l'époux s'unit au totem du clan de la femme, symbolisant ainsi l'unité cosmique des groupes humains par leur antithèse ; van der Kroef, p. 850.

3. Cité par van der Kroef, p. 853. Dans un autre ouvrage, le même auteur remarque que les antithèses entre Ciel et Terre, mâle et femelle, le centre et les deux côtes contiguës sont exprimées avec une insistance aussi monotone que suggestive dans les catégories sociales et les titres distinctifs ; van der Kroef, p. 847.

cosmique[1]. Ceci est très bien mis en lumière, chez les Dayaks, dans la fête collective des morts, qui s'achève par un combat fictif entre deux groupes masqués autour d'une barricade élevée dans le village. La fête n'est que la réactualisation dramatique de la cosmogonie. La barricade symbolise l'Arbre de Vie, les deux groupes rivaux représentent les deux oiseaux mythiques qui se sont entre-tués tout en détruisant l'Arbre de Vie. Mais la destruction et la mort produisent une nouvelle création, et ainsi le malheur, introduit par la mort dans le village, est conjuré[2].

En somme, on pourrait dire que la pensée religieuse indonésienne ne fait qu'élaborer et élucider les intuitions saisies dans le mythe cosmogonique. Puisque le Monde et la Vie sont le résultat d'une disjonction qui brise la conjonction primordiale — l'homme ne peut que suivre ce processus exemplaire. L'antagonisme polaire est élevé au rang de principe cosmologique ; non seulement il est accepté, mais il devient le chiffre par le truchement duquel le Monde, la Vie et la société humaine dévoilent leur sens. Plus encore : par son propre mode d'être l'antagonisme polaire tend à s'annuler dans une union paradoxale des contraires. En se heurtant, les polarités produisent ce qu'on pourrait appeler un « troisième terme[3] », qui peut être à la fois une nouvelle synthèse et une régression à une situation

1. J. P. B. de Josselin de Jong, « De Oorsprong van den goddelijken Bedrieger », p. 26 sq., cité par F. B. J. Kuiper, « The Ancient Aryan Verbal Contest » (*Indo-Iranian Journal*, IV, 1960, p. 217-281), p. 279.
2. Cf. Waldemar Stöhr, *Das Totenritual der Dajak* (Köln, 1959), p. 39-56 ; id., *Die Religionen Indonesiens*, p. 31-33. Pour une description exhaustive du rituel funéraire et les mythes corrélatifs, voir Hans Schärer, *Der Totenkult der Ngadju Dayak in Süd-Borneo*, 2 vol. ('s-Gravenhage, 1966).
3. C'est surtout cet aspect du problème des organisations dualistes qui a intéressé Cl. Lévi-Strauss ; cf. *Anthropologie structurale*, p. 166 sq.

antécédente. Rarement dans l'histoire de la pensée présystématique on rencontre une formule qui rappelle plus la dialectique hégélienne que les cosmologies et les symbologies indonésiennes. Et pourtant, il y a cette différence — que pour les Indonésiens, la synthèse des polarités, le « troisième terme », bien que représentant une nouvelle création par rapport à la situation immédiatement précédente — celle de l'antagonisme polaire — est en même temps une régression, un retour à la situation primordiale, dans laquelle les contraires coexistaient dans une totalité non différenciée [1].

On dirait que la pensée indonésienne, après avoir identifié le mystère de la Vie et de la créativité dans la jonction et la disjonction mythiques des contraires, s'est trouvée incapable de dépasser ce modèle biologique — comme l'a dépassé, par exemple, nous allons le voir tout à l'heure, la pensée indienne. En d'autres termes, les Indonésiens ont choisi la sagesse et non pas la philosophie, la création artistique et non pas la science. Ils n'ont pas été les seuls dans ce choix. Et il est encore trop tôt pour leur donner tort — ou raison.

Cosmogonie, compétitions rituelles
et joutes oratoires : Inde et Tibet.

L'Inde ancienne nous permet de saisir sur le vif le passage d'un scénario mythico-rituel à une paléothéologie, en attendant qu'il suscite des métaphysiques

---

1. H. Baumann dans un ouvrage considérable, *Das doppelte Geschlecht*, a tenté de retracer le passage de l'antagonisme sexuel (stade archaïque) à l'idée de bisexualité divine et humaine, que l'auteur considère postérieure. Cf. nos observations dans la *Revue de l'Histoire des Religions*, janvier-mars 1958, p. 89-92.

diverses. Elle illustre en outre, mieux qu'aucune autre culture, la reprise à des niveaux multiples et la réinterprétation créatrice d'un thème archaïque, abondamment attesté dans le monde. C'est en étudiant les faits indiens qu'on se rend compte qu'un symbole fondamental, visant la révélation d'une dimension profonde de l'existence humaine, est toujours « ouvert ». En d'autres termes, l'Inde illustre d'une manière exemplaire qu'un tel symbole est susceptible de déclencher ce qu'on pourrait appeler une symbolisation en chaîne de toute expérience mettant à nu la situation de l'homme dans le Cosmos, incitant de la sorte à une réflexion présystématique et en articulant les premiers résultats. Nous n'aurons pas le temps de rappeler même les plus importantes créations du génie indien. Obligé de nous limiter, nous commencerons par un exemple de valorisation rituelle du schéma bien connu de l'antagonisme entre deux principes polaires. Nous rappellerons ensuite quelques exemples d'élaboration et réinterprétation créatrice du même schéma sur le plan de la mythologie et de la métaphysique.

La mythologie védique est dominée par le combat exemplaire entre Indra et le dragon Vṛtra. Nous avons insisté ailleurs sur la structure cosmogonique de ce mythe[1]. En délivrant les Eaux emprisonnées par Vṛtra dans le creux de la Montagne, Indra sauve le Monde : il le crée de nouveau. Dans d'autres versions, la décapitation et le démembrement de Vṛtra expriment le passage du virtuel à l'actualité de la création, car Vṛtra le Serpent symbolise le non-manifesté. Mythe exemplaire par excellence, le combat entre Indra et Vṛtra sert de

---

1. Cf. *Le Mythe de l'Eternel Retour*, p. 40 sq. (= *The Myth of the Eternal Return*, p. 19).

modèle à d'autres formes de création et à d'autres activités. « Celui qui triomphe dans une bataille, il tue vraiment Vṛtra », dit un texte védique[1]. Kuiper a récemment mis en lumière deux séries de faits convergents : il a d'abord montré que les joutes oratoires dans l'Inde védique réitéraient également la lutte primordiale contre les forces de la résistance *(vṛtāṇi)*. Le poète se compare à Indra : « Je suis le meurtrier de mes rivaux, sans blessures, sain et sauf comme Indra » *(RV* X, 166, 2). La joute oratoire, les concours entre poètes, constituent un acte créateur, donc une rénovation de la vie[2].

Kuiper a d'autre part montré qu'il y a des raisons de croire que le scénario mythico-rituel centré sur le combat entre Indra et Vṛtra, constituait en fait le festival du Nouvel An. Toutes les formes de joute et de combat — courses de chars, luttes entre deux groupes, etc. — étaient considérées comme stimulant les forces créatrices durant le rituel d'hiver[3]. Benveniste avait traduit le terme avestique *vyāxana* par « joute oratoire » comportant une « qualité militaire qui assure la victoire[4] ». Il s'agit, donc, d'une conception assez archaïque, indo-iranienne, qui exalte la vertu rénovatrice et créatrice de la joute oratoire. Ce n'est pas, d'ailleurs, une coutume exclusivement indo-iranienne. Les confrontations oratoires violentes sont attestées, par exemple, chez les Eskimos, les Kwakiutl, les anciens Germains. Comme l'a rappelé récemment Sierskma, elles sont tenues en grande estime surtout

---

1. *Maitrāyani-Samhitā*, II, 1, 3, cité par F. B. J. Kuiper, « The Ancient Aryan Verbal Contest », p. 251.
2. Kuiper, *op. cit.*, p. 251 sq.
3. *Ibid.*, p. 269
4. Cité par Kuiper, *op. cit.*, p. 247.

au Tibet[1]. Les disputes publiques des moines tibétains, avec leur agressivité non seulement verbale et leur cruauté, sont bien connues. Bien que les disputes portent sur des problèmes de philosophie bouddhiste, et suivent en partie les règles établies par les grands docteurs bouddhistes indiens, en premier lieu par Asanga, la passion avec laquelle est menée la controverse publique est un trait caractéristique des Tibétains[2].

Comme l'a montré Rolf Stein, la joute oratoire se range, au Tibet, parmi d'autres formes de compétition, à côté des courses de chevaux, des jeux athlétiques, luttes diverses et concours de tir à l'arc, de traite de vaches, de beauté[3]. A l'occasion du Nouvel An, la compétition la plus importante après les courses de chevaux avait lieu entre membres ou représentants de divers clans, qui récitaient le mythe cosmogonique et exaltaient les ancêtres de la tribu. Le thème essentiel du scénario mythico-rituel du Nouvel An était constitué par la lutte entre le Dieu du Ciel et les démons, figurés en deux montagnes. Comme dans d'autres scénarios analogues, la victoire du Dieu assurait la victoire de la vie nouvelle dans l'année qui commençait. Quant à la joute oratoire, elle faisait partie, selon Stein, « de tout un ensemble de compétitions qui, sur le plan social, exaltent le prestige, et sur le plan religieux, qui le double, rattachent le monde des hommes, la société, à son habitat. Les dieux assistent

1. E. Sierksma, « *Rtsod-pa* : the Monacal Disputations in Tibet » (*Indo-Iranian Journal*, VIII, 1964, p. 130-152), p. 142 sq.

2. A. Wayman, « The rules of debate, according to Asanga » (*Journal of the American Oriental Society*, vol. 78, 1958, p. 29-40) ; E. Sierksma, *op. cit.*

3. R. A. Stein, *Recherches sur l'épopée et le barde au Tibet* (Paris, 1959), p. 441.

au spectacle et rient en commun avec les hommes. La joute d'énigmes et la récitation des contes, comme celle de l'épopée, ont un effet sur la récolte et le bétail. Dieux et hommes étant réunis à l'occasion des grandes fêtes, les oppositions sociales s'affirment, mais s'apaisent en même temps. Et le groupe, se reliant à son passé (origine du monde, des ancêtres) et à son habitat (ancêtres-montagnes sacrées) se sent retrempé[1] ».

Rolf Stein a mis en lumière les influences iraniennes dans le festival tibétain du Nouvel An[2]. Mais ceci ne veut pas dire que le scénario en entier ait été emprunté. Très probablement les influences iraniennes ont renforcé certains éléments déjà existants. De toute façon, il s'agit d'un scénario archaïque, puisqu'il a disparu assez tôt en Inde.

Devas et Asuras.

Mais dans l'Inde, nos schémas ont été continuellement repris et développés sur des plans différents et en de multiples perspectives. Nous avons discuté ici même, dans l'*Eranos* 1958, l'opposition et le conflit entre les Devas et les Asuras, c'est-à-dire entre les dieux et les « démons », les puissances de la Lumière et celles des Ténèbres. Mais dès les temps védiques, ce combat — qui constitue un thème mythologique universellement répandu — a été interprété dans un sens assez original : il fut complété notamment par un « prologue » qui dévoilait la paradoxale consubstantialité ou fraternité des Devas et des Asuras. « On a l'impression, disions-nous en 1958, que la doctrine

1. *Op. cit.*, p. 440-441.
2. *Op. cit.*, p. 390-391, etc. Cf. Sierksma, p. 146 sq.

védique s'efforce d'établir une double perspective : si, dans la réalité immédiate, dans ce qui se manifeste devant nos yeux, les Devas et les Asuras sont irréconciliables, d'une nature différente, condamnés à se combattre réciproquement, aux commencements du Temps, en revanche, c'est-à-dire avant la Création ou avant que le Monde eût pris sa forme actuelle, ils étaient consubstantiels[1]. » Plus encore : les dieux sont, ou ont été, ou sont susceptibles de devenir des Asuras, des non-dieux.

Il s'agit, d'une part, d'une formule courageuse de l'ambivalence divine, ambivalence exprimée d'ailleurs également par les aspects contradictoires des grands dieux védiques, comme, par exemple, Agni et Varuna[2]. Mais il s'agit surtout de l'effort de la pensée indienne pour arriver à un *Urgrund* unique du Monde, de la Vie et de l'Esprit. Et la première étape dans la découverte de cette perspective totalisante a été de reconnaître que ce « qui est vrai dans l'éternité, n'est pas nécessairement vrai dans le temporel ». Nous n'entendons pas poursuivre ici ce problème, puisque nous l'avons discuté dans la conférence citée à l'instant.

Mitra-Varuna.

Tout aussi significatif est le développement d'un ancien thème indo-européen concernant les deux aspects complémentaires de la souveraineté divine, que l'Inde désigne par les noms de Varuna et Mitra. En 1940, Georges Dumézil a montré que le couple Mitra-Varuna appartient au système trifonctionnel indo-

1. *Méphistophélès et l'Androgyne* (Paris, 1962), p. 109.
2. Cf. *ibid.*, p. 111-113.

européen, puisqu'on lui trouve des homologues chez les anciens Romains et les Germains. Dumézil a également signalé que cette conception de la souveraineté divine a connu, dans l'Inde, une élaboration philosophique non attestée ailleurs dans le monde indo-européen. Rappelons brièvement que, pour les anciens Indiens, Mitra est « le souverain sous son aspect raisonnant, clair, réglé, calme, bienveillant, sacerdotal et Varuna le souverain sous son aspect assaillant, sombre, inspiré, violent, terrible, guerrier [1] ». Le même diptyque se retrouve à Rome, avec les mêmes oppositions et les mêmes alternances : c'est, d'un côté, l'opposition entre les Luperques et les flamines : « là tumulte, passion, impérialisme d'un *iunior* déchaîné ; ici, sérénité, exactitude, modération d'un *senior* sacerdotal [2] ». Ce sont, d'un autre côté, les structures et les comportements différents des deux premiers rois de Rome : Romulus et Numa. Leur opposition recouvre jusque dans son principe l'opposition Luperque-flamine ; elle correspond d'ailleurs en tout point à la polarité Mitra-Varuna, observable elle aussi, dans l'Inde, non seulement sur le plan proprement religieux et mythologique, mais également sur le plan cosmique (jour et nuit, etc.) et sur le plan de l'histoire épique (Manu, le roi-législateur répondant à Numa, descend du Soleil et inaugure la « dynastie solaire » ; Purûravas, le roi-Gandharva, répondant à Romulus, est le petit-fils de la Lune et fonde la « dynastie lunaire »).

Mais il suffit de comparer ce que les Romains et les Indiens ont fait de l'ancien thème mythico-rituel indo-européen, pour mesurer la différence entre leurs

---

1. Georges Dumézil, *Mitra-Varuna* (2ᵉ éd., Paris, 1948), p. 85.
2. *Ibid.*, p. 62.

génies. Tandis que l'Inde élaborait théologiquement et philosophiquement la complémentarité et l'alternance signifiées par les deux aspects de la Souveraineté divine[1], Rome historicisait ses dieux aussi bien que ses mythes. Les principes de complémentarité et d'alternance sont restés, à Rome, au stade de rituel, où ils ont servi à construire une historiographie fabuleuse. Dans l'Inde, par contre, les deux principes polaires qu'on sentait comme incarnés dans Mitra et Varuna, ont fourni le modèle exemplaire dans l'explication du Monde et de la structure dialectique de la condition humaine — bifurquant mystérieusement en modalité masculine et modalité féminine, vie et mort, esclavage et liberté, etc.

En effet, Mitra et Varuna s'opposent comme le jour et la nuit, et même comme le mâle et la femelle (« Mitra éjacule sa semence dans Varuna », dit le *Śatapatha Brāhmana*, II, 4, 4, 9), mais ils s'opposent aussi comme le « concevant » (*abhigantr*) et l' « agissant » (*karta*), ou encore comme le *brahman* et le *kshatra*, c'est-à-dire comme le « pouvoir spirituel » et le « pouvoir temporel ». On rencontre mieux encore : le dualisme élaboré par la philosophie Sāmkhya entre le « Soi » (*purusha*), spectateur passif et placide, et la « Nature » (*prakṛti*) agissante et créatrice, a été parfois senti par les Indiens comme une illustration de l'opposition Mitra-Varuna[2]. Et l'on relèverait la même correspondance entre les deux principes polaires de l'autre grand système philosophique, le Vedānta : Brah-

1. Cf. Ananda K. Coomaraswamy, *Spiritual Authority and Temporal Power in the Indian Theory of Government* (New Haven, 1942); M. Eliade, « La Souveraineté et la Religion indo-européennes » (*Critique*, n° 35, avril 1949, p. 342-349).

2. Voir, par exemple, le texte du *Mahābhārata* (XII, 318, 39), cité par G. Dumézil, *op. cit.*, p. 209.

man et Māyā : car « Mitra est le brahman », disent les vieux textes liturgiques, et, dans les Vedas, la *māyā* est la grande technique du magicien Varuna [1]. Déjà dans le Rig-Veda (I, 164, 38) on avait identifié en Varuna le non-manifesté, le virtuel et l'éternel, et en Mitra le manifesté.

Polarité et « coincidentia oppositorum ».

Certes, le couple Mitra et Varuna n'était pas le modèle originaire de la polarité, mais seulement l'expression la plus importante, religieusement et mythologiquement, de ce principe dans lequel la pensée indienne avait identifié la structure fondamentale de la totalité cosmique et de l'existence humaine. En effet, la spéculation ultérieure avait distingué *deux* aspects de brahman : *apara* et *para*, « inférieur » et « supérieur », visible et invisible, manifesté et non-manifesté. Autrement dit, c'est toujours le mystère d'une polarité qui constitue à la fois une bi-unité et une alternance rythmique, qui se laisse déchiffrer dans les différentes « illustrations » mythologiques, religieuses, philosophiques : Mitra et Varuna, les aspects visible et invisible du Brahman, Brahman et Māyā, *purusha* et *prakṛti*, et plus tard Shiva et Shakti ou *saṃsāra* et Nirvāṇa.

Mais certaines de ces polarités tendent à s'annuler dans une *coincidentia oppositorum*, dans une unité-totalité paradoxale, l'*Urgrund* dont nous parlions tout à l'heure. Qu'il ne s'agit pas là uniquement des spéculations métaphysiques, mais aussi des formules au moyen desquelles l'Inde essayait de signaler un mode

1. *Ibid.*, p. 209-210.

singulier d'existence, on en tient la preuve dans le fait que la *coincidentia oppositorum* est impliquée dans toutes les situations existentielles paradoxales : par exemple, le *jivan mukta*, le « libéré dans la vie », qui continue d'exister dans le Monde bien qu'il ait atteint la délivrance suprême ; ou l' « éveillé » pour lequel *nirvāṇa* et *saṃsara* s'avèrent être la même chose ; ou la situation d'un yogin tantrique capable de passer de l'ascèse à l'orgie sans aucune modification de comportement[1]. La spiritualité indienne a été obsédée par l'Absolu. Or, quelle que soit la manière dont on conçoit l'Absolu, on ne peut le concevoir qu'au-delà des contraires et des polarités. C'est la raison pour laquelle l'Inde admet l'orgie parmi les moyens d'atteindre la délivrance tandis que la délivrance est niée à ceux qui suivent encore les prescriptions éthiques solidaires des institutions sociales. L'Absolu, la délivrance ultime, la liberté, *moksha, nirvāṇa* — n'est pas accessible à ceux qui n'ont pas dépassé ce que les textes désignent par « couples de contraires », c'est-à-dire, les polarités dont nous venons de parler.

Cette réinterprétation indienne nous rappelle certains rituels des sociétés archaïques, auxquels nous avons fait allusion, et qui, bien qu'intégrés dans une mythologie et une parathéologie de structure polaire, visaient justement l'abolition périodique des contraires dans une orgie collective. On a vu, par exemple, que les Dayaks suspendent toutes les lois et tous les talions pendant la fête du Nouvel An. Inutile d'insister sur les différences entre le scénario mythico-rituel dayak et les philosophies et les techniques

---

1. Nous avons discuté ces problèmes dans *Techniques du Yoga* (1948) et *Le Yoga. Liberté et Immortalité* (1954).

indiennes qui poursuivent l'abolition des contraires : elles sont évidentes. Néanmoins, il reste que, dans un cas comme dans l'autre, le *summum bonum* est situé au-delà des polarités. Certes, pour les Dayaks le *summum bonum* est représenté par la totalité divine, qui seule peut assurer une nouvelle création, une nouvelle épiphanie de la vie plénière ; tandis que, pour les yogis et les contemplatifs indiens, le *summum bonum* transcende le Cosmos et la Vie, puisqu'il représente une nouvelle dimension existentielle, celle de l'*inconditionné*, de la liberté absolue, de la béatitude — et cette modalité d'exister est inconnue aussi bien dans le Cosmos que chez les dieux, c'est une création humaine et son accès est le privilège exclusif des humains : même les dieux, s'ils désirent accéder à la liberté absolue, sont obligés de s'incarner et d'obtenir cette délivrance par les moyens découverts et élaborés par les humains.

Mais, pour revenir à la comparaison entre les Dayaks et les Indiens, il importe de souligner ceci : la créativité d'un génie ethnique ou d'une religion déterminés ne se manifeste pas uniquement dans la réinterprétation et la revalorisation du système archaïque des polarités, mais aussi dans le sens accordé à la réunion des contraires. La *coincidentia oppositorum* s'effectue aussi bien dans l'orgie dayake que dans l'orgie tantrique, mais la signification de la transcendance des contraires n'est pas la même dans les deux cas. En d'autres termes, ni les expériences rendues possibles par la découverte des polarités et par l'espoir de leur intégration, ni les symbolisations qui articulent, et parfois anticipent ces expériences — ne sont susceptibles d'être *épuisées*, même si, dans certaines cultures, de telles expériences et symbolisations semblent avoir épuisé toutes leurs possibilités. Mais c'est dans une perspective totale, englobant l'ensemble des cultures, qu'il faut juger de la fécondité d'un symbolisme qui à la fois exprime les structures de la vie cosmique et rend intelligible le mode d'être de l'homme dans le Cosmos.

Yang et Yin.

Ce n'est pas sans motif que nous avons laissé pour la fin l'exemple de la Chine : comme dans les sociétés archaïques des Amériques et de l'Indonésie, la polarité cosmique, exprimée par les symboles *yang* et *yin*, a été, en Chine, « vécue » dans les rites, et elle a fourni très tôt le modèle d'une classification universelle ; en outre, comme dans l'Inde, le couple des contraires *yang* et *yin* a été développé dans une cosmologie qui, d'une part, systématisait et validait de nombreuses techniques du corps et disciplines de l'esprit et, d'autre part, incitait à des spéculations philosophiques de plus en plus rigoureuses et systématiques. Il n'est pas question de présenter la morphologie de *yang* et *yin* dans son ensemble, ni de retracer son histoire. Il suffira de rappeler que le symbolisme polaire est abondamment attesté dans l'iconographie des bronzes de l'époque Shang (1400-1122 av. J.-C. d'après la chronologie traditionnelle chinoise). Carl Hentze, qui a consacré à ce problème une série d'importants ouvrages, remarque que les symboles polaires sont disposés de manière à faire ressortir leur conjonction ; par exemple, la chouette, ou une autre figure symbolisant les ténèbres, est pourvue d' « yeux solaires », tandis que des emblèmes de la lumière sont marqués d'un signe

« nocturne [1] ». Hentze interprète la conjoncture des symboles polaires comme illustrant des idées religieuses en relation avec le renouvellement du temps et la régénération spirituelle. Selon cet auteur, le symbolisme *yang-yin* est attesté dans les plus anciens objets rituels longtemps avant les premiers textes écrits [2].

C'est, d'ailleurs, la conclusion de Marcel Granet, bien qu'il y soit arrivé par d'autres voies et en utilisant une autre méthode. Granet rappelle que dans le *Che King* le mot *yin* évoque l'idée de temps froid et couvert, et s'applique à ce qui est intérieur, tandis que le terme *yang* suggère l'idée d'ensoleillement et de chaleur [3]. Autrement dit, *yang* et *yin* indiquent des aspects antithétiques et concrets du Temps (Granet, *op. cit.*, p. 118). Dans un manuel de divination perdu depuis longtemps, *Kouei tsang*, mais dont ont été conservés quelques fragments, on parle d' « un temps de lumière » et d' « un temps d'obscurité » — en anticipant des dictons de Tchouang Tzu : « un [temps de] plénitude, un [temps de] décrépitude... un [temps d'] affinement, un [temps d'] épaississement... un [temps de] vie, un [temps de] mort » (*ibid.*, p. 132). Le Monde représente donc « une totalité d'ordre cyclique [*tao, pien, t'ong*] constituée par la conjugaison de deux manifestations alternantes et complémentaires » (*ibid.*, p. 127).

1. Cf. Carl Hentze, *Bronzegerät, Kultbauten, Religion im ältesten China der Shangzeit* (Anvers, 1951), p. 192 sq. Voir aussi nos observations dans *Critique*, N° 83, avril 1954, p. 331 sq.
2. Carl Hentze, *Das Haus als Weltort der Seele* (Stuttgart, 1961), p. 99 sq. Pour un exposé d'ensemble sur le problème de la polarité, voir Hermann Köster, *Symbolik des chinesischen Universimus* (Stuttgart, 1958), p. 17 sq.
3. *La Pensée chinoise* (Paris, 1934), p. 117.

L'idée d'alternance, estime Granet, semble l'avoir emporté sur l'idée d'opposition (p. 128). C'est ce que nous montre la structure du calendrier. « Le *yin* et le *yang* ont été appelés à organiser la matière du calendrier, parce que les Emblèmes évoquaient avec une puissance particulière la conjugaison rythmique de deux aspects concrets antithétiques » (p. 131). Selon les philosophes, pendant l'hiver, « le *yang*, circonvenu par le *yin*, subit, au fond des Sources souterraines, au-dessous de la terre glacée, une sorte d'épreuve annuelle dont il sort vivifié. Il s'évade de sa prison au début du printemps en frappant le sol du talon : c'est alors que la glace se fend d'elle-même et que les sources se réveillent » (p. 135). L'Univers se révèle donc constitué par une série de formes antithétiques alternant de façon cyclique.

Fasciné par le sociologisme de Durkheim, Marcel Granet est enclin à déduire des vieilles formules de la vie sociale chinoise la conception et l'articulation systématique des alternances cosmiques. Nous ne le suivrons pas dans cette voie. Mais il importe de relever la symétrie entre l'alternance complémentaire des activités des deux sexes, et d'autre part les rythmes cosmiques, régis par l'interaction de *yang* et de *yin*. Et puisqu'on a reconnu une nature féminine à tout ce qui est *yin*, et une nature masculine à tout ce qui est *yang*, le thème de l'hiérogamie — qui, selon Granet, domine toute la mythologie chinoise — révèle une dimension cosmique aussi bien que religieuse. Car l'opposition rituelle entre les deux sexes, effectuée, dans la vieille Chine, « à la manière de deux corporations concurrentes » (p. 139), exprime à la fois l'antagonisme complémentaire des deux formules de vie et l'alternance des deux principes cosmiques, le *yang* et le *yin*. Dans les fêtes collectives du printemps et d'automne, les deux chœurs antagonistes, alignés face à face, se provoquaient en vers. « Le *yang* appelle, le *yin* répond », « les garçons appellent, les filles répondent ». Ces deux formules sont interchangeables, elles signalent à la fois le rythme cosmique et social (p. 141). Les chœurs antagonistes s'affrontent comme l'ombre et la lumière. Le champ où l'on s'assemble représente la totalité de l'espace, tout comme l'assistance symbolise la totalité du groupe humain et des choses de la nature (p. 143). Et une hiérogamie collective couronnait les réjouissances — rituel assez répandu, nous l'avons vu, dans le monde. Dans ce cas aussi, la polarité — acceptée comme règle de vie pendant le reste de l'année — est abolie, ou transcendée, dans l'union des contraires.

Ce que la philosophie chinoise a fait avec ces catégories de pensée, on le sait. Ce serait un problème passionnant pour l'histoire des idées de comparer la notion de *tao* avec les différentes formules primitives du « troisième terme » en tant que solution des polarités.

Remarques finales.

Pour conclure, je voudrais revenir sur un point qui me semble décisif dans toute recherche comparative, notamment l'irréductibilité des créations spirituelles à un système de valeurs préexistant. Dans l'univers mythologique et religieux, toute création crée de nouveau ses propres structures tout comme chaque grand poète invente de nouveau le langage. En effet, les différents types de bipartition et polarité, de dualité et d'alternance, de dyades antithétiques et de *coincidentia oppositorum* se rencontrent partout dans le monde, et à tous les niveaux de culture. Mais l'historien des religions s'applique à scruter ce que les différentes cultures ont fait avec cette donnée première. Une herméneutique qui poursuit la compréhension des créations culturelles hésite devant la tentation de réduire toutes les espèces de dyades et de polarités à un seul type fondamental, reflétant une certaine activité logique inconsciente. Car non seulement les dichotomies se laissent classer, comme nous venons de le voir, en des catégories multiples, mais à l'intérieur d'une même catégorie on a pu remarquer l'étonnante variété de fonctions et de valeurs dont étaient chargés certains systèmes typiques. Il n'est pas question d'établir ici une morphologie complète et détaillée de toutes les espèces et variétés de dyades, dichotomies et polarités religieuses ; ce serait un travail considérable et qui d'ailleurs déborde notre propos. Mais les quelques documents que nous avons analysés, et qui ont été choisis à dessein parmi les plus représentatifs, suffisent à illustrer notre argument.

En gros, on pourrait distinguer 1° les groupes de polarités cosmiques et 2° celles qui réfèrent à la condition humaine. Certes, dans la majorité des cas les dichotomies et les polarités cosmiques sont solidaires de celles se rapportant à la condition humaine. Pourtant, cette distinction est utile, puisque ce sont surtout les polarités de ce deuxième type qui, dans certaines cultures et à partir d'un certain moment historique, ont ouvert la voie vers la spéculation philosophique. Parmi les polarités cosmiques on peut discerner celles de structure spatiale (droite/gauche ; haut/bas ; etc.), celles de structure temporelle (jour/nuit ; les saisons ; etc.) et enfin les polarités définissant les processus de la vie cosmique (vie/mort ; le rythme de la végétation, etc.). Quant aux dichotomies et polarités solidaires de la condition humaine et parfois en lui servant de chiffre, elles sont plus nombreuses et, pourrait-on dire, plus « ouvertes ». Le couple fondamental reste celui de mâle/femelle, mais on distingue aussi des dichotomies ethniques (les nôtres/les étrangers), mythologiques (les Jumeaux antagoniques), religieuses (sacré/profane — qui exprime d'ailleurs une dichotomie totale, se rapportant aussi bien au Cosmos qu'à la vie et à la société ; dieux/adversaires des dieux ; etc.), éthiques (bien/mal ; etc.).

Ce qui frappe d'abord dans cette classification provisoire et incomplète c'est qu'un grand nombre de dichotomies et polarités s'impliquent mutuellement — comme, par exemple, les polarités cosmiques, la dichotomie sexuelle ou religieuse. En fin de compte, elles expriment les modalités de la Vie, saisie en tant que rythme et alternance. Comme nous l'avons remarqué (à propos des Kogi et des Indonésiens), l'antagonisme polaire devient le « chiffre » par le truchement duquel l'homme dévoile à la fois la structure du Monde et la signification de sa propre existence. A ce stade on ne peut pas parler d'un « dualisme » religieux ou éthique, puisque l'antagonisme ne présuppose pas le « mal » ni le « démonique ». Les idées dualistes se précisent lorsque nous avons affaire à des paires d'opposés dans lesquelles les deux antagonistes ne s'impliquent pas mutuellement. Ceci est évident dans les mythes cosmogoniques californiens mettant en vedette Dieu et Coyote. Mais on rencontre une situation similaire dans la mythologie de Mänäbush : son conflit avec les Puissances inférieures n'était pas prédestiné, mais a éclaté à la suite d'un événement fortuit (le meurtre du Loup).

A ce propos, il serait intéressant de préciser dans quelles cultures, et à quelle époque, les aspects négatifs de la Vie, acceptés jusqu'alors en tant que moments constitutifs et irrécusables de la totalité cosmique, ont perdu leur fonction initiale, finissant par être interprétés comme autant de manifestations du *mal*. Car, il semble, dans les religions dominées par un système de polarité, l'idée du *mal* se dégage assez lentement et avec difficulté, et en certains cas il arrive même que la notion du *mal* laisse en dehors de sa sphère nombre d'aspects négatifs de la vie (par exemple, la souffrance, les maladies, la cruauté, la malchance, la mort, etc.). Chez les Kogi, on l'a vu, le principe du *mal* est accepté comme une modalité nécessaire et inévitable de la totalité.

Ces observations seront développées et nuancées dans un travail ultérieur. Pour l'instant je voudrais rappeler que la médiation entre les contraires présente également un nombre assez grand de solutions. Il y a opposition, heurt et combat, mais en certains cas le conflit se résout dans une union ou donne naissance à un « troisième terme », tandis que dans d'autres cas les polarités semblent coexister paradoxalement dans une *coincidentia oppositorum*, ou elles sont transcendées, c'est-à-dire radicalement abolies, rendues irréelles ou incompréhensibles. (Je pense surtout à certaines solutions de la métaphysique et des techniques mystiques indiennes.) Cette variété de solutions aux problèmes posés par la médiation entre les contraires — et il faut ajouter aussi les positions « dualistes » radicales, qui refusent toute médiation — mérite également d'être méditée. Car si toute solution trouvée à un système de polarités implique en quelque sorte le commencement d'une sagesse — la multiplicité même et l'extrême variété de telles solutions incitent la réflexion critique et préparent l'avènement de la philosophie.

1967.

ŒUVRES DE MIRCEA ELIADE

Romans, récits et nouvelles

LA NUIT BENGALI *(traduit par Alain Guillermou)*, 1950.

FORÊT INTERDITE *(traduit par Alain Guillermou)*, 1955.

LE VIEIL HOMME ET L'OFFICIER *(traduit par Alain Guillermou)*, 1977.

UNIFORMES DE GÉNÉRAL *(traduit par Alain Paruit)*, 1981.

LE TEMPS D'UN CENTENAIRE *suivi de* **DAYAN** *(traduit par Alain Paruit)*, 1981.

LES DIX-NEUF ROSES *(traduit par Alain Paruit)*, 1982.

LES TROIS GRÂCES *(traduit par Marie-France Ionesco et Alain Paruit)*, 1984.

À L'OMBRE D'UNE FLEUR DE LYS... *(traduit par Alain Paruit)*, 1985.

Chez d'autres éditeurs

TRAITÉ D'HISTOIRE DES RELIGIONS, Payot, 1949.

LE YOGA, IMMORTALITÉ ET LIBERTÉ, Payot, 1951.

LE CHAMANISME ET LES TECHNIQUES ARCHAÏQUES DE L'EXTASE, Payot, 1954.

MINUIT À SERAMPORE, Stock, 1956.

FORGERONS ET ALCHIMISTES, Flammarion, 1956.

PATANJALI ET LE YOGA, Éditions du Seuil, 1962.

FROM PRIMITIVES TO ZEN, New York, Harper, 1967.

DE ZALMOXIS À GENGIS KHAN, Payot, 1970.

RELIGIONS AUSTRALIENNES, Payot, 1972.

HISTOIRE DES CROYANCES ET DES IDÉES RELIGIEUSES, I et II, Payot, 1976 ; III, Payot, 1983.

L'ÉPREUVE DU LABYRINTHE *(entretiens avec Cl.-H. Rocquet)*, Belfond, 1978.

MADEMOISELLE CHRISTINA *(traduit par Claude B. Levenson)*, L'Herne, 1978.

ANDRONIC ET LE SERPENT *(traduit par Claude B. Levenson)*, L'Herne, 1979.

NOCES AU PARADIS *(traduit par M. Ferrand)*, L'Herne, 1981.

LES HOOLIGANS *(traduit par Alain Paruit)*, L'Herne, 1987.

L'INDE *(traduit par Alain Paruit)*, L'Herne, 1988.

FRAGMENTARIUM *(traduit par Alain Paruit)*, L'Herne, 1989.

Impression Bussière Camedan Imprimeries
à Saint-Amand (Cher),
le 26 mai 1999.
Dépôt légal : mai 1999.
1ᵉʳ dépôt légal dans la collection : avril 1991.
Numéro d'imprimeur : 992047/1.
ISBN 2-07-032633-0./Imprimé en France.